语文名家自选集

语文教学之学理

王荣生 著

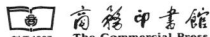 商务印书馆
The Commercial Press

图书在版编目（CIP）数据

语文教学之学理 / 王荣生著. —北京：商务印书馆，2022（2023.5重印）
（语文名家自选集）
ISBN 978-7-100-20284-8

Ⅰ.①语⋯　Ⅱ.①王⋯　Ⅲ.①语文课—教学研究—中小学　Ⅳ.① G633.302

中国版本图书馆 CIP 数据核字（2021）第 164439 号

权利保留，侵权必究。

语文名家自选集
语文教学之学理
王荣生　著

商 务 印 书 馆 出 版
（北京王府井大街36号　邮政编码100710）
商 务 印 书 馆 发 行
北京艺辉伊航图文有限公司印刷
ISBN 978 - 7 - 100 - 20284 - 8

2022 年 1 月第 1 版	开本 880×1230　1/32
2023 年 5 月北京第 2 次印刷	印张 12⅛

定价：68.00 元

出版前言

本馆自1897年创立以来，始终肩负中国新教育出版重任，以"昌明教育，开启民智"为宗旨，先后编辑出版中小学各科教科书、教学参考书、工具书、教师用书等，分类编纂，精益求精，深受教育界同人欢迎。

新中国成立后，国家重视发展教育事业。中小学教改实验百花齐放，高等院校教学法、课程论研究百家争鸣，全国各地涌现出许多教学、科研带头人。他们居敬好学，躬身实践，著书立说，逐渐在教学界产生影响，得到认可，成名成家。为了反映和记录当代语文教学研究成果，也为了给青年教师提供可资学习借鉴的参考资料，我们策划了"语文名家自选集"和"语文名师自选集"两套丛书。"名师"因其"著名"，"名家"因其"自成一家"；名师是中青年居多，名家是中老年居多。无论名师名家，年轻年长，这两套丛书关注的主要是在以下方面有所建树的作者：一、对语文教学的民族性、科学性有自觉认识；二、教学方法或研究方法植根于中国优秀语文教学传统，符合中国语文的特点，既有传承又有创新，能够科学有效地提高学生的语文素养；

三、其教研成果具有较为广泛的影响力和积极的指导作用。

宋代学者程颢有言:"古者自天子达于庶人,必须师友以成就其德业,故舜禹文武之圣,亦皆有所从学。"希望这两套丛书的编辑出版,能够激励广大语文教师读者求其师友,持志问学。欢迎中小学语文教学界的专家、学者、老师支持指导我们,共同把这两套丛书出好。

商务印书馆编辑部
2019年1月

目 录

自序 …………………………………………………………… v

辑一　语文能力研究

语文能力的构成与取向问题 ………………………………… 3
在哪个层级上描述语文能力 ………………………………… 12
如何描述语文能力要素 ……………………………………… 28

辑二　语文教学的新形态

语文课程的层级单位、疆界、维度及古今问题 …………… 55
"学习活动"的多维视角 …………………………………… 71
略述"问题情境"中的探究学习 …………………………… 94
解读"语文实践" …………………………………………… 112
事实性知识、概括性知识与"大概念" …………………… 131

过程技能与"大概念" ································· 153

辑三　阅读教学原理解析

阅读教学的基本任务和基本路径 ······················· 175
课文阅读教学设计的四个要点 ························· 195
中小学散文教学的问题及对策 ························· 224
阅读策略与阅读方法 ································· 245
析"批判性阅读" ··································· 262

辑四　语文教研和教师研究

"课例研究"：本土经验及多种形态 ····················· 281
魏书生语文教学思想的学理阐释 ······················· 310
语文教师培训课程标准研制 ··························· 342

王荣生期刊论文存目（1997—2021）···················· 366

自　序

2020年7月，商务印书馆李节编辑来邮件，询问我是否有意编选一本自选集，加入"语文名家自选集"丛书，并惠寄已出版的于漪老师的《点亮生命灯火》、宁鸿彬老师的《怎样教语文》供我学习参考。我在脑中盘点自己发表的论文，觉得这件事可以做成，书名就取"语文教学之学理"。

"语文教学之学理"的"之"有两层意思：一是"的"，可理解为"语文教学的学理"；二是动词"到那里去"，可理解为"语文教学走向学理"。

"语文教学的学理"，是对本书内容的一个总括。在我看来，所谓语文教育研究或语文教学研究，就是去发现语文教育教学之学理并加以清楚明白的阐述。"语文教学走向学理"，则是对本书的价值和意义的一种期许；希望这本书对语文教学实践的改善、改进乃至改变，有些助益。

"学理"其实就是"讲理"，学术地讲道理，讲学术的道理。

本书分四个专题计有17篇论文。所收论文的情况如下：

1. 以新近发表的论文为主。2019—2021年，陆续发表了《在

自 序

哪个层级上描述语文能力》《语文课程的层级单位、疆界、维度及古今问题》《事实性知识、概括性知识与"大概念"》《过程技能与"大概念"》《略述"问题情境"中的探究学习》《"学习活动"的多维视角》《阅读策略与阅读方法》《析"批判性阅读"》《课文阅读教学设计的四个要点》等论文,这些论文对当前语文教学改革可能有较重要的参考价值。其中《阅读策略与阅读方法》一文,据中国人文社会科学综合评价研究院发布的《C刊公号热文——教育学和心理学(7—9月)》报告,该文在2020年7—9月间教育学和心理学杂志社31个微信公众号推送的本刊论文中,"阅读量最高";《课文阅读教学设计的四个要点》是中国教育学会中学语文教育专业委员会组织的公益讲座的文字记录修改稿,该次公益讲座在一直播(咱们爱语文)和腾讯两个平台直播,听众累计53.35万人次。

2. 往年发表的较重要的期刊论文。未曾纳入已出版专著的《"课例研究":本土经验及多种形态》一文。《解读"语文实践"》《阅读教学的基本任务和基本路径》《中小学散文教学的问题及对策》这3篇,虽已纳入我的相关专著,但这些论文具有标志性,且对当前语文教学仍有较重要的参考价值,因此收入。另有《魏书生语文教学思想的学理阐释》一文,原是我的专著《语文课程与教学内容》中的一个附录,今年修订《语文课程与教学内容》时,删除了这一附录,因而将其移到本书中。

3. 未刊稿。包括《语文能力的构成与取向问题》《如何描述语文能力要素》和《语文教师培训课程标准研制》。这3篇论文与我这几年所做的两件大事有关:一件是完成国家社科基金重点项目"国民语文能力构成研究"（编号15AZD047）；一件是担任教育部《中小学幼儿园教师培训课程指导标准（义务教育语文学科教学）》研制组首席专家，该培训课程指导标准教育部于2017年11月颁布。

另外，请博士生洪安琪帮我整理了一份已发表论文的存目。从1997年发表《说为形成新技能而设置的语文课》，到本书刊印前夕刚发表的《过程技能与"大概念"》，20多年间共发表论文141篇，其中人大复印报刊资料全文转载35篇。感谢《教育研究》《课程·教材·教法》《中国教育学刊》《教育发展研究》《全球教育展望》《语文建设》《中学语文教学》《语文学习》《语文教学通讯》等期刊编辑部，感谢人大复印报刊资料中心基础教育期刊社的语文学科编辑部，刊发和转载使的自己探求语文教学之学理的努力被中小学一线语文教师知晓，从而有机会为语文教学走向学理尽一份绵薄之力。

感谢李节约稿并担任责任编辑，她精心审读，指出并修改了原稿中的失误和疏漏。感谢商务印书馆出版这本书。作为一本自选集，书中有极个别用例重复，为保持文章原貌，未做较大修改，请读者批评指教。

2021年，于我是收成颇丰的一年。有4本著作修订新版，包括《语文科课程论基础》（2021年版）、《语文课程与教学内容》（第二版）、《阅读教学设计的要诀》（2021年版）、《听王荣生教授评课》（2021年版）；将出版4本新著，《语文教学之学理》刊印在即，《语文教材的教学化编制》《语文课程内容的合理性研究：散文为主导文类的困境与突围》和很可能是国内研究国民语文能

自 序

力的第一本专著《国民语文能力构成研究（阅读篇）》，也将在年内陆续出版。

时不我待，希望在今后的日子里，能够为语文教学之学理再做一点有意义的事情。

王荣生

2021年3月8日

辑 一

语文能力研究

语文能力的构成与取向问题[*]

不同学科领域，因研究视角不同而对同一个事物有不同的称谓，术语不同但其所指基本相同。"语文能力的构成"，在语文课程研究中叫作"语文课程目标"。语文能力的构成，与语文课程目标是同质的；描述语文能力的构成，相当于勾画语文课程目标。

一、语文能力包含哪些部分？

"语文"是一个集合概念，有不同的部分构成。问"语文是什么"，实际上是问"语文有哪些部分构成"。正如问"体育是什么"，只能用"体育有哪些类别"来回答一样。

而语文包含哪些部分，是历史形成的，也会因当下的现实需要而发生变化。语文能力的构成问题，与其说是一个理论问题，不如说是一个战略抉择问题。

语文能力的最主要构成，当然是听说读写能力。但听说读写之外，还应该包括哪些部分，各个部分应该如何统筹，以及听说

---

[*] 本文初稿写于 2015 年，未刊稿。

读写中，应该包含哪些类型，应该突显哪些方面？古今中外，其抉择有明显差异。不同国家民族，在不同历史阶段，其对"语文能力"的认定既有共通之处，也有鲜明个性。

这表现在语文课程标准（或语文能力标准）对语文能力"范畴"的不同认定上。以我国历年语文课程标准为例。清末《钦定学堂章程》《奏定学堂章程》规定，中小学语文应包括字课、习字、读经、读古文词、作文、词章、读经讲经、中国文字、中国文学。1936年《初级中学国文课程标准》分阅读、文章作法两大范畴；其中阅读又分精读和略读两项——精读的考查方法是"复讲、问答、测试、默写或背诵"等，略读则要求"每学期至少系统地读两本书"。1963年《全日制中学语文教学大纲（草案）》教学内容分三项，"语法、修辞、逻辑等知识"与"课文""作文"并列，而成为语文的核心构成部分。1986年《全日制中学语文教学大纲》增加了"听说能力"这一范畴。2000年《九年义务教育全日制初级中学语文教学大纲（试用修订版）》鲜明地剔除了"语文知识"这一范畴，并将听和说合并为"口语交际"。2001年颁布、2011年修订的《义务教育语文课程标准（2011年版）》设定五个学习领域：识字与写字、阅读、写作、口语交际、综合性学习。香港地区的中小学语文课程，目前有阅读、写作、聆听、说话、文学、中华文化、品德情意、思维、语文自学这九个范畴。

新加坡小学华文课程检讨委员会在聆听、说话、阅读、写作四大范畴的基础上，于2011年新增"口语互动"和"书面互动"两个范畴。加拿大、澳大利亚、新西兰等国，均明确将"视读及展示"纳入语文课程，使语文能力形成口头语言、书面语言与视觉语言"三足鼎立"。《德国完全中学10年级课程标准》的"语文能力范围"包括：对语言和语言运用的学习和研究，听与说、写作、阅读（印刷和媒体资料），其中由"对语言和语言运用的学习和研究"统摄，体现出"四位一体"的结构模式。[1]《法国普通教育高中语文大纲》明确：文本、语言、文化，是法国语文课的学习对象，"其主要目标是掌握语言、了解文学和吸收文化。这三个独立的目标处在同等重要的位置上"。而"文本"居于核心地位，"学习文本"是法国语文教育的首要目的，"每个学生每年至少读六部文学作品及一些节选"。[2]

我国语文教育界，包括介入语文教育的各路学者，通常将"语文"视为实体概念，所关注的是"语文性质"问题。其提问方式是："什么是语文？"其解答问题的方式，则主要通过思辨：或是把"语文"二字分拆，比如语言文字、语言文章、语言文学、语言文化等，然后按分拆后的语义加以演绎；或是采用换词法，比如语文知识应用、语言运用能力、言语能力、语文素养、语言文字应用、语用能力等，然后用所换的新词加以推演。其所得出的结论，通常是一些口号式的论断："思想性""工具性""人文性""语言论""言语论""言意论""语感论""素养论""语用论"等。各种论断又争执不下，而争执各方又似乎都坚信，只有一种答案是"唯一"正确的。

应该看到，对"语文性质"的种种见解及其争辩，在特定的背景下，都有其现实的意义，乃至重大意义。但是，纵观我国语文课程标准的沿革，对比我国香港地区以及其他国家语文课程标准(语文能力标准)的多种呈现,这些事实至少告诉我们:"什么是语文"这种提问和解题的方式恐怕是不对的,这种研究视角和路径也许并不明智。

从国际有影响的相关资料看,"能力"的概念已大大扩展,从以往单纯的认知维度,扩展到了知、情、意等多个方面。在法语地区有重大影响的比利时课程专家罗日叶提出:"对某一个体而言,能力就是为了解决某一类问题情境,以内化的方式调动已被整合的一整套资源的可能性。"[3]《欧洲语言共同参考框架:学习、教学、评估》明确定义:"能力,即是完成某种活动所必需的学识、才干和情绪。"[4]

我们应该以开阔的视野面对国民语文活动的实际,站在国民语文能力全面提升的高度,通过明智的筹划来解决我国国民语文能力应该有哪些部分构成的问题。

二、要哪种取向的语文能力?

语文能力,不但有一个"哪些构成"的问题,还有一个"哪种取向"的问题,而集中地表现为听说读写能力的取向。

拿阅读来说,阅读取向有常态、异态和变态之分。常态,就是在正常的情况下读者通常的阅读取向,或具有较高阅读能力的读者一致采取的阅读取向。异态,就是基于合理的目的、任务而采取的与通常情况不一致的阅读取向。比如小说,编辑校对稿件是一种读法,社会学家想了解当时人的饮食习俗是另一种读法。变态,就是扭曲的阅读取向,基于某种错误的观念,而采取一种奇特的阅读取向,有意或习惯性地曲解文本。急功近利只顾分数的"应试教育",导致变态的阅读取向。

取向问题是研究语文能力和语文能力测试的首要问题。能力与所听、所说、所读、所写联系在一起,体现在达到特殊目的的听、说、读、写的具体活动中。不同的目的,不同的所听、所说、所读、所写,合成听、说、读、写的不同方式。而不同的方式,运用着有所区别的能力,也需要有所区别的方法(知识、技能、策略、态度)。在讨论培养和测试语文能力之前,我们有必要事先查明,期望学生现在或将来所从事的是哪种取向的听、说、读、写活动。这样,我们才能明了要培养学生的究竟是些什么样的语文能力,才能接下去研究怎样培养、如何测试等一系列的课题。

应该说,国外尤其是欧美国家,对语文能力取向的研究相当自觉,并将这种自觉较为有效地体现在语文课程研制和语文测试的设计中。《美国外语教学委员会K-12学习者能力标准指南》中"最基本的原则"是沟通,要的是用于沟通、为了沟通的语言能力。《欧洲语言共同参考框架:学习、教学、评估》要的是"面向行动的"语言交际能力。

在语文测试研究中,"构念"是个重要术语。"构念"是对意欲测试的"语文能力"加以清晰化界定的过程,其中首先关注的就是取向问题。以外语教学与研究出版社最近引进的三本书为例:

韦格《写作评价》开宗明义:"进行写作评价研究时首先应该考虑的问题是:测什么——从测试目的出发如何定义写作能力?我们感兴趣是学生能否写出符合语法的句子,还是他们通过写作实现特定的交际功能？"[5]

奥尔德森《阅读评价》谆谆告诫：构念是界定测试设计的基础，会渗透到所有评价任务和测试问题的设计中。"测试构念如果不当，则会给教学和学习带来负面的反拨作用"。[6]

卢奥玛《口语评价》认为[7]："测试中涵盖的语言特征愈能与口语本身的特征接近，测试结果就愈能有效地说明口语能力。这是对口语测试的根本认识。"该著作用一章的篇幅介绍口语的特征，徐海铭在导读中敏锐地看到作者"颇有'纠偏'的意图"，并借题发挥，联系到我国的英语教学[8]："笔者认为，对口语特征的误解和偏见，甚至无视，其实不仅仅体现在口语测试中，而且还体现在口语教材的编写上。"

遗憾的是，我国语文教育和语文测试的研究和实践，在语文能力取向问题上，似乎左突右冲、手足无措。这表现在三个方面：

第一，语文教育界圈外的社会人士，对基础教育中的语文能力取向强烈不满而表现为情绪化的批判，往往也只表现为情绪化批判。这从书名或文章标题的火药味就能闻出来，如《中国语文教育忧思录》（王丽主编）、《直谏中学语文教学》（孙绍振著）、《对抗语文：让孩子读到世界上最好的文字》（叶开著）。几乎每一个辅导过自己孩子语文作业的家长，尤其是自视语文能力颇高的家长，譬如编辑、作家、教授等，对中小学语文教学中语文能力取向的扭曲都会有炽烈痛感。有感于此，徐江专门写了一本书，书名就叫《高考作文辅导再辅导》。社会人士的批判，尽管在涉及一些具体专业知识的时候对我们认识语文能力有启发，但其主要的意义，在于以激烈的方式警示我们高度关注语文能力的取向问题。

第二，在语文教育研究中，有一些外界看来可能会感到很奇怪的话语，譬如"要把语文课上成语文课""语文课要上出语文味""语文教学要倡导'真语文'"。语文教育研究界此起彼伏的"语文性质"之争，其实也是以一种迂回的方式，表达语文能力取向的新"观念"。然而种种"观念"和"主张"，往往也停留在"观念"和"主张"，而缺乏实现的具体路径和可行方案，缺乏导向常态语文能力取向的方法和手段。

振臂疾呼，并不能解决问题。因为语文能力取向不仅仅是"观念"；它要落实并表现到具体的语文能力要素上。杨启亮指出："读读我们浩如烟海的中小学语文试卷，就足以获得它（非体验的语文教学）在语文知识技能训练方面有效功能的证明，甚至，这些试卷还证明了当代语文教学创造的奇迹：学生竟能凭借意志和单调的智慧，精确无误地回答那些连课文作者都莫名其妙的问题。"[9]"回答莫名其妙的问题"需要具备特定的能力要素，正是对这些要素的娴熟把握，才使学生练就了一套奇怪的本领。叶黎明在研究了中学议论文教学的18个典型课例后发现[10]：语文课堂上相当长时间内所教的"议论文"，其实是"事理（事例）说明文"而已。"话题型议论文"写作通常是论点先行，再找与论点一致的论据；"论证"实际上等同于用事例"具体说明"道理，"论证"就是道理的形象化、具体化。"学生用新颖感人的事例来重复读者早已熟悉的道理，俨然是'正确的废话'。"话题议论文丧失了议论文写作"说服他人"的真实目的，变成了感想、意见、态度等各种各样"论点"的"漫谈",而"寻找对自己观点有利的证据,无视其他观点与证据。这样的论证很可能失之偏颇而不堪一击"。也就是说,所谓"事理(事例)说明文",有一些特定的能力要素,正是对这些要素的心领神会,才使学生练就了一套"说正确的废话"能力。长期以来,语文教育始终迷恋在"观念"上解决问题;但"观念"如果不落实到具体的能力要素和具体的语文知识,那么人们所期待的新观念,在语文教学和语文测试的实践中是不大可能被建立起来的。

第三,语文教育实践,在抨击"应试教育"的嬉笑怒骂中,在倡导"素质教育"的舆论中,在呼唤"真语文"的声浪中,依然我行我素。变态的语文能力取向,成了语文教育和语文测试的最大陷阱。大量证据告诉我们[11]:语文课程里学生在学、在写、在考的文章,是"文学性的散文"。我们所欲培养的"阅读能力",其实是"文学性的散文"的阅读能力;所欲培养的"写作能力",实际上是写"小文人语篇"的能力,也就是被中高考所定义的"优秀作文"——用"好词好句"构造乖巧"散文"的能力。学生被教会的,很可能是一种"套用"(抄袭)材料的"宿构"能力,一种言不由衷、"大话""套话"连篇的说话能力,而不是真实情形中契合人生日用的书面表达能力和口语沟通能力。

要哪种取向的语文能力?这是一个需要我们认真对待的严肃问题。

如果我们漠视取向问题,或取向含混,或缺乏可靠的方法和手段而难以把语文能力取向引导到常态的航道中去,那么,就很可能会南辕北辙而事与愿违。

参考文献

[1][2] 洪宗礼.外国语文课程标准译介[M].南京：江苏教育出版社，2007：222，205.

[3]（比）罗日叶.学校与评估：为了评估学生能力的情境[M].汪凌，周振平，译.上海：华东师范大学出版社，2011：92.

[4] 欧洲理事会文化合作教育委员会.欧洲语言共同参考框架：学习、教学、评估[M].刘骏，傅荣，主译.北京：外语教学与研究出版社，2008：10.

[5]（美）韦格.写作评价[M].韩刚，导读.北京：外语教学与研究出版社，2011：8.

[6]（英）奥尔德森.阅读评价[M].王笃勤，导读.北京：外语教学与研究出版社，2011：25.

[7][8]（芬）卢奥玛.口语评价[M].徐海铭，导读.北京：外语教学与研究出版社，2010：F11，F15.

[9] 杨启亮.体验语文：一种教学方法论的解释[J].语文教学通讯，2002（6）：8.

[10] 叶黎明.写作教学内容新论[M].上海：上海教育出版社，2012：291-292.

[11] 王荣生.语文课程与教学内容[M].北京：教育科学出版社，2015：111.

在哪个层级上描述语文能力*

在哪个层级上描述语文能力？这个问题，在我国语文能力和语文测试研究中，并没有被明确地提出来过。自然选择的层级，是听、说、读、写这些范畴。研究语文能力，实际上是分别研究阅读能力、写作能力、听话能力、说话能力或口语交际能力。然而，"阅读""写作""听说"也是集合概念。拿体育来类比，相当于体育中的"球类""田径""体操"等运动项目类别。阅读能力、写作能力、听话能力、说话能力或口语交际能力，相当于"球类能力""田径能力""体操能力"等，是在相当宏观的范畴层级上对语文能力做相当概括因而笼统（空洞）的描述。

一、在范畴层级描述的两大原因

为什么会这样呢？为什么要在相当于"球类"的范畴层级上去笼统地描述语文能力呢？

其主要原因，当然是对语文教育和语文测试的研究不足、研究功力不到，所积存的"货色"不多。但也有不得不如此的苦衷。

（一）过于倚重心理学的现成研究

阅读、写作、听说，与认知能力密切相关，向来是心理学研究的

---

* 本文原载《语言规划学研究》第10辑，2020年12月。有修改。

重要方面之一。心理学研究的旨趣,是在严格控制变量的条件下通过实验和推断揭示人类的认知规律和心理机制。心理学解开了听说读写的大量秘密,为我们认识阅读、写作、听说提供了丰富的科学知识。

相关著作如莫雷的《阅读与学习心理的认知研究》、莫雷等的《文本阅读信息加工过程研究:我国文本阅读双加工理论与实验》、沈德利的《学生汉语阅读过程的眼动研究》、闫国利的《阅读发展心理学》、白学军等的《阅读心理学》以及对听说读写能力有较多涉及的朱智贤、林崇德的《思维发展心理学》、申继亮等的《中学语文教学心理学》、辛涛等的《小学语文教学心理学》等。

然而,心理学是一门发展中的学科,目前的研究只能抵达阅读、写作和听说这一层级的某些地方。严格控制变量,意味着"一般的人"在相对纯粹的条件下做"一般的阅读",从实验研究得出理论到实际应用或许有相当长的距离,何况其中有不少可能还是尚待进一步验证的推论。

林崇德教授高屋建瓴,从智力和思维的高度研究学科能力,提出研究听、说、读、写能力的双向网格表(见表1)[1]:

表1 听说读写能力双向网格表

交叉点＼语文能力＼思维品质	听	说	读	写
思维的敏捷性				
思维的灵活性				
思维的深刻性				
思维的独创性				
思维的批判性				

这一研究，打破了长期以来就学科能力论学科能力、就语文能力论语文能力的狭隘眼光，为从更广阔的空间认识和描述听说读写能力开拓了思路。但是，目前似乎还很难与语文教育、与国民语文能力研究、与语文能力测试发生直接关系。

以阅读为例。

莫雷教授用活动—因素分析法，确定小学生阅读能力因素有语言解码、组织连贯、模式辨别、筛选贮存、语感、阅读迁移6项，中学生阅读能力有语言解码、组织连贯、模式辨别、筛选贮存、概括、评价、语感、阅读迁移等8个主要因素。[2]在研究阅读能力结构的同时，还编制了《语文阅读水平测量》，量表将阅读划分为理解性阅读、评价性阅读、应用性阅读、保持性阅读和快速阅读5个部分（详见表2），其中小学段22个分测试，中学段23个分测试，以较客观地确定学生语文阅读水平在群体中的相对地位。

表2 语文阅读水平测量（莫雷等，1987）[3]

类别	考查内容		测验名称
理解性阅读	微观理解	词语的理解	词义的理解、文章中词义的理解、词义的辨析、词法的理解、文言文词的理解
		句子的理解	句子含义的理解、文章中句子含义的理解、句子结构的理解、句子关系的理解、句子技巧的理解、错句病句的理解、文言文句子的理解、文言文断句
		文章局部内容的理解	文章局部内容的字面性理解、文章局部内容的推理性理解
	宏观理解		文章整体内容的理解、文章篇章结构、写作方法的理解

续表

类别	考查内容	测验名称
评价性阅读	评价	对文章的评价
应用性阅读	应用	阅读所获得的新知识的运用
保持性阅读	保持	课文局部内容的保持、课文整体内容的保持
快速阅读	速度	快速阅读理解、快速阅读保持

这项研究为认识我国中小学生阅读能力提供了科学依据和测量工具。但局限和困难也是明显的，不消说大规模考试承受不起20多个分测试项，单就表格左栏的5个部分看，似乎也主要适用于实用性文章阅读中的"理解性阅读类型"，而且还是"为了测试的阅读"。

在语文教育界，对语文能力的研究，通常是从国外的心理学研究中选取有关结论，或加以延伸，或辅之以自身的研究（往往是非严格意义上的实验研究）做一些调整。如王小明等的《语文学习与教学设计（小学卷）》、何更生等的《语文学习与教学设计（中学卷）》、谷生华等的《小学语文学习心理学》、董蓓菲的《语文教育心理学》等，其中有较大影响的学者是章熊、朱作仁和祝新华。

美国阅读心理学家史密斯提出阅读有四种认知水平：字面的理解（literal comprehension）、阐释（interpretation）、评价性阅读（critical reading）、创造性阅读（creative reading）。受此启发，章熊于1991年列出四种水平的阅读能力要素（见表3）[4]：

表3　四种水平的阅读能力要素[1]

阅读能力要素	含义	具体要求和指标
复述性理解	着眼于理解读物的表层信息，侧重记忆	（1）能正确地把握局部或细节；（2）能正确地把握整体或主要内容；（3）能正确地把握内容的发展过程
解释性理解	要求把读物的内容转化为自己的认识（既包括读物的表层信息，也包括读物的深层信息），需要读者做必要的分析、综合、抽象、概括，有时对抽象材料和分散材料还要做具体化和系统化的思维加工	（1）能对读物的主要概念做出正确的解释；（2）能对读物的重要局部或细节的寓意做出解释；（3）能对读物做出整体解释；（4）能解释读物各局部与整体的关系；（5）能联系有关的概念或材料对读物的内容做出解释
评价性理解	读者在分析基础上对读物的内容或艺术方法做出是非、好坏、优劣的判断。这意味着读者需要具备一定的鉴别能力和欣赏能力	（1）能够对自己感兴趣的部分做出评价；（2）能够对读物的主要内容从自己的立场做出评价；（3）能够对读物的主要概念、观念或内容从作者和读者自己两个不同的角度和立场做出分析、评价；（4）能够对读物的局部（或细节）从它与主体的关系做出分析、评价；（5）能够对作者的意图、读物的客观价值、得与失做出全面分析、评价；（6）能够联系相关的或同类的读物做出比较和评价
创造性理解	在分析、评价的基础上，超越读物的内容范围，产生另一种见解或思想以及探索另一问题的答案或解决问题的新的途径	（1）了解或发现读物的各种用途；（2）了解读物所涉及的新概念、观念、思想或方法，并加以发展；（3）就上述内容提出新的、不同的甚至相反的见解；（4）联系实际或结合相关材料，提出新的问题、见解或思路

---

[1] 表格根据文本内容编制。

1999年，王云峰在《近二十年阅读能力研究与阅读教学模式的发展》一文中系统地梳理了此前20年关于阅读能力结构的理论研究，文章指出："以上这些研究虽然促进了人们对阅读能力的认识，但并未完整、清晰地揭示阅读能力的构成，加之其结论主要是借助思辨获得的，缺乏可操作性，对教学实践的发展没有多少直接的帮助。"[5] 他的这个判断至今似乎依然适用。

当然，在十几年后的今天，情况有了改善。祝新华在2005年概括了国内外多种阅读理论，发展了六层次阅读能力因素——测试题型系统，他编制的测试工具（见表4）在中国香港地区、新加坡等地应用，取得了较满意的成绩。

表4　六层次阅读能力因素——测试题型系统[6]

等级	特点	认知能力	题例
1.复述	认读原文，抄录词句，指出显性的信息	辨认/认读	（略）
2.解释	用自己的话语解释词语、句子的表面意思	转译	
3.重整	分析、综述文本内容，辨识（判断）表达技巧	分析、综合、比较	
4.伸展	引申含义，拓展内容	推论、推测、想象	
5.评鉴	评说思想内容，鉴赏语言表达	批判性思维	
6.创意	找新方法，提新想法，运用所读信息解决问题	创造性思维、求异性思维	

然而，正如澳大利亚的阅读研究专家安德森所指出的，阅读是一种整体性行为："尽管阅读可以分析成次一级的技能……，但一次

应用一个次级技能并不构成阅读。阅读可以说是只有在流畅的完整行为过程中把各个部分综合在一起时才会出现。"[7]

现在看来,在"阅读"这一相当宏观的范畴层级上来描述语文能力以及以认知的单一维度来描述语文能力,都有检讨的必要。这条路径的前景似乎不甚光明。

(二)受制于我国语文课程标准的架构方式

我国语文课程,仅在新中国成立之后,就经历了8次课程改革。语文课程改革的核心,是语文能力构成的变革,是要"哪种"语文能力的取向转移。但在语文教学大纲或语文课程标准的架构方式上,100多年并无改变,向来把阅读、写作、听说这一层级作为语文能力描述的基本单位。

1963年《全日制中学语文教学大纲(草案)》,曾试图将层级下放到"记叙文""说明文""议论文"等"教学文体"——初中是简单记叙文、简单说明文、简单议论文;高中是复杂记叙文、复杂说明文、复杂议论文。但是,理论研究和教学实践证明,这一努力并不成功。"教学文体"并不是真实的文体,它把记叙类、说明类、议论类的"文类"概念改造为"文体"概念,究其实,不过是一些关于记叙、说明、议论的"陈述性语文知识"。比如记叙文六要素,说明文的顺序和说明方法,议论文的论点、论据、结论三要素,等等。"教学文体"在20世纪90年代就质疑不断,到2000年,课程标准研制者断然抛弃了这一概念。

2000年颁行的中小学语文教学大纲,矫枉过正,刻意回避"记叙文""说明文""议论文"等文类或文体概念,而简单化地用"课文"或"文学作品"来指称,譬如用"整体感知课文"这样的说法。2001年以后颁行的语文课程标准，在具体目标条目上有文类或文体的标记，但描述过于笼统，因而对读写的指引力不足。比如"写简单的说明性文章，做到明白清楚""阅读新闻和说明性文章，能把握文章的基本观点，获取主要信息"这两条目标，其实可简化为"写（文章）做到明白清楚"，"阅读（文章）能把握基本观点，获取主要信息"。

从教材和教学的角度看，文类和文体的特性也是被长期忽视的。我国语文教学的主导文类是散文，语文教材中的课文绝大部分是散文，作文也主要写随笔式的小散文。其他文类的读写占比很少，在教学中，除了贴上文类和文体的标签之外，不同文类和文体的课文，其教学内容和教学方法几乎雷同。中考、高考的阅读能力考查材料通常是两篇，一篇是散文或小说，一篇是议论文或说明文，但所考查的都是以认知水平来描述的阅读能力。写作教学和测试，长期以来都是"去语境""无对象"的，而且"文体不限"，这样所能评价的当然只能是"作文能力"了。

在哪一个层级上描述听说读写能力并无一定之规，但从我国语文教育和语文测试的实践看，在阅读、写作和听说的范畴层级来描述语文能力弊多利少。在范畴层级只能做概括性的笼统陈述，而难以具体描述语文能力的要素，这给我们的语文教学和语文测试带来很大的麻烦。语文课程"教什么""学什么"始终是个难题；语文教师长期受"不知道该教什么"的困扰；对大多数语文教师和广大学生来说，阅读到底在考什么、写作到底在考什么，似乎是一个难以猜透的谜团。语文学习靠全覆盖、大题量

"死求"的办法来应试,与不知道学什么、不知道考什么,应该有直接关联。

二、语文能力的描述层级下移

语文教育和语文测试,强调基于真实情境的真实任务。这就要求语文能力的描述层级尽可能与真实情境中的"真实阅读""真实写作""真实口语交际"的类型相一致、相匹配。如果依旧拿体育来类比的话,描述能力的层级,要求下移到类似"篮球""排球""足球"这样的"真实项目",来具体地研究"打篮球的能力""打排球的能力""踢足球的能力"。

(一)描述层级下移的大趋势

纵观国外的语文课程标准,语文能力的描述层级正在下移。

美国2012年《州际共同核心标准》中的《英语语言艺术标准》,是美国首部国家层面的母语课程标准。该标准的一大特色,是将文学类文本与信息类文本分列并置,在《文学作品阅读标准》外,又细分出《信息文本阅读标准》。

在美国,国家教育进展评估(National Assessment of Educational Progress,简称NAEP)制订的写作评定框架,强调"写作即交流"。《2011年NAEP写作说明》依据三种交流目的和功能——"为了劝说(to persuade)""为了解释说明(to explain)""为了传递(真实的或虚构的)经验(to convey experience)",划定三种写作类型,并在四、八、十二年级设置各自的比例。写作评价也有三种评分细则,分别对应上述的劝说性写作任务、解释性写作任务和传达性写作任务,具体见表5。

表5

写作任务的交流目的	4年级	8年级	12年级
劝说	30%	35%	40%
解释	35%	35%	40%
传达	35%	30%	20%

芬兰卢奥玛著《口语评价》指出[8]：恰当的口语任务设计是口语评估的核心之一。所谓恰当的口语任务设计，就是让考生置身于特定的语境中，根据语境的要求完成某一交际任务。任务设计参照口语交际类型表（详见表6），分别设计描述型任务、叙述型任务、指示型任务、比较和对比任务、解释型和预测型任务、决策型任务、角色扮演和模拟、在情景中反应的任务和控制型口试等任务。

表6

事实性交谈	评价性交谈
描述	解释
叙述	说理
讲授	预测
比较	决策

欧洲语言共同参考框架（The Common European Framework of Reference for Languages，简称CEFR）综合量表，分三等六级对语言能力进行了"最概括"的"能做"描述。从该量表对语言能力的具体描述框架可以看出，描述语文能力的层级最终落在语言交际活动的任务类型以及语言交际能力、语言交际策略的具体事项上。以语言交际活动为例，如表7所示（根据第三、四章内容编制）：[9]

表7

语言交际活动	输入	口语形式	总体听力理解	听母语使用者对话
				听现场讲话
				听通告和指令
				听有声媒体和录音
		视听	视听理解	听懂电视节目和电影
		书面形式	总体阅读理解	阅读通信、函件
				浏览快读
				为获得信息和讨论阅读
				阅读操作说明
	互动	口语形式	总体口语互动	听懂讲本族语的人讲话
				对话
				朋友间的非正式讨论
				正式讨论、与会
				功能性合作（如修理汽车、讨论文件、组织活动）
				索要物品和要求提供服务
				交流信息
				访谈
		书面形式	总体笔头互动	信函
				做笔记、留言和填写表格
	输出	口语形式	总体口头表达	连贯自述：描述个人经历
				连贯自述：论证（如辩论）
				共同场合发布公告、通告
				对听众讲话
		书面形式	总体笔头表达	创作：描述、叙事、书评、影评等
				报告和评论、论文

语文能力的描述层级下移到真实情境的阅读、写作和口语交际的功能类型，这是当今趋势。

（二）在真实的"功能类型"层级来描述

我们应根据国民语文活动的实际情形，从有利于语文教育和语文测试的角度，来判定国民语文能力描述的合宜层级，归纳具有中国特色的阅读、写作和口语交际的"功能类型"并具体地提炼和描述其能力要素。

以口语交际为例。

笔者提出，参考沟通理论和传播理论，结合我国中小学教学的实际，口语交际的场景类型可以分为四大类[10]：第一类，日常生活中的口语交际；第二类，组织中的口语交际；第三类，特殊场合的口语交际；第四类，倾听与非语言交流，为上述三类所共有，为了教与学的方便，予以单列。

与外语学习重在日常生活的口语交际不同，作为母语的语文教学以及语文测试，重心应该放在组织中的口语交际。而组织中的口语交际能力，如讨论、演讲等，在日常生活中较难自然习得，因而需要专门学习，学习"怎么听说"。"怎么听说"，也就是在某一交际场景的口语交际活动中应该"听什么、说什么"，"应该做什么"或"不做什么"的规则。因而又需细分交际场景。比如"讨论"，就要区分是"交流分享"还是"解决问题"，是"协商意见"还是"激发创意"等。不同目的、不同交际场景的"讨论"需要不同的技能，其"能力要素"各有分别，"怎么听说"的规则甚至大相径庭。比如：交流分享，要聚焦主题；解决问题，必须在规定的时间拿出集体的方案；协商意见，需要达成一致；激发创意，就应该鼓励天马行空、奇思异想。

语文能力，从普遍性—特殊性的向度，可以按概括性—具体化的不同程度做不同层级的描述。如图1所示：

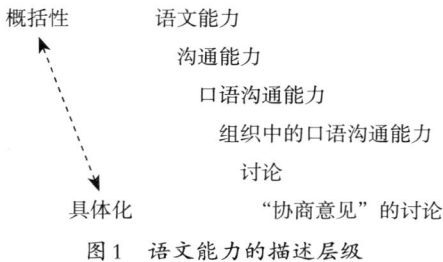

图1　语文能力的描述层级

如前所述，我国语文能力的描述层级，长期以来滞留在类的范畴，理论研究难以深入，对语文教学和语文测试实践也不管用。语文能力描述的层级应该下移。

那么，下移到哪一层级呢？辩证唯物主义的原理告诉我们，普遍性存在于特殊性之中。基于"语文能力测试"的意图，笔者倾向于下移到与社会中听说读写"真实情境"一致的类型。也就是说，不在"讨论"这个层级来研究"讨论"的能力，而是下移到"协商意见"这一层级来研究协商意见"这种讨论"的能力。

这样做，有上通下贯的功效。

上通，在语文能力取向问题上，变抗争为疏导。落实到"真实情境"，就有可能化解语文教学和语文测试中长期得不到矫正的语文能力应试取向问题。换言之，使语文能力取向问题获得一种技术上的解决，而自然地导向常态的语文能力。这样，语文教学和语文测试就能在"真语文"中安居。

下贯，连贯到语文能力要素的描述。在哪一个层级表述语文能力直接影响着如何描述语文能力要素。在"交流分享""解决问题""协商意见""激发创意"这样的层级，其能力要素较容易描述。比如"交流分享"必须紧扣主题，应该重点说与别人有所不同的见解或经验，言谈中要联系别人的话并做正向回应，等等。而"解决问题"，则必须明白问题之所在，必须分析产生问题的主要原因，必须考虑问题解决的现实条件，必须权衡几种解决问题的办法并评估其优劣得失，最终必须在规定的时限拿出相对较优的解决方案。

不难看出，在"真实情境"的层级所提炼和描述的能力要素，与人的"直感"较为一致，因而容易学习和掌握，也便于能力的迁移。能力要素清晰，就能为语文测试提供作为测试设计基础的"构念"，研制语文测试工具就会有章可循，至少不会在"测试哪些能力要素"上犯迷糊。

按照"真实的"阅读类型—语篇类型描述阅读能力要素，按照"真实的"的写作样式—任务类型描述写作能力要素，按照"真实的"交际场景类型描述口语交际的能力要素。阅读、写作、口语交际，统一按"真实情境"来描述语文能力要素，这将彻底改变我国语文教育和语文测试研究中"阅读""写作""口语交际"的能力要素描述理据不明、视角混乱的状态，逐步形成属于中国的共同、互通的话语体系。

参考文献

[1] 林崇德.教育的智慧：写给中小学教师[M].北京：开明出版社，1999：147-153.

［2］莫雷.阅读与学习心理的认知研究［M］.北京：北京师范大学出版社，2006：20-21.
［3］祝新华.促进学习的阅读评估［M］.北京：人民教育出版社，2015：50-51.
［4］章熊，张彬福.思索·探索：章熊语文教育论集［M］.北京：人民教育出版社，2002：189-191.
［5］王云峰.近二十年阅读能力研究与阅读教学模式的发展［J］.中学语文教学参考，1999（6）.
［6］祝新华.促进学习的阅读评估［M］.北京：人民教育出版社，2015：57-58.
［7］转引自（英）尼特.阅读：阅读技巧指南［M］.贺微，张荣建，江地，译.重庆：重庆出版社，2004：7.
［8］（芬）卢奥玛.口语评价［M］.徐海铭，导读.北京：外语教学与研究出版社，2010：F16-F17.
［9］欧洲理事会文化合作教育委员会编.欧洲语言共同参考框架：学习、教学、评估［M］.刘骏，傅荣，主译.北京：外语教学与研究出版社，2008：21-96.
［10］王荣生.语文课程与教学内容［M］.北京：教育科学出版社，2014：334-347.

其他参考文献

1.朱智贤，林崇德.思维发展心理学［M］.北京：北京师范大学出版社，2002.
2.莫雷，冷英，王瑞明.文本阅读信息加工过程研究：我国文本阅读双加工理论与实验［M］.广州：广东高等教育出版社，2009.
3.沈德利.学生汉语阅读过程的眼动研究［M］.北京：教育科学出版社，2001.

4. 闫国利.阅读发展心理学［M］.合肥：安徽教育出版社，2004.
5. 白学军，闫国利，等.阅读心理学［M］.上海：华东师范大学出版社，2017.
6. 申继亮，谷生华，严敏.中学语文教学心理学［M］.北京：北京教育出版社，2001.
7. 辛涛，黄高庆，伍新春.小学语文教学心理学［M］.北京：北京教育出版社，2001.
8. 章熊.中国当代写作与阅读测试［M］.成都：四川教育出版社，2000.
9. （英）奥尔德森.阅读评价［M］.王笃勤，导读.北京：外语教学与研究出版社，2011.
10. （美）韦格.写作评价［M］.韩刚，导读.北京：外语教学与研究出版社，2011.

如何描述语文能力要素*

"语文能力要素"与"语文课程与教学内容"是同一个事物的不同称谓。在语文课程与教学研究中,"语文能力要素",被称为"语文课程内容""语文教学内容",是为了达成语文课程目标应该"教什么""学什么";从测评的角度,"语文能力要素"则被称为"命题点"或"考点"。描述语文能力的要素,相当于提炼语文课程与教学内容。

语文能力要素的描述,是构建语文课程的基础,也是语文能力测试的前提。长期以来,我们是在听、说、读、写的范畴层级对语文能力做相当概括因而笼统的描述。依据什么理论,从哪个视角,用什么方式来描述语文能力要素,我国至今没有一以贯之的理念,也没有自己的话语体系。如果这种状况不能改观,那么语文能力和语文测试研究恐怕不太可能取得有价值的实绩。

一、存在的问题

目前流行的听、说、读、写能力要素的描述视角和方式,有

---

* 本文初稿写于2015年,2020年12月改定,未刊稿。

各自不同的来历。

（一）听说能力要素的描述方式

听说能力要素的描述，主要模仿作为第二语言的英语教学。

在我国，听说或口语交际成为语文课程的学习领域，是晚近的事。目前，听说能力或口语交际能力，尚没有纳入语文大规模考试，以往的语文教育研究在这方面重视不够、着力不多。

大部分关于听说教学和口语测试的译著，由英语教学界引进，原文影印或翻译出版。听说能力要素的研究主要集中在作为第二语言的英语教学以及作为第二语言的汉语教学上。如《语言测试的设计与评估》《语言测试实践》《语言测试要略》《语言测试和它的方法》等。

在汉语听说的研究方面，毛忠明、黄自然编著的《口语测试理论与实践——口语测试理论及国内外主要口语测试种类简介》，较系统地梳理了国外语言测试理论的发展脉络，评析国内外几种主要的口语考试项目，介绍第二语言口语考试的设计、施测、评估的原则和要点。受欧洲语言共同参考框架的启发，杨惠中、朱正才、方绪军等的《中国语言能力等级共同量表研究：理论、方法与实证研究》，探讨了汉语能力等级共同量表的建设问题，其中在口语能力这一方面进行了一定的实证研究，提出"语言要素的运用能力"描述层次及参数例表（详见表1）[1]：

表1 "语言要素的运用能力"描述层次及参数例表

一级参数	二级参数	三级参数
语言要素的运用能力	语音能力（范围、准确性）	词语、音节、音素等的发音
		语调、句调（陈述、疑问、感叹、祈使等）
		语句的轻重音
		节奏、停顿
	词汇能力（范围、准确性）	词汇量大小
		词语使用的准确性
		词语使用的恰当性
	语法结构能力（范围、准确性）	语法形式的准确性
		语法结构的丰富性
		语法结构的复杂性

国内语文教育界的研究，听说或口语交际能力描述的层级较为宏观，或是带有推论性质的因素，或是归纳性地罗列听说技能或口语交际的若干微技能。

关于聆听能力，张鸿苓、张锐于1987年提出应包含三个方面的内容[2]：语音辨识、语义理解和话语品评。张敏在1991年通过因素分析归纳出听话能力的14个变量，如词汇感知、细节感知、理解词义、了解句型、理解内容、分辨正误等[3]。申继亮等将听话能力分解为听话注意力、听话理解力、听话记忆力（短时记忆力）、听话评鉴力四项指标，通过问卷调查和测试，分析了中学生听说能力的特征及其在城乡和男女性别上存在的差异，并归纳出了影响中学生听说能力的主要因素[4]。

关于说话能力，申继亮等根据说话的心理过程和功用价值，将其分解为说普通话的能力、遣词造句能力、表达能力三种主要能力[5]。张敏也把说话能力结构因素归纳为14个变量，如语句正确、礼貌用语、会话应对、神态表情、体势动作、标准语音、语量语速等[6]。

祝新华将说话能力因素修订如下[7]：

1.组织内容：根据特定的语境或规定的问题，兼顾聆听对象的特点、场合等因素，确立话题、观点、具体细节等。

2.安排语脉：确立所讲内容的先后层次。说话扣住话题、围绕中心；按需取舍说话内容，安排详略；有条理，言之有序。一个完整的说话，大的条理包括开始、展开和结束部分，或有引言、正文、结束部分，而小的条理包括语间因果、前后关系适当等。

3.遣词造句：为表达内容适当选择词汇，表达符合口语习惯，简洁、准确、得体。

4.发音：语音准确、清晰、响亮，语调高低、语速快慢恰当，节奏感强。

5. 使用体态：恰当运用面部表情，采取合适的手势和姿态，有效地表情达意。

关于口语交际教学和测试，研究刚刚起步。笔者的研究成果有《口语交际的课程意识》[8]《口语交际的课程内容与活动设计》[9]等,其他较有质量的成果有李明洁编著的《高中口语交际新视点》,祝新华的《建构促进学习的语文聆听、说话与口语互动能力的评价体系》等。

在听说方面取得卓越成绩的是普通话考试。普通话是国民语文能力的重要构成,然而正如有研究者所指出的:"我国针对国家通用语言文字的国家级测试目前只有'普通话水平测试'和'汉字应用水平测试',两者都还不是全面的中文应用能力测评。"[10]

据报道[11],国家语委重大项目"中小学生普通话口语能力标准与测评体系研究"于2014年7月开题,着手研究中小学生普通话口语能力的评价标准和测评体系,至今似未见成果公开发表。

(二)写作能力要素的描述方式

写作能力要素的描述,是在我国早期写作理论的"筐"里进行的。

研究的路数,是基于我国"作文"的样式,借助文章学的话语,结合一些中小学生作文的样本,对"写作文"的能力要素做种种大同小异的归纳。如朱作仁于1984年将写作能力分为"审题、确定中心思想、搜集材料、整理材料、选择体裁、语言表达、修改"等能力[12];吴立岗于1984年把写作能力结构分为搜集和积累材料、命题和审题、提炼和表达中心思想、安排文章结构、用词造句、修改6个部分[13]。祝新华采用因素分析的定量方法考察中小学生的作文能力结构,认为小学生写作能力主要是确定中心、组材、选材、语言基本功和修辞能力等[14];中学生写作能力则主要是驾驭语言、确立中心、布局谋篇、叙述事实、选用方法等[15]。

有的还将类似的因素加以组织改造，如王权在1995年用因素分析法进行研究，概括出中学高年级学生写作能力结构的三个"群因素"[15]：写作能力因素；由词汇量、造句等能力组合成的词语能力；词汇量因素。王可、张璟、林崇德在2008年则用因素分析法将写作能力归并为写作思维能力、文本形成能力、基本文书能力三个维度[16]。

较为扎实的研究，是章熊主持的"汉语书面语言测试研究""中学生言语技能与写作相关性研究"等项目以及陆续出版的著作，如《中国当代写作与阅读测试》《中学生言语技能训练》等。在《和高中教师谈写作》一书中，章熊等人从"材料的使用和处理""认识的深化与成篇""言语技能训练"三个方面对中学生作文能力加以分析[17]。

总体而言，在我国早期写作理论的"筐"里进行的写作能力要素的描述，对我国中小学写作教学和写作测试实践均未发生实质性影响。

中小学作文教学、考试作文的命题和评卷，按照习以为常的"优秀作文"套路，集中反映在中高考作文的经验性命题和经验性阅卷上，反映在中考、高考作文的考试要求和评分细则上。

按审题、选材、结构、语言等这一套体系的早期写作理论，（高校）写作研究界在20世纪90年代就将其抛弃了。这得益于对国外写作理论的了解。祁寿华的《西方写作理论、教学与实践》打开了写作和写作教学研究的视野。戴建林、朱晓斌的《写作心理学》，较早地向国内介绍了"海耶斯—弗劳尔写作模型图"、伯瑞托等人"知识表述模型的结构图"、凯洛格关于"写作技能的认知要素模型"等，并在构思、修改等方面做了一定的研究。

随着对国外写作理论的了解逐渐增多，随着写作"课例研究"的成果积累，对写作教学和写作能力的研究，近年有突破的迹象，这主要反映在语文课程与教学论专业的博士论文上，如叶黎明博士《语文科写作教学内容研究》、魏小娜博士《语文科真实写作教学研究》、荣维东博士《写作课程范式研究》、周子房博士《写作学习环境的建构》、邓彤博士《微型化写作课程研究》等以及笔者主编的《写作教学教什么》等著作。这些探索为中小学写作课程与教学的重构、为基于真实写作任务的写作能力描写逐渐蹚出一条新路。

（三）阅读能力要素的描述方式

阅读能力要素的描述方式，参照修订版之前的布卢姆"教育目标分类学"。

我国心理学界对阅读能力的因素分析以及语文教育界借鉴国外心理学研究加以择取、延伸、调剂、调整所做的阅读能力因素的归纳，对阅读教学和阅读测试很少产生实质性的作用。

在会考、中考、高考等大型语文考试中，描述或解释阅读能力的要素，采用的是修订版之前的布卢姆"教育目标分类学"，并做了一些本土化的（可能是相当随意的）改编或改造。以高考语文科（上海卷）测试为例，在现代文阅读方面，考试内容和具体检测目标如下：

1. 识记与理解
理解词语、句子在文中的含义。
理解语法、修辞现象在表达文章内容上的作用。
2. 分析与综合
筛选并整合文中信息。
分析词、句、段在文中的作用。
分析文章的思路、结构、写作特点。
概括文章内容和主旨，分析作者情感和写作意图。
根据文章内容，进行推断、想象和探究。
3. 鉴赏与评价
鉴赏作品中富有表现力的词语和句子。
鉴赏作品的艺术形象、表现手法和语言风格。
评价作品的内容和表现形式。

从测试的角度，"教育目标分类学"比较适合语文基础知识的测试；在写作方面（按"教育目标分类学"应归入"创造"）几乎无用武之地；在阅读上使用，其实是很别扭的。

中考、高考采用命题组的专家经验命题法。命题的主要专家通常是大学中文系语言学或文学教授，加上几位中学优秀教师或教研员，其中没有阅读心理学专家，也不会有教育统计与测量方面的专家。命题组专家选择测试材料后，根据自己的阅读经验和专业理解，在文本中斟酌命题点（考点）并尝试命题，再经反复讨论修改确定试题，确定评分标准，拟写参考答案。在这一系列过程中，"识记、理解、筛选、归纳、分析、概括、鉴赏、评价"等动词只是作为工作中交流的通用词汇，"教育目标分类学"本身对命题点（考点）的确定和试题编制不发生作用。只有到了写试题说明报告时，才采用"对号入座"的逆推办法，勉强将试题与上述动词挂上钩，制作成双向细目表。

考试之后的试题分析、对考点和试题的评论，通用的也是"目标分类学"词汇，但其中乱象丛生。据王建军博士论文《高考语文小说阅读考试内容研究》披露[18]："当前对于高考语文小说阅读同一试题的考试内容，命题者、试题研究者等不同主体之间所给出的界定不一致的现象十分普遍。"这全方位地表现在：试题内容界定与题干中所用认知动词不一致；命题人员、试题研究人员对同一试题内容界定不一致；不同命题单位对同类试题内容界定不一致；同一命题单位对其不同年度的同类试题内容界定不一致；不同研究者对同一试题内容界定不一致。阅读试题考试内容界定不一致给小说阅读教、考等都造成了消极的影响。

一方面，是中考、高考等命题专家凭借经验从文本确定命题点（考点）；另一方面，却用一套连命题专家也可能不太明白的话语来解说这些命题点（考点）。这难道没有问题吗？

以"教育目标分类学"的认知能力水平来解说"考点"和考生的阅读能力水平，其过程相当迂回曲折，其解释相当牵强。早年强力引荐"目标分类学"的高凌飚教授在《学习质量评价：

SOLO[①]分类理论》的序言中反思[19]:"布卢姆的教育目标分类学人为地将内容与过程分割开来,既不合理,也导致了评价目标的空泛化。"由于语文课程长期缺乏内容标准,空泛化的后果,在语文学科尤其剧烈——当然,这不是布卢姆、安德森的错,是我们没能把好的理论用对地方。

近年,温红博、李英杰等尝试将SOLO理论应用到语文测试,尤其是主观题评分标准的拟定和评分方法,取得了明显的实效。但是,SOLO分类理论着力点在"可观察的学习结果的结构",从结构上的复杂程度科学地评判学习结果(即学生的答案)的质量。正如"教育目标分类学"本来就不承担描述阅读能力要素的功能一样,SOLO理论也不具有这样的功能。

这样,如何从心理学角度描述阅读能力的要素,就没有了着落。近年的做法,是"借鉴"国际阅读测试项目,主要是PIRLS[②]、PISA[③]、NAEP[④]这三大阅读考试框架。说是"借鉴",其实是套用并做相当随意的改编或改造。

以PISA为例。PISA的阅读素养评价框架,是从多个维度建构的高度结构化的框架,如表1[20]:

---

① SOLO,是英文"Structure of the Observed Learning Outcome"的缩写,意为可观察的学习结果的结构。

② 国际阅读素养进展研究(Progress in International Reading Literacy Study,简称PIRLS),针对四年级学生。

③ 国际学生评价项目(Program for International Student Assessment,简称PISA),针对15岁学生。

④ 即美国的国家教育进展评估项目(见本书第20页),针对四、八、十二年级学生。

表1 PISA2009阅读素养评价框架的主要特征

文本 学生需要阅读哪类文本？	媒介 文本以何种形式呈现？	■ 纸质版 ■ 电子版
	环境 读者可以改变电子文本吗？	■ 创作的（读者只是接受） ■ 基于消息的（读者可以改变）
	文本形式 文本是如何呈现的？	■ 连续型文本（以句子的形式） ■ 非连续型文本（以列表的形式） ■ 混合文本（连续型文本和非连续型文本相结合） ■ 多重文本（把不同来源的文本放在一起）
	文本类型 文本的修辞结构是什么？	描述型（一般回答"是什么"的问题） 叙述型（一般"何时"） 说明型（一般"如何"） 论证型（一般"为什么"） 指示型（提供指导） 记录型（交换信息）
认知方面： 读者阅读该文本的目的和方法是什么？	**获取与检索**文本中的信息 **整合与解释**他们读到的东西 **反思与评价**，跳出文本结合自己的经验	
情境 从作者的观点来看，文本的用途是什么？	**个人应用**：满足个人的兴趣 **公共应用**：和更广泛的社会有关 **教育情境**：用于教学 **职业情境**：与工作有关	

尽管PISA只是一种测试框架，而且是一种有特定测试目的的

测试框架——横向比较不同国家和地区15岁学生应用于实际生活的阅读能力,但这一框架对我们如何聚合多个维度来描述阅读活动和阅读能力的要素有很大的启发。

但国内的"借鉴",不是从原理上去学习,而是倾向于简单的"拿来":

1.把本来是高度结构化的框架分拆为不同的零件,然后根据自己的需要较随意地借用这些零件。

例如:讲情境就单讲情境,似乎情境与认知不发生关系;讲文本形式(如非线性文本)就单讲文本形式,似乎文本形式跟阅读方法没有关系。如一篇很优秀的硕士论文《小学生阅读能力学业水平评价的研究》在借鉴PIRLS、PISA、NAEP等三大阅读考试框架的基础上,提出了一个新的阅读能力评价指标体系,该"体系由测试情境和阅读能力两块构成:测试情境分为为了获取信息而进行的阅读、为了获得文学体验而进行的阅读、为了完成某项任务而进行的阅读。阅读能力包括阅读感知、提取信息、形成解释、合理使用文本信息解决实际问题"。[21]

2.把本来是多个维度聚合的立体化结构简化为单维的平面结构。

最直接的做法就是"标题党":将原来用"教育目标分类学"标题的词语,改换成PISA框架中的词语,如"获取与检索""整合与解释""反思与评价"等。通常还要做一些相当随意的改编或改造,比如"获取"改为"识别"等;而本来与文学阅读压根儿不发生联系的"反思与评价"(PISA测试不涉及文学阅读),为适应我国语文阅读考试,不得不修改为"鉴赏与评价"。

"教育目标分类学"的词语能够用PISA框架中的词语替换以及两者被改编后的雷同感（如"鉴赏与评价"），清楚地告诉我们：PISA阅读测试也是用认知能力来解释阅读能力的。

阅读能力要素的描述本来有两个方向：一是认知的方向，描述阅读的思维过程；二是文本的方向，描述命题点（考点）及合理的答案，即描述阅读的理解结果。以往的倾向，是从认知这一方向来描述阅读能力的要素，而且是从跨学科的认知心理学角度。

从认知的方向描述阅读的思维过程，就要倚重心理学研究；而心理学研究目前能抵达的，是"阅读"这一相当宏观的层级，对文学阅读还几乎没有涉及。这一难题是不是有办法解决？能不能从文本的方向来描述阅读能力的要素？对我国语文教育和国民语文能力测试系统的建设而言，从哪个方向做描述更为有利？阅读过程与阅读结果本来就是一体的两面，有没有可能将两者结合起来描述阅读能力的要素？或者有没有可能对不同情况做不同处理？阅读能力的要素描述是否能取得突破性进展取决于对这些问题的回答。

在这方面，PIRLS尤其是NAEP值得我们借鉴。PIRLS使用的文本类型分为两大类：文学文本与信息文本。PIRLS在论述文本类型时指出：文本类型与阅读目的是严格对应的，也就是说，"为文学体验而进行的阅读"其文本是文学文本，最重要的形式是小说；"为获取和使用信息而阅读"的文本是信息文本。

NAEP认为阅读目的主要与文本类型相关，不同的阅读目的决定了不同的阅读方式。文学类文本如小说、诗歌、寓言等的阅读目的多是为了消遣并获得对人生和事物的认识，因此需要从头到尾完整阅读；而信息类文本主要是为了获取信息，因此不必完整阅读。NAEP阅读使用的文本分为两大类：文学类、信息类。文学类包含小说、非虚构文学作品、诗歌。信息类包含说明类文本、议论性文本、程序性文本。为了进一步描述文本基本类型，NAEP从文本结构与特征/写作技巧维度对每一种文本做了更加细致的描述，为文本选择、项目编写提供详细指导。NAEP采用"文本地图法"，要求对文本类型、文本结构与写作技巧进行客观描述。

从这里我们也可以产生这样的疑问：为什么国外的阅读测试用认知维度（包括布卢姆"教育目标分类学"）来划分阅读能力行得通，但到了我们这里就行不通了呢？那是因为他们已经在文本这一方面"非常细致"地提炼出了一系列具有稳定性的能力要素，然后才通过认知维度把这些能力要素转化为能力水平的描述（认知目标是测评内容在能力维度的划分）。而我们恰恰是抽空了由文本特性生发的阅读能力要素——我们甚至不太知道考试考的是阅读哪一类文本的什么要素，因此套用认知维度就徒有其表。

二、解决的路径

（一）按真实情境的功能类型设定描述层级[①]

如何描述，在哪个层级上描述语文能力？在我国语文能力和语文测试研究中，这个问题并没有被明确地提出来过。自然选择的层级，是听、说、读、写这些范畴。实际上，研究语文能力是

[①] 本节与《在哪个层级上描述语文能力》一文的内容有重复，考虑到本文完整，对重复文字只略做修改。

辑一　语文能力研究

分别研究阅读能力、写作能力、听话能力、说话能力或口语交际能力。

然而,"阅读""写作""听说"也是集合概念。再拿"体育"来类比,阅读能力、写作能力、听话能力、说话能力或口语交际能力,相当于"球类能力""田径能力""体操能力"等,是在相当宏观的范畴层级上对语文能力做相当概括因而笼统(空洞)的描述。

要改变这种状况,首先要将语文能力的描述层级下移。

从普遍性—特殊性的向度,可以按概括性—具体化的不同程度,对语文能力做不同层级的描述(语文能力的描述层级图参见本书第24页图1)。

我们认为,应该下移到社会中听说读写真实情境的类型来描述语文能力的层级。如果依旧拿体育来类比的话,描述能力的层级,要求下移到类似篮球、排球、足球这样的真实项目来具体地研究打篮球的能力、打排球的能力、踢足球的能力。也就是说,不在"讨论"这个层级来研究"讨论"的能力,而是下移到"协商意见"这一层级来研究协商意见"这种讨论"的能力。讨论,就要区分是交流分享还是解决问题,是协商意见还是激发创意等。不同目的、不同交际场景的讨论需要不同的技能,其能力要素各有分别,怎么听说的规则甚至大相径庭。比如交流分享要聚焦主题,解决问题必须在规定的时间拿出集体的方案,协商意见需要达成一致,激发创意就应该鼓励天马行空、奇思异想。

按照真实的"阅读类型—语篇类型"描述阅读能力要素,按照真实的"写作样式—任务类型"描述写作能力要素,按照真实的"口语交际场景类型"描述口语交际的能力要素。统一按真实的功能类型来描述能力要素，这将彻底改变我国语文教育和语文测试研究中阅读、写作、口语交际的能力要素描述的理据不明、视角混乱的状态，逐步形成属于中国的共同、互通话语体系。

（二）判别真实情境听说读写的主要类型

语文教育和语文测试，强调基于真实情境的真实任务。这就要求描述语文能力应尽可能与真实情境中的真实的阅读、写作、口语交际的类型相一致、相匹配。

判别不同阶段、不同行业国民语文生活中主要"阅读类型—语篇类型""写作样式—任务类型"和"口语交际场景"类型，需要做大量的调研工作，稍有不慎，便失之毫厘，谬以千里。

比如中小学语文教学口语交际教学的重点本应该是"组织中的口语交际"，然而，目前中小学口语交际教学重心却放在日常生活中的口语交际，比如购物、问路、招待客人等。组织中的口语交际，如讨论、演讲等虽有涉及，但往往缺乏具体场景的技能学习而使之变成了说话的活动，市面上流行的口语交际训练类书籍，则又侧重在特殊场合的口语交际，讲述种种口语表达高超艺术的逸事。这恐怕是错位了。

研究语文能力和语文测试，应该吸收国外的研究成果。但是，国外的阅读和阅读测试研究、写作和写作测试研究、口语沟通和口语测评研究，针对的是"他们"那种阅读、那种写作、那种口语沟通，"他们"语文生活中的"阅读类型—语篇类型""写作样式—任务类型"和"口语交际场景"类型。吸收并不能完全照搬。

我们应根据国民语文活动的实际情形，从有利于语文教育和语文测试的角度来判定国民语文能力描述的合宜层级，归纳具有中国特色的阅读、写作和口语交际的功能类型，并较具体地提炼和描述其能力要素。

以实用性阅读为例，在国民语文能力构成研究中，我们辨析、确认普通国民在真实情境中的实用性阅读，主要有8种阅读类型，见图1：

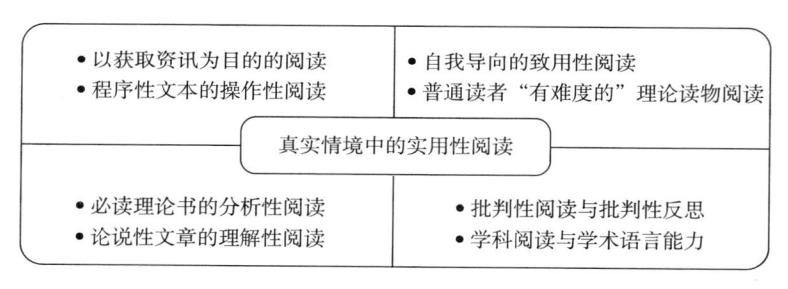

```
┌─────────────────────────────┬─────────────────────────────┐
│ • 以获取资讯为目的的阅读      │ • 自我导向的致用性阅读        │
│ • 程序性文本的操作性阅读      │ • 普通读者"有难度的"理论读物阅读 │
│         ┌─────────────────────────┐         │
│         │   真实情境中的实用性阅读   │         │
│         └─────────────────────────┘         │
│ • 必读理论书的分析性阅读      │ • 批判性阅读与批判性反思      │
│ • 论说性文章的理解性阅读      │ • 学科阅读与学术语言能力      │
└─────────────────────────────┴─────────────────────────────┘
```

图1　实用性阅读的8种类型

每种阅读类型或又细分出若干亚类型。比如"以获取资讯为目的的阅读"包括三种亚类型：（1）知道"去哪里找"，探测性阅读与信息源知识；（2）知道"找什么"，搜索性阅读；（3）知道"有什么"，检视性阅读。

（三）面对事情本身描述语文能力要素

在哪一个层级表述语文能力，直接影响着如何描述语文能力要素。在"交流分享""解决问题""协商意见""激发创意"这样的层级，其能力要素较容易描述。比如"交流分享"必须紧扣主题，应该重点说与别人有所不同的见解或经验，言谈中要联系别人的话并做正向的回应，等等。而"解决问题"，则必须明白问题之所在，必须分析产生问题的主要原因，必须考虑问题解决的现实条件，必须权衡几种解决问题的办法并评估其优劣得失，最终必须在规定的时限拿出相对较优的解决问题的方案。

在"真实情境"的层级所提炼和描述的能力要素与人的"直感"较为一致，因而容易学习和掌握，也便于能力的迁移。清晰的能力要素，能为语文测试提供作为测试设计基础的"构念"，研制语文测试工具就会有章可循。

国家公务员申论考试的成功经验，给我们提供了有益的启示。

首先，测试功能定位明确，语文能力取向自觉而鲜明。申论考试是具有模拟公务员日常工作性质的能力测试。申论要求考生从一大堆反映日常问题的现实材料中去发现问题并解决问题，全面考查考生搜集和处理各类日常信息的素质与潜能，充分体现了信息时代的特征，也适应当今国家公务员实际工作的需要。申论有着明显的特点。它的功能与一般的议论文完全不同。申论的写作，突出必须考查的公务员应当具备的能力。

其次，规定特定写作样式，语文能力界定清晰。申论是针对给定材料或特定话题而引申开来展开议论的一种文体，是随着公务员录用考试制度而出现并推行的一种新兴文体。申论考查的语文能力，相比较基础教育阶段认定的语文能力有较大拓展。涉及以下方面：

（1）阅读理解能力。同样一则材料，不同的人往往会从中获得不同的信息。有的应考者能看得深些，有的应考者则看得浅些，这样就可以充分反映出应考者阅读理解能力的高低。

（2）分析归纳能力。一要分析给定材料的量的方面，即反映的内容和问题、方面和层次；二要分析给定材料的质的方面，即给定材料所表达的观点和意见。还要充分考虑材料所包含的两极，避免片面化、绝对化。

（3）解决问题的能力。考查应试者解决实际问题的能力，这是申论的主要考查目标。

（4）文字表达能力。用词规范准确、简明扼要、说理透彻。

最后，语文能力要素描述到位、明白。包括以下5个方面：

（1）严格按申论的要求进行构思，根据行文者身份及行文对象进行布局，注意结构的完整性，一般用总分结构，突出重点部分，开头结尾做好设计。

（2）对给定资料所反映的问题进行综合分析，对问题进行分类，分清主要问题和次要问题，分清有关联的问题和无关联的问题，确认哪些是最需要解决的问题。

（3）原因分析，应当弄清其问题产生的原因，并且弄清所有关联的问题产生的主要原因和次要原因。

（4）注意文字的连贯性，巧用关联词和连接词，如"而且、反而、从而、进而、继而、既而、然而、因而、不但……而且……"等。

（5）注意字数不得超出规定。

语文能力取向自觉而鲜明，语文能力界定清晰，语文能力要素的描述到位明白，这是值得我们学习和借鉴的。

比利时的"任务型语言教育"课程研制，也给我们以启发。在梳理教学研究的文献后，课程研制者发现："几乎任何和教学活动相关的事情现在都可以被称作'任务'。"[22]因此，他们清醒地意识到:"为了防止……令人不知所云,有必要明确使用'任务'这一词语时,我们想表达什么。"[23]作为目标的"任务",他们定义为:"任务是人们为了达到某种目的而从事的活动,活动的开展使语言的使用成为必需。"[24]这样,确定第二语言学习的目标任务,"基本上等同于描述语言学习者需要完成的任务以及完成这些任务必须使用的语言类型"[25]。

首先,从社会角度看语言学习的需求,也就是为什么要学习这门语言,然后对需求进行描述[26]:

(1)区分使用语言的不同领域。参考"欧洲语言共同参考框架"区分的语言应用的四个宽泛领域:个人的、公众的、职业的、教育的。

(2)对特定人群的学习需求进行实证研究,将看似无限的个体语言学习的需求重新汇合、概括为可操作的需求。

(3)综合学习者的主观需求和社会的客观需求,列出语言使用的相关领域和具体情境,并确定"典型语境"。如儿童教育领域,成人学习者的典型语境是:①为孩子在学校上学注册;②参加家长会;③孩子生病时通知学校。

(4)从语言使用情境导出任务。如电话预订旅馆的语言任务是:①询问或理解关于房间的问题;②回答有关停车的问题;③表达个人要求和愿望;④理解关于费用的简单说明。

(5)从任务到类型任务。定义类型任务,以具体语言任务的共同特点对任务进行分类,虽然这些任务在细节上可能有差异。比如买电视机、微波炉、汽车等可以划归"购买物品"这一类型任务。

（6）描述类型任务的参数。①语言行为，涉及相近类型语言行为的任务被归为一类；②公众，细分为本人、熟悉的对话人、不熟悉的对话人，对话人不同不仅意味着任务不同，而且还按任务复杂程度排列——学习者和对话人之间的距离越远任务就越复杂；③信息处理水平——指学习者想要使用某个文本的认知活动，划分为四个水平——复制水平、描述水平、重构水平、评价水平；④文本聚类，包括所涉及的最典型的文本体裁的集群；⑤文本特征，与执行任务所需的语言知识有关，它决定了文本的复杂程度，如语法、词汇、文本结构、主题、语域、语音等各个方面。

（7）这些参数的结合可以使多个目标任务群集成简单可行的类型任务。例如：①在描述水平上，语言使用者可以理解文章的主要思想和观点，如新闻报道、纪录片、电影等娱乐文本、体育评论等；②在重构水平，语言使用者可以找出文章中的相关信息和说明，如公告、广告、商业广告等；③在评价水平上，语言使用者可以比较不同文本中的信息、论点和结论，如公益广告和商业广告等。

（8）在课程标准中对类型任务进行系统描述。包括类型任务各参数的描述表和类型任务的文本特征描述表。类型任务各参数的描述表，纵向按信息处理水平排列，横向分别是"语言行为"、"涉及的语篇类型"（信息、指令、说明等）、"文本"（如公益广告和商业广告）、信息处理的层面、"情境范例"（如比较移动通讯的不同资费信息，找出最便宜的资费方式）。

母语课程比第二语言课程要复杂得多，但上述研制思路和方法，对认识和描述国民语文生活中的"任务类型"有借鉴意义。

参考文献

[1] 杨惠中，朱正才，方绪军.中国语言能力等级共同量表研究：理论、方法与实证研究［M］.上海：上海外语教育出版社，2012：102.

[2] 张鸿苓，张锐.中学语文教学［M］.北京：光明日报出版社，1987：24-26.

[3][6] 张敏.儿童听话和说话能力的因素分析及其测评研究［J］.教育研究，1991（6）：65，66.

[4][5] 申继亮，谷生华，严敏.中学语文教学心理学［M］.北京：北京教育出版社，2002：149，157.

[7] 祝新华.建构促进学习的语文聆听、说话与口语互动能力的评价体系［J］.华文学刊，2014（1）：1-21.

[8][9] 王荣生.语文课程与教学内容［M］.北京：教育科学出版社，2015：138-147，334-347.

[10] 张一清.建立中文应用能力测评系统的构想和思考［J］.语言文字应用，2009（2）.

[11] 教育部语言文字信息管理司.国家语委重大科研课题"中小学生普通话口语能力标准与测评体系研究"开题会召开［Z/OL］（2014-07-14）http://www.moe.gov.cn/s78/A19/yxs_left/moe_811/s232/201407/t20140714_171438.html.

[12] 朱作仁.语文教学心理学［M］.哈尔滨：黑龙江人民出版社，1984：379-383.

[13] 吴立岗.小学作文素描教学［M］.杭州：浙江教育出版社，1984：11.

[14] 祝新华.语文能力结构研究［J］.教育研究，1995（11）：59，60.

[15] 王权.中学高年级学生作文能力结构特征的研究［J］.心理科学，1995（2）：80-84.

[16] 王可，张璟，林崇德.中学生写作（认知）能力的构成因素［J］.心理科学，2008（3）：20-23.

[17] 章熊.和高中教师谈写作［M］.北京：人民教育出版社，2012.

[18] 王建军.高考语文小说阅读考试内容研究[D].上海：上海师范大学，2015.
[19] 高凌飚.译者序[M]//（澳）彼格斯，科利斯.学习质量评价：SOLO分类理论.高凌飚，张洪岩，译.北京：人民教育出版社，2010：4.
[20] 教育部考试中心.PISA2009阅读素养评价背景[Z/OL]（2011-06-20）. https://www.neea.edu.cn/html/report/1106/6-1.htm.
[21] 李英杰.小学生阅读能力学业水平评价的研究[D].北京：首都师范大学，2006.
[22][23][24][25][26]（比）范德布兰登.任务型语言教育：从理论到实践[M].陈亚杰，薛枝，栗霞，译.北京：外语教学与研究出版社，2011：3，3，4，4，14-35.

其他参考文献

1.（英）奥尔德森，等.语言测试的设计与评估[M].杨惠中，导读.北京：外语教学与研究出版社，2000.
2.（美）巴奇曼，帕尔默.语言测试实践[M].上海：上海外语教育出版社，1999.
3.（美）巴奇曼.语言测试要略[M].上海：上海外语教育出版社，1999.
4. 刘润清，韩宝成.语言测试和它的方法：修订版[M].北京：外语教学与研究出版社，2000.
5. 毛忠明，黄自然.口语测试：理论与实践：口语测试理论及国内外主要口语测试种类简介[M].北京：中国书籍出版社，2012.
6. 李明洁.新专题教程：高中语文与口语交际新视点[M].上海：华东师范大学出版社，2004.
7. 章熊.中国当代写作与阅读测试[M].成都：四川教育出版社，2000.
8. 章熊.中学生言语技能训练[M].北京：人民教育出版社，2005.
9. 祁寿华.西方写作理论、教学与实践[M].上海：上海外语教育出版社，

2000.
10. 戴建林，朱晓斌.写作心理学［M］.广州：广东高等教育出版社，2003.
11. 叶黎明.语文科写作教学内容研究［D］.上海：上海师范大学，2007.
12. 魏小娜.语文科真实写作教学研究［D］.重庆：西南大学，2009.
13. 荣维东.写作课程范式研究［D］.上海：华东师范大学，2010.
14. 周子房.写作学习环境的建构［D］.上海：华东师范大学，2012.
15. 邓彤.微型化写作课程研究［D］.上海：上海师范大学，2014.
16. 王荣生.写作教学教什么［M］.上海：华东师范大学出版社，2014.

辑 二

语文教学的新形态

语文课程的层级单位、疆界、维度及古今问题[*]

检讨过去、立足当下、展望未来，是语文课程研究的三种立场。检讨过去，目的是吸取历史经验和教训；立足当下，谋求更好地实施语文课程标准；展望未来，探讨语文课程问题，以助于勾画理想的语文课程。三种立场相互关联又各有侧重。本文采取后一种立场，从层级单位、疆界、维度、古今四个方面，拓展语文课程研究的视域，并提出当前迫切需要研究的语文课程问题。

一、课程的层级单位

课程有从大到小的四个层级单位：

层级一，科目。国家或地方课程标准中规定的学习科目，或按学习领域，或按内容主题，有学科课程、综合课程或跨学科课程等，一般以学段或学年为单位。"语文是一门学习祖国语言文字运用的综合性、实践性课程"[1]，语文课程是一门基础性的学科课程，贯穿基础教育全学段。

---

[*] 本文原载《全球教育展望》2019 年第 10 期，有修改。

层级二，具体形态的课程。一般以学期或学分为单位。具体形态的语文课程有三种存在形式：①课程标准所规划的课程实施单位。如识字与写字、阅读、写作、口语交际、综合性学习等"语文学习领域"，相应的说法如"阅读课程""写作课程"或"阅读教学""写作教学"等。《普通高中语文课程标准（2017年版）》中的18个"语文学习任务群"，即新时期高中语文的具体形态的课程。②体现为教科书的分册。比如小学语文教科书四年级上、高中语文必修一等，体现与课程标准相应的学习目标、课程内容和资源。③在中小学的学期课程表中显示。比如某学期七年级课程表中的"语文"，国外的例子如美国某学校课程表中的"数学科学课""英语科学课"[2]等。

层级三，单元。具体形态的课程通常划分几个单元，单元是实施的课程层级单位。在我国，教学语文课程中的一个单元一般用时两周左右，国外的通则大多为三至五周，有的长达十余周（如跨学科项目）。在国外，单元是课程与教学研究的主要层级单位。欧美课程研究者多主张"教师作为课程的制定者"，对教师而言，"课程设计""教学设计"即单元设计。以整本书为主要资源的阅读课程，通常一本书的阅读学习就构成一个单元；"基于问题的学习""基于项目的学习"则解决一个现实问题或完成一个实做项目，也是一个学习单元。即使偏向教师作为"课程的实施者"，其所言的"教学设计"，也是落在单元这一层级单位的。如"教育目标分类学"的"教育目标"即单元教学目标。

层级四，课节或称教学课时。一个单元分时段实施的教学单位，比如"语文"占每个学习日中1~2个课时，1个课时40分钟左右。芬兰、美国等国，小学多是全科教师，一位教师通教一个班的语文、数学、社会、科学等科目，不同科目的教学课时或可变通调剂。我国中小学基本上是分科教师，以往和现在，习惯以课节为教学设计的层级单位。语文教科书虽有按主题或文体的单元设置，但语文教学事实上一直是以单篇课文作为课程实施的层级单位，一篇课文一般占1~2个课时，极少数课文是3~4个课时；语文教研活动的"公开课"，教学一篇课文通常压缩为1个课时。

语文课程研究的层级单位面临着时代的大转移。

我国语文课程研究，以往主要在科目这一层级单位，并聚焦在"语文课程性质"这一话题。近十几年，研究的中心转向语文课程与教学内容建设，层级单位主要是阅读、写作等"语文学习领域"及其下位的内容，如笔者主编的《阅读教学教什么》《写作教学教什么》《散文教学教什么》《小说教学教什么》《实用文教学教什么》《文言文教学教什么》《语文综合性学习教什么》等。

我国语文教学研究主要集中在课文教学研究上，包括各类语文教研活动中的"公开课"和以一篇课文的教学为研究对象的语文课例研究。在教学设计的研究与实践方面，近年对写作教学设计的研究和实践有突破，类似于单元的"写作微课程"设计理论研究和实践探索渐成气候，已出版的著作如邓彤的《微课程写作教学研究》；而阅读教学设计却仍局限于单篇课文的教学设计，如笔者在《阅读教学设计的要诀》一书中所做的研究。

对具体形态的语文课程，研究极为薄弱。语文教科书曾"一纲多本"，实际仅限于多了不同出版社之几个"本"，其具体形态的课程并无实质性差别；中小学校的课程表里，前段时间曾冒出了不少"语文校本课程"，但多是应景凑数的。《普通高中语文课程标准（2017年版）》提出的"语文学习任务群"，标志着具体形态的语文课程"范式转型"的变革，但有证据表明，关于"语文学习任务群"的前期理论准备和现场教学试验是非常不足的。

在单元这一层级单位，可以说没有任何像样的研究。以往语文教科书中的所谓"单元"，只是按"主题"或"文体"的课文归类法；一个单元的课文配置虽不至于毫无来由，但"编写意图"只表现在编写者自我解说的话语中，实际的语文教学并无"单元教学"的影子。《普通高中语文课程标准（2017年版）》要求"语文学习任务群"的实施"以学习项目为载体"[3]，虽然"学习项目"的含义颇有些隐晦，但其所指的层级单位显然是单元，有倡导者谓之"大单元"。"以任务为导向""以学习项目为载体"的单元，看似糅合了国外"基于问题的学习""基于项目的学习"和"概念为本的教学""追求理解的教学"等多种境脉的理念，究竟是怎么一回事，在学理上迫切需要有个通晓的说法。

二、学科与跨学科

尽管大家都心知肚明，"语文"是中小学的一个科目（subject），而并没有严格与之对应的"学科"（discipline）。但在语文课程研究和教学实践中，通常还是把"语文"当作一门学科课程，自封疆界，乃至画地为牢。这种观念看来是大大地落伍了。

国民语文能力，很大程度上决定着国家的发展潜力。从传统的3Rs（读、写、算），到21世纪学生应具备的最为重要的关键能力4Cs（创造性和创新能力、批判性思维和问题解决能力、交流能力、合作能力），无不体现世界各国对国民语文能力的高度重视。"教育首先考虑的应当是为学生的读写能力打下坚实的基础。世界上任何职业开发都无法弥补阅读、交流和思维技能的缺乏。"[4]这是所有有识之士的共识。

语言是链接学校各门课程最重要的元素。培养4Cs，包括其中被视作语文学科主要内容的"交流能力"，如聆听、说话、阅读、写作、视看、演示和非语言交流等，都不仅仅是语文学科的事，而是基础教育所有课程共同承担的教育任务，也必须落实在中小学各门课程中。

这不是一般的呼吁。

以阅读为例，认知心理学研究表明[5]，"仅有良好的阅读技巧并不是决定我们从阅读里学到什么的主要因素"，"阅读者在阅读时所具有的先前知识深深地影响其对课文内容的理解，先前知识对帮助阅读者做有用的推论具有强有力的效果"。因此，"阅读应与其他学科领域相整合"。

写作也是这样，"在许多有关写作的研究里，有一个共同的发现：学生在该领域的知识才是决定其写作品质之关键性要素"，因此"学生写作时需要写他们知道或曾经探索过的那些题目"。[6]这意味着，学生应该在各学科课程里通过写作学习写作。

循此思路，有国外研究者将学科思维和语言发展联系起来，提出了"学术语言能力"这一概念。学习各门学科课程，目的是使学习者能"像专家解决问题时那样思考"，也就是形成各学科的"学术语言能力"——"学会选择、调控学科思维与语言中有特色的标志性语言","使用这些代表语言能力与理解力的学科标志性语言并理解其在使用中的作用"。[7]

这也不是遥远的愿景。

国际文凭组织的《小学项目的实施:国际初等教育课程框架》中要求"小学项目学校的全体教师都被视为语言教师"[8],并指示"在整个课程中将语言当作一个超学科元素",在各学科中都要"基于文学作品开展语言学习","选读世界名著"。[9]

初中和高中,学科壁垒已经或正在被打破,专家们一直希望"对不同课程之间的语言艺术进行整合"[10],这一想法正逐步成为现实。《美国国家社会科课程标准》明确列出的"社会科的基本技能"有"获取信息""组织和运用信息""人际关系和社会参与"三大方面,其中多数是语文能力或与语文能力有密切联系,比如"获取信息"中的"阅读技能"计18条[11],几乎涵盖了我们《义务教育语文课程标准(2011年版)》阅读领域的"目标与内容"。

巴克教育研究所《项目学习教师指南:21世纪的中学教学法》明确指示:"学生的读写能力是学校教育的一个核心重点,在项目中至少要求一项旨在锻炼学生读写能力的项目目标。我们建议每个项目有一个重要的、可以体现读写能力的项目制品,我们可以根据它来评价学生的写作、口头表达或者阅读能力。"[12]

事实上,"基于问题的学习"、"基于项目的学习"、注重对"大概念(基本概括)"理解和迁移的"概念为本的教学"和"追求理解的教学"等,无论是学科的,还是多学科、跨学科、超学科的，从理解概括性知识的探究、解决问题的过程，到完成迁移性实做任务、项目产品的展示，如果离开了阅读和写作指导，学生都几乎寸步难行。看一眼"基于项目的学习"的最终制品和阶段性制品的示例，就能明白其中的缘由。

项目最终制品包括：项目建议书，项目计划书，模型设计（需伴随模型说明），设计发明（要求说明设计方案、制作过程以及装置是如何发挥作用的），展示性作品（多媒体作品，有书面文字资料证明并支持这些想法），专题演讲（需制作辅助的文字资料和演示材料），专题文章，专题讨论（参与一个有组织的关于某专题或概念的讨论，记录大家的反馈，总结学习收获、进一步的问题以及相关的想法）。[13]

项目阶段性制品示例，仅列出其中的"书面类作品"：研究报告、叙述文、书信、海报、简报、项目建议书、诗歌、提纲、介绍手册、小册子、调研问卷/调研报告、人物传记、论文、书评、编者按、电影脚本。[14]

这显然要求所有学科教师都要成为语文教师，而且至少要有懂行的语文教师合作参与。

从国外的经验看，语文课程似乎应该是双轨的：一轨是作为中小学独立科目的语文，即语文学科课程，美国等中小学分为"语言艺术"和"文学"两个科目；另一轨是作为超学科重要元素而体现在中小学所有科目中的语文，或称（跨）学科阅读和（跨）学科写作。在美国、加拿大、芬兰等国家的学校课程中，阅读、写作、视听贯穿社会科学、自然科学、数学等多个学科，最后产生一份份很有意思的海报、小册子等。

有研究者质疑:"他们为什么要这样教母语?为什么我们不能这样教母语?"[15]如果把自问自答的设问和明含答案的反问改为探寻事理的疑问句的话,这是两个好问题。

显然,在双轨的格局下,语文课程有一系列重大问题需要研究,包括突破疆界的(跨)学科阅读和(跨)学科写作研究,以及疆界重布之后对语文学科课程的重新打量。

三、内容知识维度和过程技能维度

(跨)学科阅读和(跨)学科写作等,会不会导致语文学科课程被掏空?

取消语文学科课程,乃至取消所有学科课程,这样的提议和行动是有的,比如美国学者的两部著作——詹姆斯·比恩的《课程统整》和特蕾莎·朗格内斯的《教育可以是这样的:整合教育学习模式》。但提议和行动似乎仅限于"激情演出"的个案。

在可预见的将来,语文学科课程应该一直会"在那儿"的。之所以这么判断,有两个理由:

第一,语文学科有内容知识和过程技能两个维度,其内容知识维度所涉及的学习领域和学习内容是其他学科所不能替代的。作为中小学一个科目的语文,尽管没有严格对应的学科,但却有与之密切关联的学科。如语言学、文学以及传媒(沟通、传播)等学科,涉及作为文化载体的汉字、体现民族思维的汉语、中华民族源远流长的思想文化文学典籍、中国现当代文学名著、汉译世界文学名著等学习内容。

第二,其过程技能维度,也有跨学科、超学科所不能够或不足以承担的部分或方面。《项目学习教师指南：21世纪的中学教学法》一书中，特设了一个"小心陷阱"小栏目，巴克教育研究所的代言者诚实地提醒拥簇者[16]："请不要以为项目学习无所不能。项目学习能带来很多好处，但它在教授学生基本技能方面并不充分，如词语解析、词汇量积累、写作、计算等。"

按国外以单元为层级单位的说法，内容知识维度和过程技能维度分别叫作"内容驱动的单元"和"过程驱动的单元"。内容知识和过程技能，基于知识分类。用教育目标分类学的术语来说，内容知识维度主要涉及事实性知识和概念性知识，过程技能维度则主要涉及程序性知识和策略性知识。不同的知识类型需要不同的课程设计和教学方法，这是课程和教学设计的基本原则。"一些基本的教学策略主要是由教学内容的类型而不是学习风格或教学形式所决定的"。[17]

划分内容知识维度和过程技能维度，并关注两者的平衡及其关联，这给语文课程研究增加了一个新视角，有助于揭示以往被遮蔽的一些语文课程问题，一些老问题也可能借此视角而获得新解。

比如识字与写字。我国古代语文教育的传统经验是识、写分开。[18]从维度上来看，识字属内容知识维度，包括知道字音、理解和感受字形与字义的关联；写字则属过程技能维度，是需要自动化的基本技能。在现代信息技术背景下，如果按内容知识维度来考量语文学科中的识字教学，按过程技能维度的学习规律来研究写字教学序列，那么对识和写分开这一传统经验或许就能在学理上加以通透解释，进而在实践中继承发扬。

再如语言知识。为反拨"语、修、逻、常",语文教育界曾提出"不是学习语言(语言知识),而是运用语言"的响亮口号并作为21世纪语文课程与教学改革的指针。现在看来,可能矫枉过正了。语言学习有相互联系的三个方面:(1)学习语言;(2)学习有关语言的知识;(3)通过语言开展学习。学习有关语言的知识,是语文学科中不可或缺的内容知识维度,并制约、影响着学习语言和通过语言开展学习。在"概念为本的教学"和"追求理解的教学"之境脉中,体现汉语言基本规律的"核心概念""基本概括",或许还要提升到"深层理解(深度理解)"并"迁移"的中心地位,或与批判性思维能力培养相关联。比如,汉语译介词汇的理解和运用就深受汉语词汇的词义模糊、用法灵活等特点的制约。据我的观察,至少在语文教育界,"教学目标"这个词至今难以按其英文原义被消化;因缺少词性标记,"探究"这类动名词,常常被忘记它应带有的宾语,而变成不知道也不顾探究什么的"探究";"任务""问题""活动"乃至"学习",这些学术词汇的词义被模糊、用法被灵活,很大程度上造成了语文课程教学研究和实践的混乱。

写作、口语交际主要是过程技能维度。在我看来,在语文学科课程中,实质性地加大写作、口语交际等过程技能维度学习领域的分量和比重,是一个极为重要且迫切的语文课程问题。

阅读要复杂些,是偏向内容知识还是过程技能维度,要看侧重点在哪里。如果侧重在作品及对作品的理解感受,则偏向内容知识维度;"文学"科目,在国外通常是作为内容知识维度来对待的。如果侧重在如何阅读的方法、策略、技能,则偏向过程技能维度；国外的"语言艺术"科目，主要是按过程维度技能来处理的。

从课文的教学功能分类，可以辨析得更清楚些。按照我对课文教学功能的鉴别[19]，语文教材中的课文可分为"定篇""例文""样本""用件"。作为文学文化经典的"定篇"，偏向内容知识维度；主要是教如何阅读的"例文"和"样本"，偏向过程技能维度；只关注写了什么的"用件"——比如在文学课中学生查阅的作家作品背景资料、阅读讲述语文知识的文章等也属于内容知识维度，但与"定篇"的性质不同。

从课文的教学功能，我们也能进一步认识语文课程的双轨机制：作为中小学独立科目的语文，与体现在中小学所有科目中的（跨）学科阅读和（跨）学科写作有不同的功用，可互补却不能相互替代。比如学生在历史课上阅读一本历史小说、在科学课上阅读一本科幻作品，作品主要起"用件"的功能；在阅读的过程中自然伴有文学的熏陶，但这与历史小说或科幻小说在语文学科课程中作为"定篇"来阅读的名著，其学习目标和学习内容不可等量齐观。

由此也可以推论，在"基于问题（现实问题）的学习""基于项目（实做项目）的学习"等跨学科学习中，其"学习资源"无论是文学作品还是实用文章，作为过程技能维度的阅读方法、技能、策略的学习也不太可能是充分的。《项目学习教师指南：21世纪的中学教学法》就认为："项目学习并不适用于教授基本技能，如阅读、计算等能力，不过项目学习能够为学生应用这些技能提供环境。"[20]课文作为"例文"和"样本"，主要教如何阅读的语文学科课程，有其独有的价值和专门设科的必要。

当前，语文教学尤其是高中语文教学，有一股把语文教材中的选文全面"用件化"的潮流。内容知识维度和过程技能维度的视角，或可使人们在涌入潮流之前，保持一份谨慎的审思。

对我国语文学科来说，区分内容知识维度和过程技能维度还有一个额外的红利。

在我国，"语文知识"始终是一个说不清道不明的问题。曾流行的"语、修、逻、常、字、词、句、篇"，现在一目了然都属于内容知识，且至多只能算"语文知识"的一小半；以阅读、写作等过程技能为主体的语文课程，"语文知识"主要是如何阅读、如何写作、如何口语沟通的"程序性知识"和"策略性知识"。

但是，我们却一直没有合适的术语来简洁明了地揭示这一真相。笔者曾尝试用"语文基础知识"和"语文学习领域知识"来分辨"语文知识"的这两种不同类别[21]；但这两个术语既不够简洁也不够明了，所以意欲引起语文教师和社会各界关注的功效不大。

现在，在语文教育界内，用"内容知识"和"过程技能"这两个术语好像就足以辨认"语文知识"的两大类别。如果在其他场合，则需加上"语文学科"这一定语，称"语文学科内容知识"和"过程技能"。"语文学科内容知识"和"过程技能"两相对举，还能够把听、说、读、写等过程技能的跨学科、超学科的性质也传达出来。

四、古与今

在当代，语文学科中的古今问题，只关涉阅读领域，且主要是作为文学文化经典的"定篇"。

古与今的问题，实质是如何对待古的问题。长期以来，我们似乎一直首鼠两端举棋不定。以往的讨论，或从语言着眼，文言文与现代文对举，且偏重于"过程维度"，曰"培养阅读浅易文言文的能力"。文言文异名"古诗文"，似从文学着眼而与现当代文学相对举，有偏重"内容维度"的意味；但从中高考的试题看，重心似乎还在"过程维度"，考"文言文阅读能力"。近年强化了文化取向，但在课程目标和内容上，起色尚不明显。在弘扬中华传统文化的新时代，只求增加古诗文的比例，只强调读读背背，这是不够的。

我赞同文化取向。我所指导的童志斌博士的学位论文《文化取向的文言文课程内容重构》即将由上海教育出版社出版，赵晓霞博士的博士后出站论文《文化记忆视角下青少年传统经典教育研究——以先秦经典为中心》也将出版。在一次专题研讨会，我谈了对古典诗文的三点认识[22]：

（1）古典诗文在语文课程中的地位是"定篇"。所谓"定篇"，即语文课程标准中规定的全体学生必须学习的经典篇目。

（2）古典诗文的学习目标指向"古人情怀"。具体来说，就是通过"章法考究处，炼字炼句处"把握古人的"所言志，所载道"。

（3）古典诗文的教学内容和方法，应"以古对古"，即运用古代的章法知识来学习、解读古典诗文。在与一线教师交流中，我用两组各四句话来概括：

（1）关于文言文教学内容——了解汉字本义，感受文言美感，赏析诗文章法，理会古人情怀。

（2）关于文言文教学方法——以古对古，强化体式，注重诵读，落在理会。

现在看来，我对"古"的解释，恐怕还是拘泥在"文言"和"文学"了；应该前进（或曰退后）到"义理、考据、辞章"并重。日前有论者重提语文学科"文史哲融合"，如其"语文学科"只涉古的部分，且"哲"落在中国古代思想文化，尤其是人生哲学，我以为是可探索的路向。

文史哲融合，本来就是古人的读书法。需要斟酌的是：

（1）文史哲融合，要落在单元这个层级单位。也就是说：①不宜也无法在语文科目或具体形态的课程这样的层级单位来讨论古典诗文如何处置的问题。②应由中国古代"文史哲"的核心概念来组织古典诗文的学习，以避免"融合"变成一堆"点滴信息"。

（2）文史哲融合，要在双轨语文课程的框架下考量，比如关联历史学科中的中国古代社会史、思想史等。事实上，历史等学科已主动跨过来谋求"融合"了。《普通高中历史课程标准（2017年版）》有两个示例的活动设计可证[23]：①从明代小说（如《喻世明言》《警世通言》《醒世恒言》）中寻找白银在中国普遍流通的情况，再现使用白银进行买卖的情境。②探究《资治通鉴》为何以"三家分晋"为其开篇。

（3）文史哲融合，要把重心放在内容维度。也就是说，在"定篇"意义上学习中国传统思想文化文学的经典诗文，目的是培养中小学生"尚友古人"[24]的态度，并留下中国古代思想文化文学的深刻文化记忆[25]。

参考文献

[1][3] 中华人民共和国教育部制定.普通高中语文课程标准（2017年版）[S].北京：人民教育出版社，2018：1，8.

[2] 郑钢.美国如何培养核心素养：走进美国校园与课堂[M].上海：华东师范大学出版社，2018：97，105.

[4][10]（美）艾里克森.概念为本的课程与教学[M].兰英，译.北京：中国轻工业出版社，2003：137，67.

[5][6]（美）梅耶.教育心理学：认知取向[M].林清山，译.台北：台湾远流出版公司，1996：325-328，362-363.

[7]（美）朗格.想象知识：在各学科内培养语言能力[M].刘婷婷，译.上海：上海教育出版社，2015：4-5.

[8][9] 国际文凭组织.小学项目的实施：国际初等教育课程框架（中文修订版）[M].2010：68，74.

[11] 美国国家社会科协会.美国国家社会科课程标准：卓越的期待[M].高峡，译.北京：教育科学出版社，2008：124-125.

[12][13][14][16][20] 巴克教育研究所.项目学习教师指南：21世纪的中学教学法（第2版）[M].任伟，译.北京：教育科学出版社，2008：20，70，71，69，6.

[15] 夏雪梅.项目化学习设计：学习素养视角下的国际与本土实践[M].北京：教育科学出版社，2018：142.

[17]（美）梅里尔.首要教学原理[M].盛群力，钟丽佳，等，译.福州：福建教育出版社，2016：3.

[18] 张志公.传统语文教育教材论：暨蒙学书目和书影[M].上海：上海教育出版社，1992：38.

[19] 王荣生.语文科课程论基础（2014年版）[M].北京：教育科学出版社，

2014：295-354.

［21］王荣生，宋冬生.语文学科知识与教学能力［M］.北京：高等教育出版社，2011：1-105.

［22］王荣生.对"古典诗文"的三点认识［C］//任翔.传统文化与语文教育.北京：北京出版社，2017：170-174.

［23］中华人民共和国教育部制定.普通高中历史课程标准（2017年版）［S］.北京：人民教育出版社，2018：18，39.

［24］陈平原.从文人之文到学者之文［M］.北京：生活·读书·新知三联书店.2004：4.

［25］赵晓霞.文化记忆视角下青少年传统经典教育研究——以先秦经典为中心［D］.上海：上海师范大学，2018.

"学习活动"的多维视角[*]

与"学习活动"同义或密切关联的学术词汇有长长的一串。例如教学活动、教学手段、教学技巧、教学方式、教学策略、教学方法、教学模式、教学行为、教学干预、教学过程、教学流程、教学环节、教学步骤、教学事件、教学情节、教学互动、(作为教学活动的)学习任务、活动设计、活动流程、实施过程、实施阶段、实施步骤、学习历程、学习过程、学习行为、学习方式、学习策略、学习方法、学习形式等等。试图以"学习活动"来统括,更多的是表达对待学生学习的一种价值立场。"学习活动",实指教学情境的"教与学活动",包含"教的活动"和"学的活动",且两者交互所指。据笔者目及的译著,论述"教与学活动"主要就是下文所列出的八个视角。不同视角相互有交叉、重叠,但都凸显了"学习活动"的某一个侧面。了解这八个视角及其主要观点,有助于我们较全面地认识和把握"学习活动"。

---

[*] 本文原载《教育发展研究》2020年第18期,有修改。

一、目标或任务的视角

"所谓方法,意味着凭借科学的逻辑思维来采取有计划的、系统的、首尾一贯的处置。""方法是人实现自己所制定目标的手段。目标方向或目标实现是方法的本质特征。"[1]

从目标的视角看"教与学活动",最严谨的是"布卢姆教育目标分类学(修订版)"。它有如下两个核心命题:[2]第一,不同类型的目标要求不同的教学方式,即不同的学习活动,不同的课程教材以及不同的教师和学生的角色。第二,无论论题或学科内容的差别如何,类型相似的目标可能要求相似的教学方式。如"事实性知识,常被回忆;概念性知识,常被理解;程序性知识,常被应用"。[3]

目标的视角,鲜明地突出了"学习活动"的以下两个要点:①"学习活动"的目的或指向。"学习活动"本身不是目标。目标通常内隐于"学习活动"之中,问"通过这一活动,你希望学生学到什么?"对该问题的回答才是"学习活动"的目标。[4]②"学习活动"与目标任务的一致性。安德森等再三强调:"在本书中,我们自始至终都强调,必须保持课程、教学和测评三者的一致性。"[5]使用教育目标分类,"是否将教学的每一个成分放到正确的方格里,并不重要;而教师意识到他们计划的教学活动与预期目标是否一致,以及如何调整这些教学活动,才是真正重要的事情"。[6]

明确"教与学活动"目的或指向,使"教与学活动"与目标任务保持一致性,在中小学教学实践中仍有很大的问题。

国外似乎也是这种情况，在《布卢姆教育目标分类学》[7]、威金斯和麦克泰《走出单元设计的25个误区》[8]、马扎诺等《培育智慧才能：学习的维度教师手册》[9]和《教学的艺术与科学：有效教学的综合框架》[10]等著作中，都有多处指出教学设计中教学目标存在的诸多问题，并反复申辩"活动"与"目标"的差别，要求教师在教学设计时一定要"明确教学目标"。

他们也都强烈建议，教师应该帮助学生尽早"明确教学目标"。在教学时，教师应通过解释目标并同时对学生描述测评任务，使目标变得准确、具体，以确保学生懂得目标是什么以及目标的含义。"理解活动与目标之间的联系，有助于学生认识到自己所做与所学之间的关系"[11]，而"不能区分教学活动与教学目标，这对学生可能产生负面影响。当注意力集中在教学活动上时，学生更感兴趣的也许是从事活动而不是从活动中学习"。[12]

英文中所用的"基于"（based）有"根基""出发点""以……为依据"的含义，意味着"作为目标的学习任务""基于问题的学习""基于项目的学习"等，任务导向也都是目标取向，因而也都关注"学习活动"与目标任务的一致性。

二、教学内容（知识类型）的视角

"方法或方法论所处理的行动结构，是受制于所欲完成的事项的逻辑"，"这种受制客体制约的方法，一般可以说是'内容决定方法'"。[13]

"内容是受目标制约的"[14]，因而目标或任务的视角，自然也内含着教学内容的视角,即知识类型的视角。如"布卢姆教育目标分类学(修订版)"就内含着"教育者应该使用不同的教学策略教授不同类别的知识"[15]这层意思。

相比较而言,教学设计理论尤其重视"教与学活动"与"知识类型"的匹配性。

比较典型的著作,是教学设计专家斯蒂芬·耶伦的《目标为本教学设计:编写教案指南》。该书在简介"目标为本教学设计"通用教案之后,分别专章讲述了"教技能的教案""教事实的教案""教概念的教案"和"教原理的教案"。教学设计为什么要分别不同的知识类型?作者解释道[16]:"知识有不同类型,每一种类型赋予我们以特定的方式展开行动的能力";"每一种知识类型,都会采用合适的方式来评估;每一种知识类型,都有相应的有效教学策略和方法"。

教学内容的视角,最富建树的著作是梅里尔的《首要教学原理》。荷兰教学设计专家范梅里恩伯尔评论道:"它(《首要教学原理》)以内容作为中心,对传统教学设计进行了修正。将要学习的内容而不是抽象的学习目标,成为最先确定下来的东西。学习者要通过教学学会完成某种类型的任务。"[17]

梅里尔认为[18]:"尽管当今的学习机会和环境跟十年前或二十年前大不相同了,但每一个学习者的基本学习机制并没有改变。""一些基本的教学策略主要是由教学内容的类型而不是学习风格或教学形式决定的,这些教学策略本身才是掌握特定知识技能的效果好、效率高和参与度大的学习所不可或缺的。过去有效的教学策略,将来也同样有效。"

被誉为"第二代教学设计之父"[19]的梅里尔名不虚传,他的《首要教学原理》一书中包含一系列深思熟虑的创建。与通常将"教学互动"理解为师生、生生的人际互动不同,梅里尔将"教学互动"界定为[20]:"学习者与内容要素之间的互动。"这样,就把原来隐含在"教学方法要与教学内容相匹配"这种认识里的另一层意思,鲜明地揭示了出来:"教学互动"不仅是教学中的"人际互动",而主要是"学生"聚焦教学内容、围绕教学内容、为了教学内容的"教学互动"。

经梅里尔界定的"教学互动"这一术语,深刻地揭示了"学习活动"的性质、价值及其意义。由此,梅里尔修正了一系列讨论"教与学活动"的学术词汇。比如"讲解:一种教学互动方式,向学习者提供一般信息","展示:一种教学互动方式,向学习者呈现刻画细节","提问:一种教学互动方式,要求学习者回忆或再认信息","操练:一种教学互动方式:要求学习者将一般的知能应用到具体实例中"。[21]

由此,我们也可以更好地理解教学情境的"生生互动"。很显然,生生互动也不仅是学生与学生的"人际互动",它也是,而且必须是聚焦教学内容、围绕教学内容、为了教学内容的"同伴互动"。

对"同伴互动",梅里尔进一步区分出两种"教学事件"和两种"学习者互动方式",并分别予以清晰的定义[22]:

(1)同伴分享。一种教学事件,学习者彼此分享与特定教学内容有关的原有经验。

(2)同伴评介。一种教学事件,学习者评论同伴的问题解决活动并提出建设性改进措施。

（3）同伴讨论。一种互动方式，要求学习者认真商议所提出的问题解决方案是否合理可行。

（4）同伴合作。一种互动方式，要求学习者在小组内齐心协力解决问题。

两种"教学事件"和两种"学习者互动方式"，使得原来几乎混沌一片的生生互动，具有了"学习活动"设计的可操作性。

三、学习或认知心理过程的视角

学习或认知心理过程的视角，即教育心理学家或认知心理学家的视角，代表性的两位学者及其著作分别是：被誉为"第一代教学设计之父"的加涅及其《学习的条件》《教学设计原理》等，"执着地致力于把认知理论应用到教学历程"[23]的梅耶及其《教育心理学：认知取向》《应用学习科学：心理学大师给教师的建议》等。

学习是发生在学习者头脑中的事，这是学习心理学和认知心理学的出发点，也是判定学习成效的归结点。加涅把学习者头脑中发生的"学"视作"内部事件"，而把影响学习的"教"视作外部的"教学事件"。"一般说来，教学包含一套外在于学生的、设计用于支持学习内部过程的事件"。[24]区分外部的"教学事件"与学生的"内部事件"，突出了"教"与"学"的本质关系。这包含以下三层意思：（1）教是为了能够影响学习者头脑里进行的认知活动而提供的各种教学活动的总和，[25]"教学无论如何进行，其目的都在于为学习过程提供支持"；[26]（2）但是，"教与学之间没有一种自动的联结";[27]（3）因此，"各种教学事件都应与学生的内部活动有一种相当明确的关系"。[28]

"可以把教学看成精心安排的一组被设计来支持内部学习过程的外部事件"。[29]根据学习的心理过程，加涅拟定了一节课从逻辑上讲应该具有的9个"教学事件"[30]：

（1）引起注意；

（2）告知学生目标；

（3）激发学生回忆与任务相关的先前知识；

（4）呈现刺激材料；

（5）提供学习指导，引发期待行为；

（6）引出作业；

（7）提供作业正确性的反馈（提供反馈）；

（8）评价作业（评估行为）；

（9）促进保持和迁移。

这9个"教学事件"就如同"教学活动的类型的目录"[31]，把外部的教学活动与学习者的内部认知过程"相当明确"地联系起来。

如果说加涅所关注的焦点是如何有效地"教"的话，那么梅耶所关注的焦点则落在如何促进学生有效地"学"。

与加涅一样，梅耶也严格地区分了学习者内部和发生在学习者外部的"教与学活动"[32]："学习是发生在学习者内部的一种相对持久的变化。学习是由学习者在环境中的经验引起的。""在教学过程中，我们通过有意识地创造学习环境，进一步强化了从经验中学习。"

怎么才能支持、强化呢？梅耶指出，必须依据认知科学的3条原理[33]：

（1）双通道原理。人拥有用于加工言语材料和图示材料的单独通道。

（2）容量有限原理。"学习科学最为重要的一个观点是：每一个通道一次只能加工一小部分材料"。工作记忆一次只能保留并加工一小部分（5个组块单位）经过选择的语词和图像。

（3）主动加工原理。"学习动机是意义学习的先决条件"，学习者的原有知识在学习中居于核心地位。

梅耶区分了3种学习状态[34]：

（1）无效学习。由不合理的教学设计或不良的学习策略引起的、与教学目标无关的认知加工。

（2）机械学习。基础认知加工，选择、初步组织相关信息。

（3）意义学习。生成认知加工，在学习中组织所呈现的材料并与原有知识相整合，从而达到深层理解。"意义学习发生与学习者在学习过程中进行适当的认知加工的过程"。

根据上述原理，梅耶提出了课堂学习的12条教学设计原则、有效学习的8条教学设计原则，以及促进意义学习的相应教学策略。总体上是以下3个方面[35]：

（1）减少无关认知加工。如去除无关材料，突出关键材料，图示与相应的文字说明相邻呈现，语音解说和画面同时呈现，提前告知测试题目的类型等。

（2）调节基础认知加工。如教学内容切块呈现，学生预习提前准备，调整通道等。

（3）促进生成认知加工。如促使学生检查验证，自我解释，设问质疑，列提纲、总结或详细阐述学习内容的精细加工等。

学习或认知心理过程的视角，突出了"学习活动"的两个基本点：

一是"教"与"学"的性质及双方的各自责任。"学"必须也只能是学生的主动建构。正如焦尔当所说[36]："学习者不是单纯的'参与者'，而是他所学的东西的'创造者'，别人永远不可能代替他去学。""教"必须也只能是支持和强化学生的"学"；因此，"教"的效果必须也只能是通过"学"来体现。离开了对"学"的关注和考量，"教"的种种努力都无济于事。

二是各种教学事件都应与学生的内部认知活动有一种相当明确的关系。这是判定有效教学的基本准则，也是选择和运用各种教学模式、教学方法的学理依据。

四、教学原则的视角

教学原则的视角是教学论或教学设计专家通常采用的视角。

斯蒂芬·耶伦认为[37]，作为一名教师，不但需要明了教学设计和教学的流程，更要明白教学和流程背后的原则。在负有盛名的《教学原理》一书中，耶伦总结了以下10个有效的教学原则[38]：

（1）意义性：激励学生并协助他们把主题与其过去、现在和未来的经验进行连接。

（2）先备条件：评估学生的知识与技能水准，仔细调整教学，让学生做好下一个阶段学习的准备。

（3）开放沟通：能确实让学生知道所要学习的内容，以专注于学习内容。

（4）编选和组织精要的内容。

（5）教具（支架）：协助学生使用各种设施（支架），让学习更快更容易。

（6）新奇：变化教学刺激以维持学生的注意力。

（7）示范。

（8）积极而适切地练习（应用）。

（9）愉悦的情境与后果。

（10）一致性。让目标、测验、练习、内容与教师的解说彼此一致。

《教学原理》一书，具体地论述上述每项原则，并相应提供"处方式"教学方法及其应用案例。

马扎诺的"学习的维度""有效教学的综合框架"等，主要也是这一视角。如"有效教学的综合框架"，聚焦以下问题[39]，并分别提出一些"处方性"的教学策略建议：

（1）如何明确学习目标、监测学业进展与鼓励学生进步。

（2）如何帮助学生有效领会新知识。

（3）如何帮助学生练习和加深理解新知识。

（4）如何帮助学生形成和检验与新知识有关的假设。

（5）如何激励学生主动参与学习。

（6）如何建立或维持课堂规则和程序。

（7）如何确保规则和程序得以贯彻执行。

（8）如何建立和维持良好的师生关系。

（9）如何对全体学生都持有高期望。

（10）如何设计单元中的不同课时。

普赖斯和纳尔逊著《有效教学设计：帮助每个学生都获得成功》也是如此。第二部分"有效教学方法设计"，分为以下各章[40]：通用教学干预的一般方法；使学生集中注意力的关键教学技巧；知识呈现的关键教学技巧；促进学生积极参与的关键教学技巧；练习设计和学习进度监督的关键教学技巧；搭档和小组合作设计的关键教学技巧；对特殊儿童的选择性教学干预。

教学原则的视角，既是学习或认知心理过程的视角的具体应用，也吸纳了教学研究和教学实践的理论和经验。其最大的好处，就是针对具体的教育教学问题，提出具体的教育教学策略和方法的"处方性"建议，具有很强的实用性和可操作性。

五、教学模式的视角

教学模式的视角是教学论研究者通常采用的视角，代表性著作如乔伊斯等著《教学模式》[41]。

阿兰兹著《学会教学》（第六版）第三部分"教与学活动"，就采用了教学模式的视角。作者解释说，所介绍的教学方法被冠之以"教学模式"的名称，尽管其他说法——诸如"教学策略""教学方法""教学原则"，都差不多有同样的含义，他们选择"教学模式"这一名称是基于两个重要的原因[42]：

（1）"模式"的概念相对于特殊的策略、方法或是技巧而言更为广泛。教学模式有具体策略和方法所没有的特性，包括一致的理论基础——一种有关学生应当学习什么和如何去学习的观点,以及其推崇的教学行为和能够产生不同类型学习行为的课堂组织结构。

(2)"教学模式"的概念对教师来说是一种重要的交流方法。乔伊斯和韦尔曾经根据教学目标、教学安排以及学习环境的性质区分了不同的教学方法。一种特定的教学模式的使用能够帮助教师完成特定教学目标而非其他;教学安排指一堂课的活动的整个流程;学习环境是教师行为实施的背景,包括激发和管理学生的方式。

所以作者说,该教材所介绍的"讲授和解释""直接教学""概念教学""合作学习""基于问题的学习""课堂讨论"这六种基本教学模式,有两个注意点[43]:第一,"在下面各章介绍不同教学模式时,你会觉得每一种教学模式只有一种正确的使用方式。从某种角度说,这种理解是正确的。如果教师偏离某一教学模式的安排和环境要求太多,则他们也就不再是使用某一种教学模式了"。第二,"学习这些方法时,你会发现,每一种教学模式所追求的教学效果都是以牺牲其他模式所产生的教学效果为代价的,因此,每一种教学模式都有其优势和劣势。没有哪一种模式有绝对优势。正确地选择教学模式,应以课堂里的学生的天性和教师的教学的目的为依据"。

阿兰兹说得很明白。我国一些教育理论传播者宣扬某种"绝好模式",似乎抱着"有条件要上,没有条件也要上"战争法则。那么,如果"安排和环境要求"与某一模式的原产地相距甚远,结果只能是以下两个之一:要么"牺牲"模式;要么"牺牲"强用模式的教师和学生。

模式"牺牲"了,还是模式吗?教师和学生应该为坚守模式而被"牺牲"吗?笔者以为,这是需要问一问的。比如以2~3人小组为特征的"合作学习",在一个使用统一教材的55名以上学生乃至上百名学生的班级,在45分钟的课时里,究竟该怎么个合作法?这显然是个需要认真回答的实际问题。

六、师生关系的视角

师生关系,即师生面对面的交流,也是"教与学活动"中师生交流的"焦点"。上述阿兰兹著《学会教学》(第六版)第三部分的总标题就是"教学的互动",作者说[44],所介绍的前三种教学模式,显得多少有些以教师为中心,而后三种则基于学习者中心的原则。

从师生关系的视角来对待"学习活动",对我们基础教育界来说,直接的理论来源应该是日本学者佐藤正夫的《教学原理》。在日本教学论专题性论著卷帙浩繁这一背景下,《教学原理》这本书"非常罕见"[45]地全面论述了教学论的基本问题,该书"试对教学中多种方法论的处置加以系统化"[46]。佐藤正夫认为,"着眼于教师、教材、学生的相互关系"[47],可以将教学方法归纳为三种基本样式:

(1)提示型教学方法。从表面看来,提示型教学方法的特点是教师非常主动,而学生是被动的。教师提示,学生则接受教师提示的内容。

(2)自主型教学方法。"在没有教师帮助下解决课题"或"学生主动自发地进行活动"。自主学习活动的两个特点:一是教师提出课题，并提供适当的时间，学生解决课题；二是课题一旦提出，学生必须竭尽全力寻求最好的解决方法。

（3）共同解决问题型教学方法。是借由师生对话，共同思考、共同探求、共同解决问题、共同获得知识的教学方法。它的基本形态是教学对话和课堂讨论（以集体讨论、集体思考为基础的学习）。

"在提示型教学方法中，活动的焦点在教师，学生总是扮演被动的角色。相反，在自主型教学方法中，教师退居次位，活动的焦点移至学生。而在介乎两者中间的共同解决型教学方法中，活动的焦点则在师生双方，知识和洞察是在教师的指导和帮助下，通过学生能动的生产性活动所获得。"[48]从这段引文也可以看出，作者的旨趣在"教学理论"的构建，是带有思辨色彩地建构教学方法论的系统，而没有实践应用的意向。传到我国，理论建构的意图似乎被遮蔽了，而转化为实践应用的逻辑架构方式。代表性著作是崔允漷教授的《有效教学》。该书的第五章"主要教学行为"，依据"教师在课堂中扮演的不同角色及其与学生的关系"[49]，把教师的主要教学行为分为"呈示行为""对话行为""指导行为"，明显对应于佐藤正夫的"提示型教学方法""共同解决问题型教学方法""自主型教学方法"，且把具有理论意味的"教学方法"改造为应用意图的"教学行为"。

在师生关系的视角中，如果"理念"的成分大于应用，或许难以在教学设计和教学实践中应用。

比如《有效教学》在"教学准备"一章中的用词是"设

计适当的学习活动"。也许是为了保持用词的一贯，教学设计被描述为考虑"学习主体""活动内容""活动任务""活动流程""活动组织""活动成果""活动时间长短""活动规则""活动工具""活动对应的教学行为"等"因素"[50]。为什么把"教的活动"放在"设计适当的学习活动"的最后因素？从章节逻辑上讲，第四章"教学准备"是教学设计和教案编写，第五章才是"主要教学行为"，后续各章是"辅助教学行为""课堂管理行为""教学评价"。看来是"教学行为"侧重在课堂实践阶段，而非需"精心安排"的教学设计阶段。这有点令人迷惑。

而"学的活动"，若与"教师的教学行为"相对应，其用词应是"学生的学习行为"，作者却说"学生学习行为不是本书的讨论范围，时间因素可变性很大，难以规范"。[51]这就越发令人迷惑。贬退教师"教学行为"，又不管学生"学习行为"，那"学习活动"是怎么设计出来的？"学习活动"难道不是体现于"学习行为"？"教学行为"难道不是为了作用于"学习行为"？那么，"学习主体"（做出学习行为的人）哪儿去了呢？只在"活动"吗？

上述质疑，并非说师生关系的视角没有价值。相反，笔者认为区分"教的活动"与"学的活动"，尤其是具有区分的意识，对教师来说十分重要。

师生关系的视角，有其他视角所无法代替的特有价值。根据笔者的体会，这一视角用于教师培训和教师的教学反思，可能适得其用。在语文教师培训中，笔者曾专门设计了一款课文教学的设计模板，纵向是教学环节，横向由"教学点""教的活动""学的活动"三栏构成，用于受训教师尝试设计由"教的活动为基点"转移到"学的活动为基点"的教案，或用于教师自身教学课例的反思，或用于课文教学课例研究，尤其是中小学语文名师的优秀课例研究。以学的活动为基点，是中外所有优秀课例的共同特征；在中国的基础教育领域，在涌现了一大批杰出的、优秀的语文教师的中国语文教学界，这样的课例并不缺乏。

从师生关系的视角着眼，本意应该是为了改进、改善教学，而不仅是为了斥责"教的活动"。正如离开了"学"，"教的活动"就失去了价值；设计"学习活动"，如果离开了"教"，也缺乏实践意义。

七、阶段或流程的视角

如果是设计上述含义的"适当的学习活动"，学习活动的合理的视角应该是着眼于教学实施的阶段或问题解决的流程。阶段或流程的视角，涉及"学习活动"的如下两个方面：

1.纵向的安排

说"安排活动顺序"[52]，是不得要领的；在学科教学，活动的顺序是依据教学内容而定的。学科内容的逻辑，决定教学的顺序先后；学习心理过程逻辑（易难），则对内容逻辑起调节作用。语文学科的课文教学要复杂一些，有三个逻辑在交互作用：一是课文的逻辑（教学点的先后），二是阅读理解的逻辑（阅读理解是非线性的），三是学习的逻辑（易难）；如果其他学科真要加入"如何学习"（很大程度上是如何阅读理解学科的教材）的指导，也将从原来仅有学科内容逻辑、学习心理过程的逻辑，新增加一个学科材料的阅读理解逻辑。

基于项目的学习、基于问题的学习，其活动的顺序由问题的特质和解决问题的一般逻辑或特定方法所决定。例如美国伊利诺伊州数学协会倡导的"基于问题的学习"，项目实施的规范流程如下[53]：

（1）呈现"启动文档"；

（2）学生进入问题情境；

（3）让学生明确解决问题已具有和所缺乏的相应知识；

（4）让学生界定问题的陈述；

（5）收集和共享资源；

（6）初步提出一些解决方案；

（7）选择一个最佳方案；

（8）陈述解决办法；

（9）反思。

2.每一个教学事件或事项的具体活动方式和形式

正如前面的视角所说的，在学科教学，"学习活动"很大程度上是由教学目标或任务类型、教学内容的知识类型、学习的认知心理过程、依据认知原理的教学原则及其相应的处方，以及某一教学模式的要求等所决定的。其中最主要的决定因素，是教学内容（知识类型）和学习的认知心理过程机制。

基于项目的学习、基于问题的学习等，其活动的具体方式和形式，则由各实施阶段要做的事项决定，并且是在教师设计的实施方案中被事先规划或规范。

八、学科的视角

毫无疑问，上述种种视角，在实际的教学中，都要归结到学科的视角，并落实于学科内容知识和过程技能的教学——以"大概念"组织的跨学科单元、基于问题的学习、基于项目的学习，具体到实施阶段、课时，还是要回归到各相关学科。

学科的视角，主要是学科内容的视角。比如小学低段在课文语境中"学文识字"的方法，小学"全语言教学"[54]模式，阅读理解策略的"交互式教学"[55]方法，文学作品"读者俱乐部""共享探究""教学会话"等对文本充分讨论的教学方法[56]，真实情境的任务型写作的过程指导方法，"写作工作坊"[57]，组织中口语沟通的"戏剧化"方法，等等。

舒尔曼认为[58]，不同学科的知识本身构成了教师教学的重要"情境"和前提，"学科教学知识"是特定的学科知识与一般教学法知识的整合，它在教学中至关重要。

梅耶说："传统实验心理学是倾向于研究人类学习、发展和思维的一般学习理论，而当今的教育心理学则试图去建立具体学科领域的学习理论。"[59]

那么，教学设计或曰"学习活动设计"呢？

九、总结及余论

综上，论述"教与学活动"，主要有目标或任务的视角、教学内容（知识类型）的视角、学习或认知心理过程的视角、教学原则的视角、教学模式的视角、师生关系的视角、阶段或流程的视角、学科的视角这八个视角。

在上述八个视角中，我国基础教育课程与教学改革近20年来，主要关注"师生关系"的这一视角，其在课程实施中的实际功效，恐怕有需要反思的地方。

据一项网络调研[60]，有74%的中小学教师认同"自主、合作、探究"的课改理念。凭我与数万名中小学语文教师接触的经验，认同课改理念的，要远远大于这个数字，估计在90%左右。但是，有人断定[61]：如今的课堂教学，"'三维目标'基本上停留在教案纸上、概念之中，课堂教学要么仍是'满堂灌'，要么是从'满堂灌'转化为'满堂问'。忽视思维过程，排斥求异思维，留给学生独立思考的时间和空间极为有限。"

难道我国绝大部分中小学教师阳奉阴违？非也！原因或许是这样的：自主、合作、探究，如果仅仅看成是师生的人际关系，难以转化为具体学科内容的"学习活动"设计并落实到教学实践中。

笔者以为，对课程实施来说，上述其他视角的每一个，都比"师生关系"的这一视角要更具引导性和操作性。至少对语文学科是这样的。

按目标或任务的视角，去设计指向目标达成的学习活动；按教学内容（知识类型）的视角，去设计与教学内容相匹配的学习活动；按学习或认知心理过程的视角，注意教学的"外部事件"与学生学习的"内部事件"的一致；按教学原则的视角，将"意义性""先备条件""开放沟通"等教学原则落实在学习活动中；按教学模式的视角，老老实实地去实施"合作学习""基于问题的学习""课堂讨论"等教学模式；如果是基于问题的学习、基于项目的学习，则严格地按规范的阶段或流程设计学习活动，等等。

如果像笔者一样，坚信自主、合作、探究是优质教学的根基，那么按操作性较强的上述其他视角的理论、原理去设计优质的学习活动，作为根基的先进理念应该自在其中。换言之，理念一定体现在学习活动设计之"中"，而不是在学习活动的之"外"，更不是高高挂在学生活动设计之"上"。从这个意义上讲，上面提到的那74%的中小学教师"认同"课改理念，认同的恐怕只是"合作、自主、探究"这些"好词"而已。

"只要理念对，一切迎刃而解"，这似乎是我们基础教育课程与教学改革所秉持的观念。笔者以为，这可能把事情简单化了。我们应该这么提出问题："为什么赞同甚至张扬'好理念'的教师（包括教科书编写者等），在实践中却落实不了呢？"

依我的分析思路，一定是有一些关键的地方——机制、道理等，没有弄明白。当然不是说一线教师没有明白，而是说教育研究者、理念传播者或推行者没有弄明白，至少是说得很不明白。

前车之鉴，如高喊了近20年的"自主、合作、探究"；或将覆辙重蹈，是当前种种据说"更先进"理念。现在，好多一线语文教师在做"大单元教学设计""群文阅读""项目化学习"等，然而他们却时常问我："什么是大单元""为什么要群文""如何项目化"。"是什么、为什么、如何"，一概不知，或自身就充满疑惑，却大刀阔斧蜂拥前行，我以为这种做法很危险。

为了迎合某种先进理念，急切地赶新潮，不知什么偏做什么，这或许是近20年我国语文课程与教学改革最应该引以为鉴的教训。语文课程与教学中的许多问题，不是在做了以后才突然发现问题的；相反，大多数情况是在事情还没落地之前，就知道必然会出问题、一定要出问题——因为倡导做的人和做的人对"是什么、为什么、如何"一概不知，要么强不知以为知，要么自以为知却似是而非。

　　毋庸讳言，基础教育改革中的种种理念，大多源自国外，主要是美国。这样，弄明白机制、道理，大致就是两条路径：一是原原本本地看懂国外（来源地）的教育理论和实践；二是谨慎而探索性（因而是试验性）地进行本土实践，以发现本土条件下（因而国外学者没有顾及）的新情况、新问题，并谋求理论（机制、道理）上的解决。

参考文献

[1][13][46][47][48]（日）佐藤正夫.教学原理［M］.钟启泉，译.北京：教育科学出版社，2001：283-284，284，289，289-305，304-305.

[2][3][4][5][6][7][11][12][15]（美）安德森，等.布卢姆教育目标分类学：分类学视野下的学与教及其测评：完整版［M］.蒋小平，等，译.北京：外语教学与研究出版社，2009：7，188，14，234，26，189-192，192，191，187.

[8]（美）威金斯，麦克泰.理解为先模式：单元教学设计指南：一［M］.盛群力，沈祖芸，柳丰，等，译.福州：福建教育出版社，2018：138-148.

[9]（美）马扎诺，等.培育智慧才能：学习的维度教师手册［M］.盛群力，何晔，张慧，等，译.福州：福建教育出版社，2015：31-33.

[10][39]（美）马扎诺，等.教学的艺术与科学：有效教学的综合框架［M］.盛群力，等，译.福州：福建教育出版社，2014：14-15，6.

[14][37][38]（美）耶伦.教学原理［M］.单文经，等，译.上海：华东师范大学出版社，2003：287，4-6，3-4.

[16]（美）耶伦.目标为本教学设计：编写教案指南［M］.白文清，等，译.福州：福建教育出版社，2015：76.

[17]（美）范梅里恩伯尔.综合学习设计：四元素十步骤系统设计方法［M］.盛群力，译.福州：福建教育出版社，2012：34.

[18][20][21][22]（美）梅里尔.首要教学原理［M］.盛群力，钟丽佳，等，译.福州：福建教育出版社，2016：3，69，69，337.

[19]盛群力.译后记［M］//（美）梅里尔.首要教学原理.盛群力，钟丽佳，等，译.福州：福建教育出版社，2016：514.

[23]曾志朗.专文推荐［M］.（美）E.梅耶.教育心理学：认知取向.林清山，译.台北：台湾远流出版公司，1996：1.

[24][26][28][29][30]（美）加涅，布里格斯，韦杰.教学设计原理［M］.皮连生，庞维国，等，译.上海：华东师范大学出版社，1999：193，190，190，11，193.

[25][31]（美）鲍里奇.有效教学方法（第四版）［M］.易东平，译.南京：江苏教育出版社，2002：121，121.

[27]（丹）伊列雷斯.我们如何学习：全视角学习理论［M］.孙玫璐，译.北京：教育科学出版社，2010：2.

[32][33][34][35][59]（美）梅耶.应用学习科学：心理学大师给教师的建议［M］.盛群力，丁旭，钟丽佳，译.北京：中国轻工业出版社，2016：14，30-39，62-63，64-81，45.

[36]（法）焦尔当.学习的本质［M］.杭零，译.上海：华东师范大学出版社，2015：8.

[40]（美）普赖斯，纳尔逊.有效教学设计：帮助每个学生都获得成功：第四版［M］.李文岩，刘佳琪，梁陶英，等，译.北京：中国人民大学出版社，2016：33-120.

[41]（美）乔伊斯，等.教学模式［M］.荆建华，宋富钢，花清亮，译.北京：中国轻工业出版社，2002.

[42][43][44][55]（美）阿兰兹.学会教学：第六版［M］.丛立新，等，译.上海：华东师范大学出版社，2007：215，215-216，215，250-251.

[45]钟启泉.译后记［M］//（日）佐藤正夫.教学原理.钟启泉，译.北京：教育科学出版社，2001：485.

[49][50][51][52]崔允漷.有效教学［M］.上海：华东师范大学出版社，2009：140，120，122，120.

[53]（美）TORP L，等.基于问题的学习：让学习变得轻松而有趣［M］.刘孝群，等，译.北京：中国轻工业出版社，2004：61-80.

[54][57]（美）麦克尼尔.课程：教师的创新：第3版［M］.徐斌艳，李小平，译.北京：教育科学出版社，2008：177，178.

[56]（美）达林-哈蒙德，等.高效学习：我们所知道的理解性教学［M］.冯锐，等，译.上海：华东师范大学出版社，2010：53-84.

[58]（美）舒尔曼.实践智慧：论教学、学习和学会教学［M］.王艳玲，王凯，毛齐明，等，译.上海：华东师范大学出版社，2014：155.

[60][61]刘月霞，郭华.深度学习：走向核心素养（理论普及读本）［M］.北京：教育科学出版社，2018：4.

略述"问题情境"中的探究学习*

"自主、合作、探究"是基础教育课程改革所倡导的教学理念和学习方式,其核心是"探究"。探究学习和"问题情境"联系紧密。"问题情境"中的探究学习,在国外已有多年的实践。本文基于相关译著的考察分析,略述国外一些较为成熟的教学模式或教学方法,以资借鉴。

一、"真实情境"与"问题情境"

建构主义学习环境设计,主张将学习者置身于"真实情境"。其理论基础来源主要有两个,一是源于心理学的"情境认知";二是源于社会人类学的"情境学习"。两者都把学习看作情境性活动,强调学习的社会性因素。

情境认知理论认为"知识是情境化的","情境性在所有认知活动中都是根本的"。[1]该理论引导的教学,"教学目标从概念的传授,转变为使学习者进入可能需要使用这些概念和技能的真实

---

* 本文原载《中国教育学刊》2021年第3期,有修改。

任务","学习活动必须抛锚在真实应用的情境中"。[2]实践的样本,如"基于问题的学习"等。

情境学习理论认为,学习是"合法的边缘性的参与"的过程,强调"实践共同体"的合作。[3]在这一理论所引导的教学中,具有一个"真实"社会或职业身份的学生,像新手那样,参与到"实践共同体"解决真实问题的过程中;实践的样本,如"交互式教学"和用"拼图法"让学生进行合作等。

从上面简要介绍中可以看出,"真实情境"是与以往"脱离真实世界"的"学校情境"或"正式的学校情境"相对立的一个词语。[4]"真实"这个词意味着"与现实世界(real-world)相关"[5]。倡导"真实情境"——"真实学习任务""真实评价"等,不仅关乎如何学习,而且关乎为什么学习这一教育根本问题。

罗日叶指出[6]:"我们所谓的'情境'概念是'问题情境'的意思。"从学习的观点看,"真实情境"实际上讲的是"真实的问题情境",也就是成人在社会生活和职业工作中所面临的实际问题、现实问题。

"真实的问题情境",需从"情境"和学习者这两个方面辩证地看:

一是问题情境本身的"真实"。包括解决生活、职业、社区等"自然情境"的"原生态问题",以及在学校背景中为了教学论意图而设计、开发的尽可能接近真实世界样态的问题情境或实做任务。

二是学生对问题情境所感知"意义",罗日叶称之为"意味深长的情境"[7]:"学生应该和这个情境维系着一种积极的情感关系。通过这种积极的关系,情境让他调动起来、活跃起来,产生学习的动机。"

学习者置身于"真实的问题情境",在分析和解决问题的过程中、在完成能出实际成果的任务过程中,学生有机会接触和掌握某学科或跨学科的主要概念和原理。"基于问题的学习""基于项目的学习""基于设计的学习"等,都是践行这种学习理念的教学模式或教学方法。

二、解决现实问题:基于问题的学习

"基于问题的学习"是学习范式的转变。"传统教学认为,学生必须在应用所学知识之前掌握所有内容,才能解决问题。基于问题的学习颠倒了该顺序,假设学生在解决一个有意义的问题的同时掌握了学习内容"。[8]

"问题"一词所表达的含义,在英文中可以对应的词汇有 problem(难题)、question(提问)、difficult(困难)、trouble(麻烦)、doubt(困惑)、issue(有争议的议题)等,而中文翻译通用"问题"一词,所以"解决问题"的含义有时容易混淆。problem-based learning,简称PBL,原义是"基于问题的学习";英文中的"基于"(based),有"根基""出发点""以……为依据"的含义。目前有人将"基于问题的学习"翻译为"问题学习""问题化学习"等,汉语词汇的语义联想或有较大偏差。

由于"问题"的含义各异,统括在"基于问题的学习"旗帜下的,有各种各样的教学模式或教学方法。

（一）解决真实情境的实际难题

问题，指难题（problem）。解决真实情境的实际难题，主要是决策性问题，侧重在问题分析和解决方案。大致是以下两大类：

（1）学生体验到的真实情境的难题且由学生为真实用户实际解决。

这主要出现在职业培训中，以及由学生主导的实地调查研究（"真实学习"[9]）、探索学习（调查学习）[10]等。美国曾流行的"社区服务学习"[11]，也主要是这一类型，所要解决的是学校所在社区的一些现实问题，诸如动物栖息地、无家可归者、成年人的素养、周边环境污染、对选举的冷漠等。

（2）真实情境的难题，由学生来模拟解决。

又可分为两类：一类主要是在高等教育。如源于医学院的"基于问题的学习"，主要应用于商学院、法学院的案例教学法等。一类是在中小学开展的，如美国"伊利诺伊州数学科学协会基于问题的学习中心"倡导的基于问题的学习。较典型的做法，通常先由教师（设计者）设计真实情境难题，并设计一个"启动文档"。"启动文档"起到描述背景的作用，说明要解决的问题、定义学生的角色和任务，也设定对学生完成任务的期望（业绩要求）。[12]教师的任务主要是周密设计课程计划，在实施中则主要担任"认知教练"的角色。案例如解决前任校长家的"花病死"和蚊虫问题，修复校园草坪，解决学校食堂的粮食浪费问题、当地小鹿繁殖过剩问题、生活水资源问题、附近工厂的环境污染问题、社区未成年人吸烟问题等。

（二）聚焦社会和个人的议题

问题，指有争议的议题（controversial issue）。

《课程统整》一书的作者主张，应围绕个人和社会的议题设计"超学科课程"[13]。所采用的议题如[14]：我能活多久？当我年纪渐长时，会变成什么长相？别人对我的看法与我对我自己的看法是否一致？我将来从事什么职业？为什么人们会彼此怨恨？种族主义会消失吗？为什么现在有这么多穷人？雨林在未来会被拯救吗？未来是否会有世界和平？谁控制美国的大多数货币？等等。这与其说是"解决问题"，不如说是通过课程增长学生对个人和社会议题的见识，从而增长个人处事和参与社会的能力。所以倡导者自视为"通识教育"。

朗格内斯在《整合教育学习模式》一书中，则以"品德"来整合课程，主题有人道主义情怀、"远视"（以多元的观点看问题）、意识、领袖才能、团队精神、利他主义等。每个单元均有品格教育目标、社区服务教育、学业教育（学科目标）、解决冲突目标和艺术教育目标。每个单元分别设计15~28个活动。[15]

（三）解释困惑的自然现象

问题，指困惑、疑问（doubt）。有人称为"探究学习"[16]、"基于发现的探究式学习"[17]或重在"自己去探索"的"探索学习"[18]。

"探究学习主要针对科学教育（而不是语言和数学）而提出，但其基本前提实际上适用于任何学习内容。"[19]一般来说，探索学习针对的是"为什么"的问题，通过查询学习资源、实验等探究过程，对原本所困惑的自然现象做出科学的解释。中小学的案例有：为什么热量不是来自衣服？为什么池塘里的生命是这个样子？毛毛虫为什么全身都毛茸茸的？它怎么变成蝴蝶的？关键点在于这些"为什么"是由学生受身边情境的刺激自然而然地提出来的。

尽管上述各种主张和具体做法在诸多方面存在一定的差异，但都有一个共同点，就是"都将焦点集中在'真实学习任务'之上，其宗旨是把理解现实生活中的真实任务作为学习和教学的驱动力"[20]。

三、对"驱动型问题"做出回应：基于项目的学习

"驱动型问题"中的"问题"，是 question，意思是"提问、质询"。

对"驱动型问题"做出回应，是基于项目的学习的主要特征。基于项目的教学，必须有一个设计者（教师）精心创设的、与真实世界"挂钩"的、引导"学生接触并掌握某学科的主要概念和原理"[21]的"驱动性问题（挑战性问题）"。一个质询的提问是否是"驱动性"的，不仅取决于这一提问本身，而且取决于学生对这个质询的探寻意愿，能否使学生"卷入"其中。

较为典型的"驱动性问题"，如"水是如何进入千家万户的？""机械如何帮我们制造庞大物品？""'MV'是否精确地描绘了美国文化？""一本书怎样才能成为经典？"等。

学生经合作调查探究，以多种有形的"制品"（artifacts）对这一"驱动性问题"做出回应，用制品展示他们所掌握的某学科主要概念和原理并加以反思。

学生制作的中间制品和最终制品，多用"书面类制品"或"展示类制品"。如研究报告、叙述文、书信、海报、简报、项目建议书、诗歌、提纲、介绍手册、小册子、调研问卷/调研报告、人物传记、论文、书评、编者按、电影脚本、演讲、辩论、口头报告、新闻播报、戏剧和角色扮演、作品展览等。

"基于项目的学习"，原文是project-based learning，简称PBL，目前翻译为"项目学习""项目化学习"等，汉语词汇的语义联想或有较大偏差。"基于项目的学习"，不能简单地理解为"做项目"，更不能片面地解读为"展示制品"。做项目和展示制品，都是对"驱动性问题"的回应和回应方式。制品和展示是否是对"驱动性问题"的探究性回应，是判断是否是"基于项目的学习"的试金石。[22]

"基于设计的学习"，主要应用于技术工程教育，或可看作是基于项目的学习中的一个特类。

四、由"基本问题"通向"大概念"深度"理解"

"建构主义是一种试图使学生最大限度地理解知识的教学方式。"[23]"基于问题的学习""基于项目的学习""基于设计的学习"，其目的都是为了使学生最大限度地理解并迁移（即学即用）所学知识。而埃里克森等所倡导的"概念为本的课程与教学"、威金斯和麦克泰所倡导的"追求理解的教学设计"（亦译为"理解为先模式""重理解的课程设计""旨在理解的教学设计"）等，则是直接切入"理解"的教学设计理论并开发出相应的教学设计模型。

以"追求理解的教学设计"为例,它是一套包容性很强的全方位解决方案,所涉及的原创理论十分丰富,其中广为接受的是其"逆向设计"、由"基本问题"通向"大概念"深度"理解"等。

逆向设计分为三个阶段。阶段一,明确预期的学习结果;阶段二,确定恰当的评估方法;阶段三,规划相关学习过程。分别对应于作为目标的任务,用于评估的任务,以及类似于作为课堂教学活动单位的学习过程中的任务。

根据威金斯和麦克泰的最近修订,"明确预期的学习结果"共有五个方面,也就是说,一个单元有不同层级的五个"学习任务"。按其设计模板排列次序,简介如下:

(1)长远的迁移目标

学生能应用所理解的"大概念"及相关知识技能解决真实情境的问题。落实在阶段二作为评估证据主项的表现性任务。表现性评估的目标锁定在"大概念"的"理解"并迁移。

(2)深入持久"理解"(名词)

针对本单元的"大概念"。理解"大概念"是单元的"核心任务"。[24]

"大概念"分两类:一类是跨学科或超越单元主题的,因而需要"综合性理解";一类关涉学科及单元主题,是"主题性理解"。

按照威金斯和麦克泰所提设计标准的要求,"大概念"必须表述为完整的语句。关涉语文学科的例子,如不同的文本类别(如叙事的、悬疑的、传记的、说明的、劝说的)有不同的结构;有效的议论文会使用论据,并采用与其目标读者相对应的语言。笔者建议，在正式的教研场合把"大概念"转述为"核心的概括性知识"，或将"核心的概括性知识"与"大概念"交替使用。

作为目标的任务，不是学习（动词）这些"核心的概括性知识"——这些"核心的概括性知识"，不是"学习目标"，而是"学习内容"并落实在"学习活动"中。作为目标的任务，是对这些"大概念"的持续的深度"理解"（名词）。

何为"理解"？威金斯和麦克泰从"能解释（说明）""能阐明（诠释、释义）""能应用""能洞察（观点）""能神入（同理心、移情）""能自知（自我认识）"这六个侧面（维度），对"理解"做了全面的解说。[25]

概要地讲，"理解"大体包含两种意思[26]，一是能够将你的"理解"、知识、技能应用到新的情境，顺利实现迁移；二是能够推断并建立联系，获得深层次的"理解"。

"'理解'包含'实现迁移'和'理解意义'；'理解意义'又包含'基本问题'和深入持久'理解'。""'理解'在学生表现中得以揭示。当学生们将核心概念、知识和技能应用于各种情境下的挑战性任务时，就显示了他们的'理解'。因此，对'理解'的评估必须建立在基于表现的真实任务上。"[27]

（3）基本问题

基本问题也译为"中心问题""主要问题""关键问题""核心问题"等。"基本问题"与"大概念"互涉。"基本问题是任何达到理解意义和迁移目标的关键。"[28]一个时跨3~5周的单元，一般设置3~5个"基本问题"。

"基本问题"是逆向设计的枢纽。其作用体现在三个方面：一是便于教师在教学设计时把握作为本单元目标的"大概念"。"基本问题"是通向"大概念"的"理解"的航标，对"大概念"的"理解"就是对"基本问题"探究的结果。二是引导教学。所设计的教学活动是在"基本问题"导向下对"大概念"的持续探究过程，威金斯和麦克泰称之为"揭示式教学"。"学习活动的计划应该确保学生能透过探究活动和具体教学活动来发现大概念"[29]，教学过程就是"让该领域的大概念在学生的头脑中'变大'"[30]的过程。三是激发学习动机。正如海斯·雅各布森所说："如果课程是围绕问题而设计的（而不是目标），那么学生会清晰地感到你正在和他们一起探讨问题。"[31]

吉姆·奈特在《高效教学：框架、策略与实践》一书中建议的单元教学设计，把这里的"基本问题"命名为"指向问题"[32]，以更加突出指向"大概念"这一教学功能。

（4）与"大概念"连接的内容知识目标

即相关联的一些事实性知识。"大概念是核心的、有组织的概念，能对个别的事实和技能赋予意义并加以连接。"[33]"大概念可以帮助学生将各个知识点联系起来。"[34]

比如《麦田的守望者》（高中）的教学：[35]

学生将理解（大概念）：

①小说家常常透过小说的手法，对人类的经验和内在生活提出洞见。②作家利用各种风格技巧来吸引读者。

基本问题：

①什么是小说的真相之间的关系？哪些真相最能以小说方式来描述？②荷顿可以代表一般青少年吗？反常吗？或者所有的青少年都反常？谁真诚？谁虚假？为什么有些人的行为很虚假？③作家如何吸引及维持读者兴趣？这部小说的作者如何吸引你的注意？④作家如何说服其读者？

学生应知道（内容知识目标）：

①小说的故事梗概和人物角色；②作者采用的各种风格技巧；③写作的步骤；④劝说文的写作技巧。

（5）学生探究"大概念"理解所必需的技能目标

过程技能目标不涉及单元具体内容。如上《麦田的守望者》的例子，所列出的应形成的技能有：

①利用诠释式的阅读策略；②通过仔细阅读文本，发展合理的假设；③应用写作过程完成劝说文的草稿及修订；④反思对文本的理解，然后思索自己的错误理解。

五、本土化实践的两点建议

上文概要介绍了"问题情境"中探究学习的三种教学模式或教学方法——基于问题的学习、基于项目的学习、由"基本问题"通向"大概念"深度"理解"的单元设计。这些教学模式或教学方法，在我国新一轮基础教育改革中正在积极引进、借鉴并开展本土化实践探索。在考察分析相关译著的基础上，笔者提出以下两点建议。

（一）语文学科不宜贸然行事

基于问题的学习，案例通常是校本化的，多数是跨学科乃至超学科的，主要涉及社会、政治、法律、科学、生物、地理（环境）、历史等学科，其中自觉或不自觉地整合着语文学科（国外通常是语言艺术、文学两门课程）。如功能性（应用性）写作、撰写报告时的拼写法、文学作品作为学生从中获取信息的易读资料等。

基于项目的学习，往往也是跨学科的。在笔者目及的30多本相关译著中，仅见一个疑似阅读教学的案例，即"寻找母亲花园"探究单元，驱动性问题是"为什么这么多妇女（历史上、文学中、现实生活中）如此沉默？"[36]。仅见两个写作教学的案例：一个是采访社区的老人并编写一本传记[37]，一个是为年幼儿童编撰一册科普作品集[38]，这两个案例均是长时写作，显然都具有跨学科性质，前者涉及社会、历史、经济等，后者基于科学学科。

语文学科向来是我国基础教育课程与教学教改的急先锋。目前，一些语文教师尝试实践语文学科的"问题学习""项目学习"等。据笔者目及的相关译著，国外并无"语文学科的基于问题的学习""语文学科的基于项目的学习"此类说法，更缺乏可资借鉴的实施案例。有些初看似乎属于语文学科的"驱动性问题"，其实都是跨学科的。例如"一本书怎样才能成为经典？""什么是好的文学作品？"学生对这些问题的探究性回应要涉及政治、历史、社会、文化等多个方面。

语文学科是单学科实施"基于问题的学习""基于项目的学习",还是作为整合的一方积极参与跨学科乃至超学科的学习项目?这有待于进一步查证。

依笔者的见解,由"基本问题"通向"大概念"深度"理解"的单元设计更适宜语文学科。而这涉及语文学科内容维度和过程技能维度的"大概念"(概括性的语文知识)的提炼和"基本问题"的设计,需要有一系列前期的研究和教学试验。

语文学科有内容和过程技能两个维度。内容维度,涉及语言学、文学以及传媒(沟通、传播)等学科内容,比如作为文化载体的汉字、体现民族思维的汉语、中华民族源远流长的思想文化文学典籍、中国现当代文学名著、汉译世界文学名著等。以往我们所说的"字、词、句、篇、语、修、逻、常",指的就是语文学科内容维度的学习内容。过程技能维度,即阅读、写作和口语交际的知识和能力。语文课程标准对语文课程性质的认定——"语文课程是一门学习语言文字运用的综合性、实践性课程",这一认定表明,语文学科应该侧重在过程技能维度。

侧重在过程技能维度,其实有一些指称"真实的问题情境"的现成的学术词汇,如"沟通情境""交流情境""交际语境""交际场景"等。罗日叶就申明[39]:"在语言学科,我们更倾向于说'沟通情境'而不是'问题情境'。"

比利时的"任务型语言教育",采用"交流情境"和"交际语境"这样的学术词汇。他们称为"语言使用情境"[40]。"语言使用情境在此被定义为交流各方需要流畅、自然地使用语言的情境。"《21世纪全美外语学习目标》则使用"沟通情境"这一术语，并将沟通情境延伸为三方面的内容或模式[41]。一是双向的人际沟通。学生以交谈的方式询问或提供信息、表达感情、交换意见；以意义协商为特征的双向的人际沟通。二是单向的理解诠释沟通。学生理解和诠释不同话题中使用的口语和书面语。三是单向的表达演示沟通。学生把不同话题中的信息、观念和思想传达给听者或读者。如仅限于书面语，理解诠释沟通和表达演示沟通，大致相当于阅读理解和写作。

"问题情境"与"沟通情境"是两个相近的概念。沟通情境中的"问题"，指的是困难（difficult）。从认知心理学的观点看，阅读、写作、口语交际等"沟通问题"，可以做类似"问题解决"的描述；但从语文教学的角度看，这种描述过于迂回曲折。毕竟，"阅读理解"的"问题"（difficult，困难），如何表达的"问题"（difficult，困难），与解决真实情境中的实际问题（problem，难题）、有争议的议题（issue）、令人困惑的自然现象（doubt）等，是很不相同的"问题"。

总之，在上述种种疑惑尚未解答之时，语文学科不宜贸然行事——除了以解答种种疑惑为目的的试验性实践探索之外。就语文学科整体而言，学理未明就闻风而动、为新而改，将来或要付出沉重代价。

（二）各学科都要重视学科阅读和学科写作的指导

语言是链接学校各门课程最重要的元素。培养学生聆听、说话、阅读、写作、视看、演示等"交流能力"，不是语文学科独有的事，而是基础教育所有课程都需共同承担的任务，也必须落实在中小学各门课程中。正如拉德尔所指出的："在任何学科领域里都能深入思考，学生必须学习该学科的语言并能用该语言来进行流畅的阅读和写作；因此，正是该学科的专门人士（教师）负有教会学生这些技能的责任，而不应推卸给语言教师。"[42]

事实上，语文学科无法承担各学科的阅读和写作能力的培养。语文学科的过程技能维度，主要是某些语篇类型的阅读和写作，例如散文、诗歌、小说及一些公共话题的文章阅读和写作。以往，我们天真地以为，在语文学科中培养阅读、写作能力，学生能够自然地迁移到其他学科的学习中。而哈蒂用大量的实证研究告诫我们："这里需要再次强调不同内容之间的迁移没有那么简单……，……如果'学习如何学习'项目没有嵌在学科情境中，那么它很可能没什么价值。"[43]

比如，在"问题情境"的探究学习中，以获取资讯为目的的阅读非常重要。学生必须知道相关的资源"去哪里找"，知道主要的资源中"有什么"，知道在一个特定的材料中"找什么"，探测性阅读与信息源知识、检视性阅读、搜索性阅读，在学科阅读中其重要性得以前所未有的凸显。而以获取资讯为目的的阅读能力培养，恐怕只能在各自学科中进行，语文教师心有余而力不足。

也正因为如此，基于问题的学习、基于项目的学习、由"基本问题"通向"大概念"深度"理解"的单元设计等，都十分强调学科阅读和学科写作。

国际文凭组织的《小学项目的实施：国际初等教育课程框架》要求"小学项目学校的全体教师都被视为语言教师"[44]，并指示"在整个课程中将语言当作一个超学科元素"[45]。

巴克教育研究所《项目学习教师指南——21世纪的中学教学法》明确指示[46]："学生的读写能力是学校教育的一个核心重点，在项目中至少要包括一项旨在锻炼学生读写能力的项目目标。我们建议每个项目有一个重要的、可以体现读写能力的项目制品，我们可以根据它来评价学生的写作、口头表达或者阅读能力。"

《学习的通用设计：课堂应用》高度重视把写作作为一种学习策略的重要性[47]："正如大家所知，写作教学可以且应该在跨学科教学中进行，这样学生可以有更多的、在有目的的情境中参与和练习的机会。"

事实上，"问题情境"中的探究学习，无论是学科的还是多学科、跨学科、超学科的，从理解概括性的知识、解决问题的过程，到完成迁移性实做任务、项目制品的展示等，如果离开了学科阅读和学科写作的指导，学生都几乎寸步难行。有鉴于此，各学科都要重视学科阅读和学科写作的指导，并把"重视"落实在各学科的课程标准、教科书和教学中。否则，"问题情境"中的探究学习，或将沦为充饥之画饼。

参考文献

[1][2][4]（美）乔纳森.学习环境的理论基础[M].郑太年，任友群，译.上海：华东师范大学出版社，2002：27，29，63.

[3]（美）莱夫，温格.情境学习：合法的边缘性参与[M].王文静，译.上海：华东师范大学出版社2004：1.

[5]（美）鲍里奇.有效教学方法：第四版[M].易东平，译.南京：江苏教

育出版社,2002:93.

[6](比)罗日叶.整合教学法:教学中的能力和学业获得的整合:第二版[M].汪凌,译.上海:华东师范大学出版社,2010:106.

[7][39](比)罗日叶.为了整合学业获得:情景的设计和开发:第二版[M].汪凌,译.上海:华东师范大学出版社,2010:136-138,14.

[8](美)乔纳森.学会解决问题:支持问题解决的学习环境设计手册[M].刘名卓,金慧,陈维超,译.上海:华东师范大学出版社,2015:139.

[9][32](美)奈特.高效教学:框架、策略与实践[M].方彤,等,译.上海:华东师范大学出版社,2017:163-175,26-39.

[10][18][23](美)克里克山克,等.教师指南:第四版[M].祝平,译.南京:江苏教育出版社,2007:270-279,270,279.

[11](美)恰瑞罗特.情境中的课程:课程与教学设计[M].杨明全,译.北京:中国轻工业出版社,2007:98-100.

[12][46]巴克教育研究所.项目学习教师指南:21世纪的中学教学法:第2版[M].任伟,译.北京:教育科学出版社,2008:102-103,20.

[13][14](美)BEANE A.课程统整[M].单文经,等,译.上海:华东师范大学出版社,2003:12,60-67.

[15](美)朗格内斯.教育可以是这样的:整合教育学习模式[M].卢建筠,等,译.北京:北京大学出版社,2004:目录.

[16][19](美)卡尔-切尔曼.教师教学设计:改进课堂教学实践[M].方向,李忆凡,译.福州:福建教育出版社,2018:95-102,95.

[17](美)托尔普,赛奇.基于问题的学习:让学习变得轻松而有趣[M].刘孝群,李小平,译.北京:中国轻工业出版社,2004:44.

[20](荷)范梅里恩伯尔,保罗·基尔希纳.综合学习设计:四元素十步骤系统设计方法[M].盛群力,陈丽,王文智,等,译.福州:福建教育出版社,2012:4.

[21](美)达林-哈蒙德,等.高效学习:我们所知道的理解性学习[M].冯锐,等,译.上海:华东师范大学出版社,2010:23.

[22](美)克拉斯克,等.基于项目的学习[M]//(美)索耶.剑桥学习科学手

册.徐晓东，等，译.北京：教育科学出版社，2010：373.

［24］［25］［27］［30］［34］（美）威金斯，麦克泰格.追求理解的教学设计：第二版［M］.闫寒冰，译.上海：华东师范大学出版社，2017：73-77，92-118，171，83，72，

［26］［28］（美）威金斯，麦克泰.理解为先模式：单元教学设计指南（一）［M］.盛群力，等，译.福州：福建教育出版社，2018：23，28.

［29］［33］［35］（美）威金斯，麦克泰.重理解的课程设计：专业发展实用手册［M］.赖丽珍，译.台北：台湾心理出版社，2008：71，77，65.

［31］（美）埃里克森，兰宁.以概念为本的课程与教学：培养核心素养的绝佳实践［M］.鲁效孔，译.上海：华东师范大学出版社，2018：104.

［36］（美）麦克尼尔.课程：教师的创新：第3版［M］.徐斌艳，陈家刚，等，译.北京：教育科学出版社，2008：248-250.

［37］［38］（美）伯曼.多元智能与项目学习：活动设计指导［M］.夏惠贤，译.北京：中国轻工业出版社，2004：49-63，151-166.

［40］（比）范德布兰登.任务型语言教育：从理论到实践［M］.陈亚杰，薛枝，栗霞，译.北京：外语教学与研究出版社，2011：21.

［41］（美）柯顿，达尔伯格.美国中小学外语课堂教学指南：第4版［M］.唐睿，等，译.北京：外语教学与研究出版社，2013：51-52.

［42］（美）坦珂斯莉.教会学生阅读：策略篇［M］.王琼常，古永辉，译.北京：教育科学出版社，2008：6.

［43］（新西兰）哈蒂.可见的学习：最大程度地促进学习：教师版［M］.金莺莲，洪超，裴新宁，译.北京：教育科学出版社，2015：117.

［44］［45］国际文凭组织：小学项目的实施：国际初等教育课程框架：中文修订版［M］.加的夫：国际文凭组织，2010：68，74.

［47］（美）霍尔，等.学习的通用设计：课堂应用［M］.裴新宁，陈舒，译.上海：华东师范大学出版，2019：54.

解读"语文实践"*

"语文是实践性很强的课程,应着重培养学生的语文实践能力,而培养这种能力的主要途径也应是语文实践,不宜刻意追求语文知识的系统和完整。"这是《全日制义务教育语文课程标准(实验稿)》的基本理念之一,并为《普通高中语文课程标准(实验)》所"继续坚持"。阐释这一理念,对正确理解语文课程标准以及合适地贯彻执行,是至关重要的。

本文的主旨是对其中"而培养这种能力的主要途径也应是语文实践"这一处进行解读,敬请方家指正。

一、问题的边界

语文学习的天地广阔,学生在日常生活当中,通过听说读写的实践逐步形成和发展了自己的语文能力。我们把学生在日常生活中所进行的语文学习笼统地称为语文学习的"社会通道"。在学校的其他课程里,学生事实上也在进行着丰富的语文活动,也

---

* 本文原载《课程·教材·教法》2006年第4期,有改动。

或隐或显、或多或少地发生着语文学习。站在语文课程的角度，我们把这些也并入语文学习的"社会通道"。

与"社会通道"并行的，是现代意义上的"语文课程"，一门是以培养学生的语文素养、提高学生的听说读写能力为专职的课程。

"社会通道"与"语文课程"存在着种种关系。然而在语文课程的研究中，我们不是一般化地泛论这两者之间的关系，而是要在两者关系的讨论中来确定语文课程教什么、学什么，乃至怎么教、怎么学。换句话说，讨论"社会通道"与"语文课程"的关系，并不能替代对每星期占4~6节课时的语文课程的研究；重视学生"社会通道"的语文实践，并不等于就此解决了语文课程的问题。我们所面对的，乃是作为基础教育一个相对独立领域的语文课程问题。

讨论语文课程的问题，需要辨清所运行的层面。下面是与本文直接相关的四个层面以及相应的基本概念[1]：

1.语文课程目标。语文课程目标是语文课程标准层面的概念，它主要面对"是什么"的问题——为了适应现代社会和学生个体的发展，国家期望学生具备的语文素养是什么。

2.语文课程内容。语文课程内容是语文课程具体形态层面的概念，它主要面对"教什么"的问题——为了有效地达成语文课程标准所设定的语文素养目标，语文课程研制者建议"一般应该教什么"。

3.语文教材内容。语文教材内容是语文教材具体形态层面的概念，它主要面对"用什么去教"的问题——为了使较为广大的学生较好地掌握既定的课程内容，语文教材编制者提供"通常可以用什么去教"的建议,并通过教材加以具体的呈现。

4.语文教学内容。语文教学内容是语文教学层面的概念,它同时面对两个问题。第一,针对具体情境中的这一班学生乃至这一组、这一个学生,为使他们或他(她)更有效地达成既定的课程目标,"实际上需要教什么"?第二,为使具体情境中的这一班学生乃至这一组、这一个学生能更好地掌握既定的课程内容,"实际上最好用什么去教"?语文教学内容既包括教学中对现成教材内容的沿用,也包括教师对教材内容的"重构"——处理、加工、改编乃至增删、更换;既包括对课程内容的执行,也包括在课程实施中教师对课程内容的创生。"教学内容是在教学过程中创造的"[2],逻辑地蕴涵着教师参与课程研制、用教材教和教学为学生服务等理念,寻求适宜的教学方法内含其中。

二、"语文实践能力"与"途径"

"而培养这种能力的主要途径也应是语文实践",该句中的"这种能力"指上文的"语文实践能力","语文课程是实践性很强的课程,应着重培养学生的语文实践能力"。"语文实践能力",是在语文课程标准层面上的表述,它对语文课程的目标做出了原则性的回答。

那么,"语文实践能力"是什么含义呢?

结合语文课程标准的语境,可以确认"语文实践能力"的主要含义为:

①领有者是学生,讲的是学生的状态,"学生的语文实践能力"。

②涵盖识字与写字、阅读、写作（写话、习作）、口语交际、综合性学习五个领域。

③内涵是"良好的语感"，含字感、文感等。

④"良好"既是质的规定，又是量的指标。质，规划语文课程中听说读写的特定取向，体现了价值的判断；量，体现为水平的程度，是一种事实描述。本次语文课程改革所规划的听说读写取向，大致可以概括为"感受性阅读"（个性化阅读）[3]、"自主写作"（真实表达）[4]、"日常的口语交际"[5]。也就是说，学生腔的"朗读"、应试的"造假作文"、书面化口头作文式的"讲话"、归纳"唯一正确"中心思想的"阅读"等，均排除在"良好的语感"的定义之外。

语文课程标准指出："而培养这种能力的主要途径也应是语文实践"。要弄清"途径"的含义，首先需要确定这句话的主语。因为不同的主语，"途径"的含义就会有所不同，也会连带着引起"语文实践"含义的变动。

按文本语境，这句话的主语可能有几种情况，下面分别展开讨论。括号里的字是对相应概念在该语境中含义的注释，或者是帮助理解的补充语境。

（一）主语是学生

1.强调学习内容。学生拥有语文实践能力的主要途径应该是语文实践（听说读写），（而不是语文知识学习）——因而，（在语文课堂教学中）应该让学生更多地直接接触语文材料（如读课文），在大量的语文实践（听说读写）中掌握运用语文的规律（语感）。

2.强调学习方法。学生拥有语文实践能力的主要途径应该是语文实践（活动），（而不是听教师讲结论）——因而，（在语文课堂教学中）应该让学生更多地直接接触语文材料（如读课文），在大量的语文实践（活动）中掌握运用语文的规律（语感）。

上述两条的区别在于对"语文实践"的理解不同。当强调"学习内容"时，"语文实践"主要指与"语文实践能力"具有同一形态的听说读写实践。比如培养"感受性阅读"这一语文实践能力，相应的"语文实践"就是"感受性阅读"；培养"日常的口语交际"这一语文实践能力，相应的"语文实践"就是"日常的口语交际"。而当强调"学习方法"时，"语文实践"与所要培养的"语文实践能力"就不一定严格对应，比如培养"感受性阅读"这一语文实践能力，可以采用表演或游戏的活动，而培养"日常的口语交际"这一语文实践能力，在课堂中也可以是书面材料的分类活动。

如果主语是学生，那么无论强调学习内容还是学习方法，在我们所设定的问题边界中（语文课程），"主要途径"均指在课堂教学中占据大部分或绝大部分时间。即：①在课堂教学中，学生进行与"语文实践能力"具有同一形态的听说读写实践应该占据大部分时间；②在课堂教学中，学生进行对所要培养的"语文实践能力"有直接促进作用的实践活动应该占据大部分时间。

（二）主语是语文课程

语文课程培养（学生）语文实践能力的主要途径应该是语文实践（听说读写），（而不是语文知识教育）——因而，应该让学生更多地直接接触语文材料（如读课文），在大量的语文实践（听说读写）中掌握运用语文的规律（语感）。

这句话还需要进一步细化。前文说过，讨论语文课程需要厘清层面。而在不同的层面，"语文课程"这一主语将被更具体的所指替代，因而"途径"这个词的含义也会起相应的变化。

1.语文课程层面。（课程专家在课程设计中所研制的）语文课程内容应该主要是语文实践（听说读写），（而不是语文知识）——因而，应该让学生更多地直接接触语文材料（如读课文），在大量的语文实践（听说读写）中掌握运用语文的规律（语感）。

"途径"在这里解释为达成目标的途径，即对"教什么"的回答。语文课程内容是什么呢？应该主要是与语文实践能力具有同一形态的听说读写实践。比如培养"感受性阅读"这一语文实践能力，相应的"课程内容"就是"感受性阅读"活动，实际上是提供适合于"感受性阅读"的选文；培养"日常的口语交际"这一语文实践能力，相应的"课程内容"就是"日常的口语交际"活动，即在课堂中模拟"日常口语交际"，如在交往中运用文明礼貌用语、向全班介绍家乡等。

2.语文教材层面。（教材专家在教材编撰中所编制的）语文教材内容应该主要是语文实践（活动），（而不是语文知识的讲解、要学生苦做的习题）——因而，应该让学生更多地直接接触语文材料（如读课文），在大量的语文实践（活动）中掌握运用语文的规律（语感）。

"途径"在这里解释为语文课程内容的呈现方式，即对"用什么去教"的回答。语文教材内容是什么呢？主要应该是对所要培养的"语文实践能力"有直接促进作用的实践活动。可以是与语文实践能力具有同一形态的听说读写实践，这样"教材内容"便与上面所说的那种"课程内容"重合，比如培养"感受性阅读"这一语文实践能力，相应的"教材内容"就是汇编供"感受性阅读"的选文。也可以与所要培养的"语文实践能力"不对应，比如培养"日常的口语交际"这一语文实践能力，教材内容是引导学生做书面材料的分类活动。

3.语文教学层面。A.（语文教师在教学中）所选择的教学内容应该主要是语文实践（听说读写），（而不是语文知识）——因而，应该让学生更多地直接接触语文材料（如读课文），在大量的语文实践（听说读写）中掌握运用语文的规律（语感）。B.（语文教师在教学中）教学内容的呈现（含教学方法）应该主要是语文实践（活动），（而不是讲解知识、灌输结论）——因而，应该让学生更多地直接接触语文材料（如读课文），在大量的语文实践（活动）中掌握运用语文的规律（语感）。

不难看出，在语文教学层面，该句话的主语是"语文教师"。我们在前文中介绍，语文教师的教学工作包含两个方面，同时面对语文课程内容选择和语文教材内容重构这两个任务。如果语文课程专家提供了足够的课程内容（教什么的建议），如果语文教材专家所设计的教材内容（用什么去教的建议）足以使用，那么语文教师的主要工作是"选择"和"重构"。如果语文课程专家没能提供足够的课程内容，或者竟然没有提供，如果语文教材专家所编制的教材不足以使用，或者竟然没有提供"用什么去教"的建议，那么作为语文教学专家的语文教师就必须进而充任语文课程专家和语文教材专家，实质性地承担课程内容的设计和教材编制的工作。要是后一种情况，那么上述A、B两条将改变为：

4.语文教学层面的备课阶段。C.（充任语文课程专家的语文教师在备课时所研制的）教学内容（课程内容）应该主要是语文实践（听说读写），（而不是语文知识）——因而，应该让学生更多地直接接触语文材料（如读课文），在大量的语文实践（听说读写）中掌握运用语文的规律（语感）。D.（充任语文教材专家的语文教师在备课时所创编的）教学内容呈现（教材内容）应该主要是语文实践（活动），（而不是讲解知识、灌输结论）——因而，应该让学生更多地直接接触语文材料（如读课文），在大量的语文实践（活动）中掌握运用语文的规律（语感）。

上面所讨论的种种情况，可总结为表1：

表1

途径\主语	语文课程内容	语文教材内容	语文教师	学生
含义一	与语文实践能力具有同一形态的听说读写实践	与语文实践能力具有同一形态的听说读写实践，与"课程内容"重合	所选择或所研制的教学内容主要是与语文实践能力具有同一形态的听说读写实践	大部分时间进行与语文实践能力具有同一形态的听说读写实践
含义二		也可以是与所要培养的语文实践能力不一定对应的活动	所重构或所创编的教学内容呈现（含教学方法）应该是对所要培养的语文实践能力有直接促进作用的实践活动	大部分时间进行对所要培养的语文能力有直接促进作用的实践活动

三、"语文实践"的三种类型

在表1的"含义一"中,语文课程内容与语文教材内容是重叠的,语文教材的典型情况,是一篇篇精选的好课文、一次次作文练习、一回回围绕某个话题的日常口语交际模拟活动。比如某部教材日常口语交际的"介绍"类,分别设计了如下"语文实践"的"话题"[6]:自我介绍、介绍朋友宾客、介绍我的家、介绍我的家乡、介绍我的一张照片、介绍我国的一个民族、介绍我国的一座城市、介绍一处名胜古迹、介绍世界名城、介绍一种动物等。这就是有人所主张的"在大量的实践中接触大量的语文材料",实际上是一种大运动量的操练,某种程度上与我国古代的私塾教育相类似。

培养(拥有)语文实践能力,"在大量的实践中接触大量的语文材料",是一条自然的途径,对有些学生来说,还可能是一条主要的途径。但问题在于途径对人的选择性。大家知道,古代的"读书人"主要是两类人,一类是家境好的,有优良的读书环境,智力水准一般也会较高;另一类是穷人家的孩子,但往往早年就显露出读书的天分。即使不顾古代所读之书、所作之文与现在有性质上的截然差别,我们也要清醒地意识到,古代的语文教育本质上是一种精英教育,真正在这条路上走通、走顺、走得飞黄腾达的人是少数。现在也不乏具有语文天分的学生,对这些学生,应该寻求特殊的方式使他们的语文才能得以充分地体现和发展,包括在语文课程里提供尽量多的机会让他们自主地沉浸在所擅长的听说读写实践中。但是,我们决不能想当然地以为"文章高手、不少作家"所走之路，便是所有学生的应行之途。

事实上，即使是优秀学生，也不是只靠自己读、自己写、自己领悟怎样听说，他们往往也需要教师的指导。问题在于什么样的教师能够指导、在何时指导、指导什么。让学生"在游泳中学习游泳"，这种处置方式实际上使语文课程内容直接融化为语文教学内容，"教什么"全凭教师依学生所遭遇的具体问题和困难在教学现场产生，"教什么"的得当与否几乎完全依赖语文教师的教学机智和对学生需要什么的诊断能力。这无疑为优秀教师创造了最广阔的空间，本质上也能产生最贴近学生听、说、读、写实情的语文课程内容。因此，即使对普通学生，如果教师足以依赖的话，我们也应支持以与语文实践能力具有同一形态的听说读写实践为主体的语文教学。然而要严防一窝子跟风。因为它有一个致命的软肋，那就是对语文教师个体的完全依赖。如果教师的语文能力和教学能力达不到可依赖的水准，如果教师没有足够的教学机智和诊断能力，甚至根本就不能把重点放在对学生听、说、读、写实情的关注上，那么就不可能产生适当的教学内容。

也许我们更应该关心普通的语文教师。当拿到一篇课文、一个作文题、一个日常口语交际的话题，他们该怎么办？实际上又是怎么办的？也就是说，面对与语文实践能力具有同一形态的听说读写实践的教材，他们会如何行事？

一种情况是简单地让学生做模仿性的操练，比如"自我介绍""介绍朋友宾客""介绍我的家""介绍我的家乡"等一路"介绍"下去。比如这星期一篇作文，下星期再写一篇作文，再隔一星期又是一篇作文。笔者曾经听过两堂小学语文课，四年级一节,五年级一节。四年级教师让学生"读出感情来",五年级教师也是让学生"读出感情来",而所谓的"读出感情来",除了不断地提出"读出感情来"的诉求之外,便是模仿教师的"表演"。五年级提出与四年级同样的诉求,证明四年级教学的无效。五年级教师还用四年级的一套,证明许多语文教师不知道"读出感情来"应该"教什么"。

实际上,在作文、口语交际这两个领域,不采用表1中"含义二"的"途径",是不能也,非不为也。在知识开发相对丰富的阅读领域,语文教材所采用的,往往是与所要培养的语文实践能力不一定对应的实践活动。下面是一册教材《"诺曼底"号遇难记》选文后的"探究·练习"[7]:

(一)文章中有两个"谜",请你解开。如有不同意见,可以展开讨论。

1.哈尔威船长说:"必须把60人救出去。"文章指出:"实际上一共有61人,但是他把自己给忘了。"船长真的把自己忘了吗?

2.哈尔威船长,他屹立在舰桥上,一个手势也没有做,一句话也没有说,犹如铁铸,纹丝不动,随着轮船一起沉入了深渊。哈尔威船长在沉没之前,就没有办法救出自己吗?

(二)面对突如其来的撞船灾难,哈尔威船长是怎样沉着应变、最后以身殉职的?你能把这个动人的故事有声有色地描述给小学生听吗?

(三)一条木船破了,舱里进满了水,单凭破船本身的浮力已承受不了一对夫妻和一个即将成年的儿子的重量，他们又都不会游泳，怎么办？远处有一条船正在驶来，但坐等获救是不可能的。试想象并描述当时的情景，设想一个解决的办法。

（四）两人一组朗读课文第十六段以后"简短有力的对话"，要读出语调、语气。

这是笔者随机抽取的一课。作为语文教材内容的四个实践活动，至少有三个与所要培养的语文实践能力不严格对应。本课所培养的语文实践能力主要属于阅读领域，而第一个活动是"解谜"以及讨论，第二个活动是故事转述，第三个活动是描述情景并寻求解决问题的办法。第四个活动虽然是朗读，但并不完全是与语文实践能力具有同一形态的阅读实践——两人一组朗读对话，好像也不是有人所鼓吹的"原生状阅读"。

很显然，上述活动都有特定的意图，它们对学生理解选文的某些点具有特定的作用，往往还潜藏着某种阅读的要领，即语文知识。也就是说，在教学活动中学生对"意图""作用""要领"处在"感"的状态，而教材的编撰者、教师对这些"意图""作用""要领"则一般能够明晰地描述，而能够明晰描述一般意味着处在"语识"的状态。"语识"是与"语感"相对的概念，指对听说读写的一种理性反思能力[8]，在本文中与"语文知识"同义。这样，在表1中"含义二"的那个"语文课程内容"的空格，就要求我们填入相应的语识，即特定的语文知识。作为课程内容的语文知识，也就是对"教什么"的回答。或者这样表述，在含义二中,"教什么"的答案,是语文知识——通过活动(语文教材内容)去潜藏式地教语文知识。

看一个国外的例子。德国北威州完全中学《现代德语》第7册"说写综合训练"是以"描写:预备性练习"开始的[9]:

  1. 人物描述游戏。全班准备四个分别标有名字、职业、形容词和动词的箱子,学生们各自将自己想到的名字、职业、形容词和动词分别写在纸上,投进相应的箱子;然后,请学生在四个箱子里各任意抽取一张纸片,根据这四个信息构想出一个人物并发挥想象描述这个人物。

  2. 触摸游戏。三五个学生组成一组,各人将自己的笔、尺等学习用品保密地放进一只包里;一个学生蒙着眼在集中了各人用品的包里任摸一件,向本组成员描述该物。

  3. 摄影游戏。选两个同学,其中一人扮演"镜头",另一人为拍摄的"快门",先让"镜头"关闭(即闭上眼睛),"快门"说"开始","镜头"立刻睁眼,在一秒钟内,扫视一物体或情景,然后闭上眼描述自己的所见。

  4. 观察。向窗外观察一分钟,之后描述自己所见的东西,再讲述观察时自己的内心活动情况。

  5. 猜猜看。一学生描述自己家中一厨房用具或五金工具,请别人猜猜是何物。

  6. 感知。教材画有三排魔方,每排六个,每块的呈现角度各不一样,让学生找出第二、第三排中与第一排一致的魔方。

显然，上述练习中的"人物描述游戏""触摸游戏"和"感知"本身并不是语文的"课程内容"。之所以编入这些"教材内容"，是通过此类游戏和活动使学生感受"描写"这一语文知识（课程内容）。或者这样说，学生可能会（该教材也引导）全身心地投入到生动有趣的游戏活动中，由于没有直接提出"学习描写"的要求，甚至没有正面提出"描写"的概念，学生可能会（该教材也引导）把游戏仅仅当作游戏来玩；但是，教材编撰者以及使用该教材的教师心里明白，这些活动所反映、体现的，是"描写"这一语文知识。

对语文知识，刘大为教授正确地区分出了"三个子系统"[10]：

（1）学生系统：由养成语文素养（含语文实践能力）所必需的最低量的知识构成。

（2）教学工具系统：师生在课堂教学中使用的概念术语。比如语气、语调、重音、停顿、发言、攀谈、问候、讲述、交谈、转述、语言修养、信息、表情、手势、交际场合、语境等。对学生而言，只要求能够在课堂上将这些术语作为交往的"话语"使用。

（3）教师系统：指一个语文教育专业工作者所应该具有的语文知识。大致有三个方面：第一，对教学工具系统的透彻理解；第二，语文课程与教学的知识，比如对我们在本文中所讨论的"语文实践能力""语文实践"等具有理性的认识；第三，语文课程的内容知识，即对"教什么"把握明晰，其中自然包括学生系统。"三个子系统"的划分，对我们理解"语文实践"极富启发性。

辑二　语文教学的新形态

以上文曾提到的"读出感情来"为例。要学生达成"能用普通话正确、流利、有感情地朗读课文"这一目标，有以下多种途径：

（1）课程研制者、教材编制者、语文教师不知道"读出感情来"需要"教什么"，那么就像笔者听课的两位教师那样，除了不断地提出"读出感情来"的诉求之外，便是要学生模仿教师的"表演"。在这种情况下，语文教师处于语感状态，学生也处于语感状态，尽管两者的"语感"并不一定同质。学生主要是通过模仿和"悟"，即通过"读出感情来"这一与语文实践能力具有同一形态的朗读实践达成目标。

（2）"读出感情来"，如果按语文教学通行的样子来理解的话，那是需要技巧设计的，比如情调的把握、语速的控制、音色的变化、轻重音的体现、停顿和延续等。如果课程研制者、教材编制者、语文教师知道这些知识，那么有两种途径：A.将这些知识当作教学工具，通过这些术语来指导（点拨）学生如何朗读；B.把这些知识或其中的一部分纳入语文课程内容。

（3）如果纳入语文课程内容，那么又有两条途径：A.通过"含义二"的语文实践来教，设计能够让学生体悟的相应实践活动进行潜藏式的教学；B.把这些知识或其中的一部分，视为养成语文实践能力所必需的最低量的知识进行明示式的知识教学。

（4）明示的知识教学又有多种途径，比如知识讲解（理论学习并应用于实践）、知识发现（从实践中归纳知识）等。实际上，潜藏式教学与明晰的知识讲解是一条连续线上的两端，中间有无数的可能选择，如下图所示：

潜藏式教学　　　　　　　　　明晰的知识讲解

教学连续体

从学生的状态来说，也有多种情况。比如知识日后融化在语感中以至说不出概念术语；用知识来引导自己的语感或语感伴随着明晰的知识；只知道知识而不能转化为能力；只有干巴的概念术语而不能理解知识。实际上，从融化为语感到只知道干巴的术语名称，也是一条连续线的两端，中间也存在着无数的可能结果，如下图所示：

融化为语感　　　　　　　　　只知道术语名称

知识学习的状态

很显然，偏向于左端的知识融化为语感、语感伴随着知识等，应该包含在上文所界定的"语文实践能力"之中。而偏向于左端的明示式子教学，往往伴随或穿插相应的语文活动，有时还主要体现为语文活动，因而也应该包含在"语文实践"之内。

也举一个国外的例子。英国约翰·巴特编写的《英语》，教材的重点是第二部分的"阅读"，有"如何成为一个优秀的读者""读故事""读自传"等十个主题。"阅读故事"的主要教材内容编排如下[11]：

  1.给出四段文选，让学生研究一个故事的四种不同的开头方法；

  2.让学生填写表格，摘出以上四段文选的细节；

  3.结合上述四个故事的开头和结尾，得出知识——说故事人的两个视点（无所不知的作者与第一人称叙述）和两种方式（用书信形式与用游记、日记形式的讲述）；

4. 学生续写故事主角的日记两则；

5. 给出两篇选文，让学生分析故事的开头，并说明作者所选择的视点；

6. 讲解说故事人的其他决策：故事有哪些人物？故事在哪里发生？……故事打算从哪里开始，是按时间顺序讲述还是倒叙？

7. 阅读欧·亨利的《两块面包》，分析作者采用的多种策略（编撰者在文后提出7个问题引导学生研读）；

8. 实践练习——（1）阅读科幻小说一篇，要求说明作者所采用的策略。（2）阅读童话故事一篇，要求说明其意义。

9. 出示一则读书笔记，讲解（故事的）"读书笔记"应包括的四项内容——对人物的看法、故事的地点以及对背景的看法、解释"作者的兴趣是什么"、优秀片段摘录。

综上所述，在语文课程中学生的"语文实践"，至少有三种不同的类型：第一，带有自然学习性质的，与语文实践能力具有同一形态的听说读写实践；第二，潜藏着特定语文教学内容（语文知识）的，对所要培养的语文实践能力有直接促进作用的实践活动；第三，语识转化为语感的语文实践。

无论从学理上还是从语文课程标准的文本语境上看，"主要途径"应该包含上述三种类型的"语文实践"。至于在"主要途径"中更强调哪一类，则取决于某个语文课程研制者、语文教材编撰者以及语文教师如何选择。我们认为，原则上应该三"花"

齐放、三"元"并呈,而作为现代意义的语文课程,更应该强调后面两类"语文实践"。某些专家对语文课程标准的解读,将"语文实践"狭隘地等同于与语文实践能力具有同一形态的听说读写实践,在张扬"语文实践"的同时,有意无意地贬斥语文知识,甚至将两者对立起来。这导致语文新教材和实验区的语文教学出现了较大的偏差。在学理上辨明"语文实践"的含义,对正确贯彻语文课程标准,对拨正语文新课程实施中所出现的偏差,具有重要的意义。

参考文献

[1] 王荣生.语文科课程论基础[M].上海:上海教育出版社,2003:292-301.
[2] 钟启泉,等.《基础教育课程改革指导纲要(试行)》解读[M].上海:华东师范大学出版社,2001:212.
[3] 方智范.对文学教育问题的若干思考[J].人大复印报刊资料《中学语文教与学》,2002(3):10.
[4] 倪文锦.初中语文新课程教学法[M].北京:高等教育出版社,2003:121.
[5] 方智范.关于语文课程目标的对话(三)[J].语文建设,2002(3):10-11.
[6] 教育部基础教育司.《全日制义务教育语文课程标准(实验稿)》解读[M].武汉:湖北教育出版社,2002:77.
[7] 洪宗礼.义务教育课程标准实验教科书·语文七年级(上册)[M].南京:江苏教育出版社,2002:17-18.
[8] 刘大为.语文教学中的语感能力和分析能力[C]//中国语文及人文素养教育.香港:香港教育学院,2001.

[9] 倪仁福.德国初中语文教材评介［C］//柳士镇，洪宗礼.外语文教材评介.南京：江苏教育出版社，2000：334-335.
[10] 刘大为.语言知识、语言能力与语文教学［J］.全球教育展望,2003（9）：19-20.
[11] 韩雪屏，等.英国语文教材评介［C］//柳士镇，洪宗礼.外语文教材评介.南京：江苏教育出版社，2000：72-73.

事实性知识、概括性知识与"大概念"*

正如美国学者艾斯纳所说："词语不光有字面意思，还有言外之意。通常后者较大地影响了人们的思考方式。"[1]"big idea"，时下有翻译为"大概念""大观点""大观念""大理念""大思想"等，至少在语文教育界，在"反知识"的舆论语境中，这串学术词汇看来极难按其本义被认识。

一、复原"知识"的素容

建构主义学习环境设计，向来包含四个中心[2]："学习者中心""知识中心""评估中心""共同体中心"。但我国的教育理论传播者却刻意遮蔽其中最为重要的"知识中心"；在语文教育界，至今还弥散着一波"反知识"的舆论。

翻阅基础教育改革中引进的译著，笔者感觉到一种强烈的反差：流传到我国的学习理论和教学设计模式重在学理阐释；流传到我国的教学模式和教学方法，其倡导者都是用长期实践形成

---

* 本文原载《课程·教材·教法》2020年第4期，有修改。

的系统化设计模板来帮助教师实施。而我国教育理论的传播者，尤其是语文教育界的一些传播者，似乎一厢情愿地在"行为主义""认知主义""建构主义"中自我站队，似乎对呼喊理念更感兴趣，似乎更像某外国产品的热情推销员。

最明显的举止就是"标题党"。似乎有一些天然好词，体现先进理念；似乎有一些本质坏词，弃之、避之更污名之。其中，被污名最甚的就是"知识"这个词。

好像在原产地不是这样的。

《布卢姆教育目标分类学：分类学视野下的学与教及其测评》指出："我们把一门学科的内容称为知识，……总之，我们有两条理由以'知识'代替'内容'。第一条，为了强调学科内容是'整个历史上的共享知识'这一事实，它通过一个学科内部现有的共识而获得，并随时间的推移而变化；第二条，为了把一门学科的内容与包含内容的教材区分开来。"[3]

比利时学者罗日叶说："在普通的语言里，我们常常说'知识'，这简单而平常，但是却不完全明确具体，因为这里我们是通过某一活动（知道某事物）来指称某一状态（我们知道的事物）。不过，在本书（《整合教学法：教学中的能力和学业获得的整合》）中我们将会常常使用'知识'这个词来指称'内容'。"[4]

美国"执着地致力于把认知理论应用到教学历程"[5]的梅耶的《应用学习科学：心理学大师给教师的建议》一书，是从学习结果的角度来定义学习的："学习是由经验引起的学习者知识的变化。"当然，他随即补充说："我使用的'知识'这个术语是一个比较宽泛的概念，它包含了事实、程序、概念、策略以及信念。"[6]

被誉为"也许是……所有有关学习的示意图中最为著名的一个"[7]的库柏学习圈，其四个象限的知识类别是"同化型知识""聚合型知识""顺应型知识""分散型知识"。

"致力于将教学研究成果转化为改革实践"[8]的马扎诺提出的"学习的五个维度"[9]是：态度与感受，获取与整合知识，扩展与精炼知识，有意义地运用知识，思维习惯。

被公认为新世纪基础教育改革"里程碑"的《人是如何学习的》（中译本2002年出版）一书，明确建构主义学习环境设计包含"学习者中心""知识中心""评估中心""共同体中心"四个中心。此后，在《人是如何学习的》（扩展版，中译本2013年出版）一书更进一步强调[10]："知识中心的环境看上去超越了参与，而参与是成功教学的主要指标。学生兴趣和参与任务显然是重要的。然而，它并不保证学生将习得新学习的那种知识。鼓励动手做的任务和项目与那些鼓励理解性的任务和项目存在重要的差别，知识中心的环境强调后者。"

例子举不胜举。在笔者目及的50余本译著中，没有看到有跟"知识"过不去的。即使是隐性知识或缄默知识，总还是知识！

把"知识"这个学术词汇加以污名化，这是不是"反"错了方向？！

换一个说法的举措不是没有。以下是著名的3个例子：

（1）"理解"（名词）。威金斯和麦克泰在《追求理解的教学设计》一书的绪论中一语中的[11]："本书的精髓聚焦在一个问题上：我们如何通过教学设计，使更多的学生真正理解他们所要学习的知识?"

（2）"技能"或"知能"。被誉为"第二代教学设计之父"[12]的梅里尔在《首要教学原理》一书中用"技能"一词统指"知识和技能的组合"。他解释道[13]："知识，即我们知道的东西；技能，即我们怎么应用，这两者是有区别的。绝大多数学科内容都可以看成是一些基本的知识与技能之组合、本书使用'技能'一词来统指知识与技能的组合。一种成分技能是知识与技能的组合，这是解决复杂问题或者完成复杂任务所必需的。"如我们所知，"技能"这一学术词汇在我国也是被严重污名化的。

（3）"解决问题"。"其一生对教育技术领域的贡献基本无人能及"[14]的乔纳森在《学会解决问题：支持问题解决的学习环境设计手册》一书中开宗明义[15]："我认为在各种教育机构（公立的中小学校、大学特别是企业培训组织）中，教育（正式、非正式或者其他形式）唯一真正的认知目标就是解决问题。"该书将问题分为逻辑问题、运算问题等11种类型，"将问题进行分类的主要理由是假设解决不同类型的问题需要不同的技能。不同类型的问题解决具有不同的风险级别。假设解决不同类型的问题需要不同的技能，那么学会解决不同类型的问题就需要不同形式的教学。"[16]乔纳森进一步解释道：该书的案例来自高等教育的科学学习，暂没有中小学或者人文学科方面的案例，且书中所说的"解决问题"与流行的"基于问题的学习"没有关系。[17]

总之，"知识"或"技能"，是"学习内容"的世界通行称谓。

建构主义所批判的，是学校学习知识的目的，以及由这种目的所导致的"多而浅"的学习内容和"灌输式"学习方式。

前已说到，建构主义学习环境设计包含"学习者中心""知识中心""评估中心""共同体中心"这四个中心。"建构主义是一种试图使学生最大限度地理解知识的教学方式"。[18]"大多数建构主义学习理论把反思和抽象概念（笔者注：知识）作为主要的学习目标，学习/教学是一种师生彼此协商的行为，在这个过程中学习者就建构了意义"。[19]

建构意义，意味着对知识的真正理解；流传到我国的种种教学设计理论、教学模式和教学方法，其动力和本意均在于此。

二、"事实性知识"及其教学的问题

不同的知识类型，需要不同的教学方法和评估方式，这是课程与教学的基本规律。

安德森等的《布卢姆教育目标分类学》一书，将知识分为以下四种类型[20]：

（1）事实性知识。有"术语知识"和"具体细节和要素的知识"两个亚类。

（2）概念性知识。结构化的知识形式，包括"分类和类型的知识""原理和通则的知识""结构、理论、模型和结构的知识"。

（3）程序性知识。关于"如何做某事"的知识，指做某事的方法、探究的方法，以及使用技能、算法、技术和方法的准则。

（4）元认知知识。关于一般认知的知识以及关于自我认知的意识和知识。

从学科教学的角度而言，前两类相当于学科的内容知识，后两类大致可以看成是过程技能的知识。

知识类型与认知方式大致是对应的。比如事实性知识主要是"知道"——记住并能回忆；概念性知识则需"理解"，表现为能够解释、举例、分类、总结、推断、比较、说明等。

事实性知识包括"术语知识"和"具体细节和要素的知识"，"是相互分离的、孤立的、'信息片段'形式的知识"。[21]以往的基础教育，主要在教这种类型的知识，强调"知识的覆盖面"，用"知道""记住"的方法。在我国"应试教育"背景下，对这类知识的学习则恶化为"死记硬背"的"题海战术"。以语文教学为例：

（1）对"概念"基本上没有概念；不明白"概念"和"术语"的区别与联系，把学科概念当术语标签，比如课文教学找"论点""论据"，比如找比喻的"本体""喻体"。12年课文教学，基本上是反反复复地贴标签找东西。教师和学生对语文知识都似懂非懂。

（2）对有些语文教师来说，课文教学就是教（搬运）"教师参考用书"中的分析结论和习题答案，也就是要学生"记住"并在学期考试卷上勾对选择题的标准答案。

（3）术语即"学术词汇"；每个术语都有"所对应的、公认的所指"[22]。但语文学科流行的许多术语，尤其是一些新近引入的术语是词义被模糊、用法被灵活的，因而其所指不明，或所指因人而异。术语无所指，或可滥指。据我的观察，在课文教学的一堂课之中，对同一种学习行为，语文教师会用20多个学术词汇交替使用，比如"阅读""欣赏""理解""感受""体会""感悟""领悟""概括""分析""探究""发现""思考""品味"等。"同学们探究一下"，教师的意思是"大家想一想"，很可能是"谁找到答案啦？"

（4）课文教学，往往变成面面俱到地"教课文"，主要是一篇课文局限语境中的一些具体细节，比如课文中某个人物的动作描写、描写某处景物的比喻句、某个语段中的"好词好句"等。12年语文课，学生似乎要被知道"无限量贩"的具体细节——"知道"的意思是"记住"噢。

（5）可随一篇课文的内容话题做五花八门的延伸。在语文教研中，不时听到一句在其他学科教师听起来一定很古怪的话："要把语文课上成语文课！"——试试看，如果对一位物理教师讲："请注意，你要把物理课上成物理课！"是不是很怪异？难道物理教师在教的竟然不是物理的内容？但有些语文课，确实不在教语文；学生在语文课上被听了大量与语文学习不搭界的东西——算不算"知识"，都要打个很大问号。

从上面漫画式的简述中可以看出："事实性知识"教学的问题，有各学科普遍存在的，也有语文学科所特有的；有我国基础教育的较特殊问题，也有世界范围内所共有的问题。

恐怕没有可治百病的特效药。但外国的经验，尤其是解决共有问题的学理研究及其教改模式和方法，可供我们应用或借鉴；应用或借鉴，也有助于我们认识并解决基础教育的一些本土问题以及语文学科所特有的问题。

三、"概念性视角"与"概括性知识"

正如事实性知识与"知道""记忆"相联系，概念性知识与"理解""探究"相联系。埃里克森建立了如图1所示的"知识的结构"模型[23]，解释他倡导的"概念为本的课程与教学"。

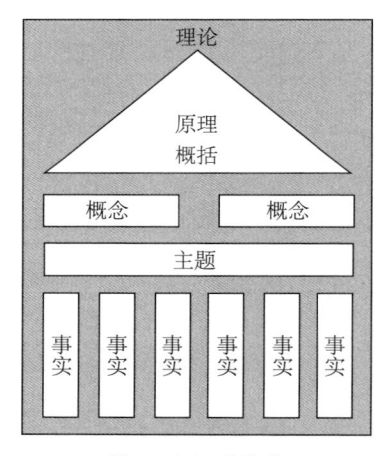

图1 知识的结构

在该模型中，知识被分为两个层面共五个层级，由下往上排列：

第一层面是事实性知识。分两个层级：

①在模型的最下方是一些特定的事实，即特定内容主题下的知识片段。

②事实上方是主题。即笼罩知识片段的内容主题，如"亚洲文化"。

第二层面是概括性知识，他表述为"概括性理解"，大致相当于"布卢姆教育目标分类学"中的"概念性知识"。由下往上分三个层级：

①概念。是具有普遍性的类别知识，用一个词或短语来表述，如"文化"。

②概括和原理。概括是表述两个或两个以上概念之间关系的句子；原理，如定律、公理等。埃里克森指出，在课程设计上，概括和原理不必区分，因而在模型中放在同一个三角形里，可以统称为"概括"。

③理论。是最高层级的知识，但在基础教育课程教学中不太涉及，所以放在最高端的阴影里。

这一模型试图展示事实性知识与概念、概念与概括之间的关系，具有很强的解释力。

（1）解释了概念的来历。概念和主题、事实相联系，某一概念是大量事实的抽象概括。所以，在教学中需依赖具体的事实（事实性知识）去发现或获得某一概念，也就是深度理解概念，掌握某一术语的内涵。

（2）解释了概念的使用功能。经理解的某一概念，构成一种"概念性视角"（认知的思维框架），凭借"概念性视角"去处理相应主题的具体事实。事实性层面和概念性层面的相互作用，被埃里克森称为"协同思考"[24]，也就是认知的探究过程。

（3）解释了"概括"的含义。在两个层面相互作用的认知探究过程中，建立了某一概念与其他概念的联系，"概念又连接在一起形成跨越时空的概念性理解"[25]。"概念性理解"也就是"由事实性实例支撑的真理"[26]，用句子形式表达就是"概括"（名词），可称之为"概括性知识"。

（4）解释了"概括性知识"的迁移能力。"正是思考的事实性层面和概念性层面的相互作用导致了深层次的理解以及概念与观点（即概括）的迁移能力。"[27]"概括"或"概括性的知识"是"跨时间、跨文化、跨情境可迁移的理解"。[28]

（5）解释了"大概念"的实质。埃里克森所说的"基本理解"或"核心概念"，是学校课程或某门课程、某个单元的"最重要的'概念性理解'（即概括）"。有两种"大概念"，一种是基于跨学科"宏观概念"而形成的"概括"；一种是与学科和特定主题相联系的"微观概念"而形成的"概括"。埃里克森建议："在一个课程单元中，应当有一到两个更为广博和抽象的宏观概念，而为了保证理解深度，大多数单元概括要使用微观概念。单元中概括的总数根据单元长度的不同和年级的不同可以有所不同，但一般情况下，平均每个单元要有五到八个。"[29]

（6）解释了学科或跨学科的"主题学习单元"与"'大概念'组织的学习单元"的差别。主题学习单元处在事实性知识的层面；"大概念"组织的学习单元则主要处于概括性知识的层面。

"概括性知识"，大致相当于布卢姆教育目标分类学中概念性知识中的"原理与通则的知识"；在教学设计的译著中，习惯称呼一般是"原理性知识"。但为了便于一线教师尤其是语文教师更容易辨认这一学术词汇的所指和含义，并尽可能使术语（概念）在教学实践中可操作化，笔者建议使用"概括性知识"这一学术词汇。"概括性知识"这个术语凸显了"事实""概念"和"概括"之间的相互联系，也指示了"原理"形成的认知过程。此外，"原理"这个词，在中文的语义中似乎比"理论"还要高一个级别，恐有高深而不可及的语义联想，故不宜采纳。

四、"大概念"即"核心的概括性知识"

在一门学科中，"原理和通则（即概括性知识）往往占支配地位，并被用来研究该学科的现象或解决问题"。[30] 概括性知识"在描述、预测、说明或确定最合适、最恰当的行动和行动方向等方面具有最大的价值"。[31]

从学习内容的角度而言，"大概念"实际上是跨学科或学科"核心的概括性知识"。

"大概念"分两类：一类是跨学科或超越单元主题的，因而需要"综合性理解"；一类关涉学科及单元主题，是"主题性理解"。按照威金斯和麦克泰的设计标准的要求，"大概念"必须用完整的语句表述[32]。下面是从埃里克森、威金斯和麦克泰的著作中摘录的与语文学科相关的例子。

（1）文本（文学作品）主题角度：

（《麦克白》）忠诚包含了不可避免的窘境，因为忠诚总是会引发冲突。[33]《我有一个梦想》中的词汇和比喻使隐藏在民权运动背后的复杂观点和情感得以具体化。[34]

（2）从作者的角度：

①小说家常常透过小说对人类的经验提供洞见。[35] ②作者不一定写出所想的内容，间接的表达方式（如讽刺、反语）

要求读者解读文本的涵义,以发现作者的用意。[36]③诗人往往寥寥数语便能生动地表达有关人类经验的人生教训。[37]

(3)从语篇类型的角度:

①不同的文本类别(如叙事的、悬疑的、传记的、说明的、劝说的)有不同的结构。[38]②现代小说颠覆了许多传统故事的元素和规范,讲述了一个更真实、更引人入胜的故事。[39]③一个好的故事总能通过遗漏重要事实或提出问题(紧张、神秘、困境和不确定)来使读者想象接下来会发生什么。[40]

(4)从读者的阅读行为角度:

①文本的意义不在于文本本身,而是在字里行间,在于积极的读者与文本之间的相互影响。[41]②避免将读者的"个人反应"和对文本的"理解"相混淆。[42]③理解文本的结构有助于理解其意义。[43]

(5)关于写作:

①写作的对象和目的(如告知、劝说、娱乐)会影响文学技巧的应用(如风格、语调、用字)。[44]②有效的议论文会使用论据,并采用与其目标读者相对应的语言。[45]③以

他人的视角进行写作可以帮助我们更好地认识世界、自己和他人。[46]

（6）关于言语沟通：

①为了更为清晰地被人理解，高效的主持者将根据目标和受众调整他们的信息和呈现风格。[47]②肢体语言可以使陈述变为提问，使肯定变为否定，并影响表述的语气强度。[48]

（7）关于语言知识：

①标点符号和文法规则就像高速公路的标识和交通标记，能引导读者读完全文而不至于混淆文意。[49]②我知道的词汇越多就越能更好地分享我的观点并理解别人的想法。[50]

（8）关于元认知反思：

①我们很容易持续地验证那些我们喜欢的、但未经仔细推敲的模式、理论、观点和看法。[51]②高效能的读者会利用特定策略帮助自己更理解文本（如使用情境脉络的暗示，针对作者提问，预测接下来的内容，重读、做摘要）。[52]

当然，称"大概念"和说"核心的概括性知识"可能意味有差异。一方面,"知识"这个词与"知道"有密切联系,教师容易操作为"告知"或"讲解"。类似上面摘引的概括性知识,在我国语文学科的课文教学课例中,几乎每节课都能挑出几个来;但是,那都是教师的"告知",而且是教师在零零散散的教学活动中东一句西一句随机冒出来的,或者是夹杂在结课时的总结性发言中一串含含混混的话。"大概念"与"基本问题"相互联系,鲜明地指向"探究""理解"。"从学生那里得到这一概括"[53],是"概念为本的课程与教学""追求理解的教学设计"等共同的教学原则。但另一方面,如果不加以细究,如果不去查究它在原产地的素容模样,"大概念"尤其是翻译为"大观念""大理念""大思想",读者极容易被其忽悠而不知所云。尤其在语文教育界的"反知识"舆论语境里,强调"大概念"的实质,强调"大概念"与"核心的概括性知识"两者同义或近义,笔者以为有十二分的必要。

因此,笔者建议,至少在正式的教研场合,尤其是在向一线教师宣讲"大概念"的时候,特别是在对语文教师提到"大概念"的时候,应将"大概念"和"核心的概括性知识"交替使用。

五、与学生相适应的"大概念"及"基本问题"

埃里克森与威金斯曾一起共事,两个团队各自提倡的"概念为本的课程与教学"与"追求理解的教学设计"有很多相同之处,一些术语也交互使用。但两者对"大概念"强调的重心,还是有些差别的。

大致而言,埃里克森侧重在"由事实性实例支撑的真理",当然也注意到对不同年级、不同程度学生所提"基本问题"和

"概括"的适切性。而威金斯和麦克泰,则较多地关注"大概念"的教学功能,关注其对学生的意义。

古今中外的格言名句,前贤名人的谆谆教诲,很大程度上都是"大概念"。对学生而言,"大概念"是抽象的,"核心的概括性知识"的意义,必须在与事实性层面相互作用的探究过程中由学生"揭示",才能建构意义。

威金斯和麦克泰从以下三个方面论述"大概念"的教学功能及其对学生的意义。

(1)防止"专家盲点"。"大概念""所谓的'大',对孩子来说,往往是抽象的、毫无生气的、混乱的,或不相关的","追求理解的设计和教学的挑战是(要求设计者和教师)又一次像孩子一样来看待大概念"。[54]

按照我对威金斯和麦克泰、埃里克森和兰宁著作的学习体会,以及对小学语文课例的改造尝试,诸如汉字的笔画和结构是有意义的、联系课文语境理解重要字词、阅读(朗读)故事时结合自己的经验在头脑中展现具体形象、用讲述的语气语调朗读故事,等等,或许这些在语文教师看来"显而易见的事实",对中小学生来说,都是需持续探究的"大概念"。

(2)"基本问题"的适切性。基本问题是通向大概念理解的航标。"基本问题"是"追求理解的教学设计"的枢纽,其作用体现在三个方面:①便于教师在教学设计时把握作为本单元目标的"大概念"。"基本问题"通向"大概念"的"理解",对"大概念"的"理解"就是对"基本问题"探究的结果。②引导教学。所设计的教学活动是在"基本问题"导向下对"大概念"的持续探究过程，威金斯和麦克泰称之为"揭示式教学"。"学习活动的计划应该确保学生能透过探究活动和具体教学活动来发现大概念"[55]，教学过程就是"让该领域的大概念在学生的头脑中'变大'"[56]的过程。③激发学习动机。正如海斯·雅各布森所说："如果课程是围绕问题而设计的（而不是目标），那么学生会清晰地感到你正在和他们一起探讨问题。"[57]

那么，"是什么使一个问题成为基本问题？"威金斯和麦克泰是从两个方面来回答的。第一，"基本问题"与"大概念"互涉。因而"基本问题"是有其本质属性的，比如可能是一生中会重复提出的重要问题，是对某一学科核心思想的探究，指向学习的核心内容等。第二，基本问题不是就其问题本身而言，关键要看"使用意图"。"一个问题是否是'基本的'，取决于我们为什么提出它，我们想让学生如何解决它，以及该问题后面紧随的学习活动和评估是怎样的"[58]。从这个意义上说，"没有一个问题本来就是基本问题或非基本问题"[59]。"使用意图"不仅从教师（设计者）这方面看，还必须从学生这方面看，"基本问题"是能够最大程度地吸引特定的学生愿意积极探究的问题，威金斯和麦克泰提出"儿童友好型教学"[60]这一要求。

像下面这样的问题或许就可能成为"基本问题"[61]：标点符号有必要吗？故事必须要有开头、中间和结尾吗？是什么让文章值得一读？我们如何才能知道作者是否是认真的？好的读者遇到自己不理解的内容时会怎么做？作家"看到"了什么，没有"看到"什么？为什么作家那样说？为什么人总做傻事？为什么坏事情会发生？

（3）"事实性知识"和"大概念"的辩证观。

不但是"基本问题"，事实与理解之间也是混淆不清的。"没有任何一种陈述本质上就是事实或理解。这取决于学习者是谁，以及学习者已具备的先前经验。"[62]随着时间的推移（学习的提升），最初一个艰难的推理（探究）可以变成一个公认的明显的"事实"。

威金斯和麦克泰提醒道[63]："一旦我们选定了合适的理解，接下来就要对抗教师根深蒂固的本能——教师总是将理解作为事实来教。"换言之，是"事实性知识"还是"大概念"，很大程度上是取决于提出问题之后是"告知"还是引导学生"揭示"。获得一个学科的核心大概念有时会非常缓慢，学生要通过教师"引导的探究学习和反思才能获得。"[64]

六、总结及余论

埃里克森和兰宁提倡的"以概念为本的课程与教学"，威金斯和麦克泰提倡的"追求理解的教学设计"，都主张以"核心的概括性知识"来组织学科或跨学科的单元教学。本文仅从学科内容知识的维度介绍事实性知识、概括性知识和"大概念"及其相互关系，以期一线教师尤其是中小学语文教师，对"大概念"有正确的认知。

以阅读、写作为主体的语文学科，主要是过程技能维度。关于过程技能，如阅读策略、阅读方法及其与"大概念"的关系，笔者将另文讨论。与埃里克森构建的"知识的结构"模型相比较，埃里克森和兰宁后来平行仿制的"过程的结构"模型解释力稍弱，有一些颇为勉强的地方。威金斯和麦克泰的著作虽有不少地方零散地以阅读和写作举例，但其所举例的阅读单元，均是我们目前叫作"整本书阅读"的——一本书即一个单元，比如《麦克白》《罗密欧与朱丽叶》《李尔王》《格列佛游记》《安妮日记》《麦田的守望者》等；且其文学作品的教学（倾向于"道德寓意"）也有可议之处，与文学本行的朱迪思·朗格的《文学想象：文学理解与教学》相较，后者的可借鉴性似乎更直接些。过程技能方面的"大概念"如何组织单元教学，从威金斯和麦克泰反复申辩的架势看[65]，似乎也是其理论和设计模板的软肋之处。

笔者也提请注意，美国基础教育"引领变革的人"[66]琳达·达林–哈蒙德，在其《高效学习：我们所知道的理解性教学》一书中，倡导"三基于（基于问题的学习、基于项目的学习、基于设计的学习）"等高效学习教改新模式[67]，但具体到"理解性阅读"，这一章[68]推介的高效学习模式和教学方法是：

（1）与文本对话。推介"读者俱乐部""共享探究""教学会话"等对文本充分讨论的教学方法。

（2）阅读策略教学。推介"互惠教学""转换性策略教学""元认知策略教学"等直接教学法，即阅读策略的示范、练习、应用。"互惠教学""转换性策略教学"，是"一种用来提高学生阅读理解的技术，帮助学生在阅读过程中说明、阐释和监控自己的理解。使用元认知策略的模型最初由教师提供，在学习使用这些策略时学生练习和讨论策略，最终学生能够在没有教师支持的情况下提示自己并监控自己的理解"。[69]

（3）整合教学。即（跨）学科阅读和（跨）学科写作。如与科学和社会整合的"概念导向阅读教学""支持多元读写能力的探究""科学中的VIPS项目""深度拓展科学应用""历史推理和议论文写作"等。

语文学科向来是我国基础教育课程与教学教改的急先锋。以"大概念"组织单元（阅读教学单元），语文教学界目前有一股风云乍起之势。笔者经认真学习并初步尝试，对以"大概念"组织单元持高度认同态度。但无论是埃里克森和兰宁提倡的"以概念为本的课程与教学"，还是威金斯和麦克泰提倡的"追求理解的教学设计"，包括刚才提及的朱迪思·朗格和琳达·达林-哈蒙德等人的各自倡导，笔者皆建议"缓行"。

总宜先在小范围消化、试验。毕竟那是别人的国土里长出来的别人的产品，若没有充分理解、没有在中国本土教育教学条件下的先行试验，就急吼吼地充当热情的推销员，我看办坏事的可能性很大。据笔者所知，国内语文教育界，包括介入语文教育领域的教育理论传播者，对上述教学模式和教学方法，对"大概念"组织单元（阅读教学单元），以及对语文学科"基于问题的学习""基于项目的学习"等，目前尚无（包括笔者在内）较深刻理解并有较可靠实践经验者。笔者以为，切勿匆忙招呼一线教师呼拥前行，先要把"理"弄得明白、说得清爽，然后再善始善行，行正方能走远。

另一方面，课文教学是我国语文教学长期实施的教学模式和教学方法。对课文教学的利弊得失，需要认真总结经验教训。是否要一概改为单元教学（日本的语文教学就是以单篇课文为主，一篇课文一般12～16课时）？如何在单元教学格局下处理单篇课文教学？小学低段与中高段、小学与初中、初中与高中，是否该有分别？如何分别？这些问题都需要谨慎研究。无论如何，以单篇课文为基本单位进行课文教学，在可预见的将来，依然是我国语文教学的主要模式。语文课程与教学改革，只能是在本土经验的基础上前进。

参考文献

[1]（美）艾斯纳.教育想象：学校课程设计与评价［M］.李雁冰，译.北京：教育科学出版社，2008：126.

[2]（美）布兰思福特，等.人是如何学习的：大脑、心理、经验及学校［M］.程可拉，等，译.上海：华东师范大学出版社，2002：147-167.（美）布兰思福特，等.人是如何学习的：大脑、心理、经验及学校：扩展板［M］.程可拉，等，译.上海：华东师范大学出版社，2013：115-136.

[3][20][21][22][30][31]（美）安德森，等.布卢姆教育目标分类学：分类学视野下的学与教及其测评：完整版［M］.蒋小平，等，译.北京：外语教学与研究出版社，2009：10-11，22，32-33，36，39，39.

[4]（比）罗日叶.整合教学法：教学中的能力和学业获得的整合：第二版［M］.汪凌，译.上海：华东师范大学出版社，2010：31-32.

[5]曾志朗.专文推荐［A］.（美）梅耶.教育心理学：认知取向［M］.林清山，译.台北：台湾远流出版公司，1996：1.

[6]（美）梅耶.应用学习科学：心理学大师给教师的建议［M］.盛群力，丁旭，钟丽佳，译.北京：中国轻工业出版社，2016：14.

[7]（丹麦）伊列雷斯.我们如何学习：全视角学习理论［M］.孙玫璐，译.北京：教育科学出版社，2010：56.

[8]盛群力.后记［A］.（美）马扎诺，等.培育智慧才能：学习的维度教师手册［M］.盛群力，何晔，张慧，等，译.福州：福建教育出版社，

2015：276.

[9]（美）马扎诺，等.培育智慧才能：学习的维度教师手册［M］.盛群力，何晔，张慧，等，译.福州：福建教育出版社，2015：4-7.

[10]［69］（美）布兰思福特，等.人是如何学习的：大脑、心理、经验及学校：扩展板［M］.程可拉，等，译.上海：华东师范大学出版社，2013：22，17.

[11]［32］［33］［34］（美）威金斯，麦克泰格.追求理解的教学设计：第二版［M］.闫寒冰，译.上海：华东师范大学出版社，2017：4，144-145，74，101.

[12]盛群力，译后记［A］.（美）梅里尔.首要教学原理［M］.盛群力，钟丽佳，等，译.福州：福建教育出版社，2016：514.

[13]（美）梅里尔.首要教学原理［M］.盛群力，钟丽佳，等，译.福州：福建教育出版社，2016：48-49.

[14]刘名卓.译序［A］.（美）乔纳森.学会解决问题：支持问题解决的学习环境设计［M］.刘名卓，金慧，陈维超，译.上海：华东师范大学出版社，2015：1.

[15]［16］［17］（美）乔纳森.学会解决问题：支持问题解决的学习环境设计［M］.刘名卓，金慧，陈维超，译.上海：华东师范大学出版社，2015：15，5，20.

[18]（美）克里克山克，等.教师指南：第四版［M］.祝平，译.南京：江苏教育出版社，2007：279.

[19]（美）卡-切尔曼.教师教学设计：改进课堂教学实践［M］.方向，李乙凡，译.福州：福建教育出版社，2018：12.

[23]［24］［25］［26］［27］［28］［29］［37］［53］（美）埃里克森，兰宁.以概念为本的课程与教学：培养核心素养的绝佳实践［M］.鲁效孔，译.上海：华东师范大学出版社，2018：26-27，29，28，27，22-23，27，34，87，93.

[35]［36］［38］［43］［44］［49］［52］［55］（美）威金斯，麦克泰.重理解的课程设计：专业发展实用手册［M］.赖丽珍，译.台北：台湾心理出

版社，2008：110-111，71.

[39][41][42][46][47][48][50][51][54][56]（美）威金斯，麦克泰格.追求理解的教学设计：第二版［M］.闫寒冰，译.上海：华东师范大学出版社，2017：148，10，87，145，22，150，115，83-85，83.

[40][45]（美）威金斯，麦克泰.理解为先模式：单元教学设计指南：一［M］.盛群力，沈祖芸，柳丰，等，译.福州：福建教育出版社，2018：92，10.

[57]转引自（美）埃里克森，兰宁.以概念为本的课程与教学：培养核心素养的绝佳实践［M］.鲁效孔，译.上海：华东师范大学出版社，2108：104.

[58][59][60][61][62][63][64]（美）威金斯，麦克泰格.追求理解的教学设计：第二版［M］.闫寒冰，译.上海：华东师范大学出版社，2017：125，156，124，119-128，155，156，74.

[65]（美）麦克泰格，威金斯.让教师学会问：以基本问题打开学生的理解之门［M］.俎媛媛，译.北京：中国轻工业出版社，2015：56-59.威金斯，麦克泰格.追求理解的教学设计：第二版［M］.闫寒冰，译.上海：华东师范大学出版社，2017：127-128，150-151.威金斯，麦克泰.理解为先模式：单元教学设计指南：一［M］.盛群力，沈祖芸，柳丰，等，译.福州：福建教育出版社，2018：87-88，123-128.

[66]（美）费德恩，沃格尔.教学方法：应用认知科学，促进学生学习［M］.王锦，曹军，徐彬，译.上海：华东师范大学出版社，2006：24.

[67][68]（美）达林-哈德蒙，等.高效学习：我们所知道的理解性学习［M］.冯锐，等，译.上海：华东师范大学出版社，2010：6，53-84.

过程技能与"大概念"*

　　以"大概念"来组织单元教学,是基础教育改革的趋势。作为我国基础教育改革的排头兵,语文学科的课程标准、统编教材和一线教学正在积极进行探索,也面临着一系列迫切需要解答的理论和实践问题。

　　"大概念"的提法,源于以内容知识为主的科学学科。科学与语文有较大的学科差异,语文学科以过程技能为主。从过程技能的维度来论述"大概念",目前可资参考的理论资源主要是埃里克森和兰宁"以概念为本的课程与教学"、威金斯和麦克泰"追求理解的教学设计"。但是,埃里克森和兰宁、威金斯和麦克泰对过程技能的"大概念",都没有进行过专题的系统阐释,相关论述散落在他们所写的《概念为本的课程与教学》《以概念为本的课程与教学:培养核心素养的绝佳实践》《追求理解的教学设计(第二版)》《让教师学会提问》《重理解的课程设计:专业发展实用手册》等著作中。本文对他们著作中的相关论述加以梳

---

*　本文原载《课程·教材·教法》2021年第7期,署高晶、王荣生,有修改。

理，并以语文学科为背景进行述评，以求课程研制者和在教学中努力探索的一线教师，对过程技能的"大概念"有较为清晰的认识。

一、从"布卢姆教育目标分类学"说起

不同的知识类型，需要不同的教学方法和评估方式，这是课程与教学的基本规律。

"布卢姆教育目标分类学"修订版，将"知识"分为四种类型[1]：（1）事实性知识。有"术语知识""具体细节和要素的知识"两个亚类。（2）概念性知识。结构化的知识形式，包括"分类和类型的知识""原理和通则的知识""理论、模型和结构的知识"。（3）程序性知识。关于"如何做某事"的知识，包括做某事的方法、探究的方法以及使用技能、算法、技术和方法的准则。程序性知识通常以需要遵循的一系列或序列步骤的形式出现。（4）元认知知识。关于一般认知的知识以及关于自我认知的意识和知识。

从学科教学的角度，前两类相当于学科内容知识，后两类则是过程技能。

过程技能，只有通过练习才能掌握。但练习与机械操练不是一回事；练习是"知""行"合一。

"程序性知识"这个术语，凸显了过程技能"知"这一侧面。凸显"知"这一侧面，对教师正确理解过程技能，对过程技能的有效教学，都是非常重要的。学习过程技能，学生首先要"知道"并在一定程度上"理解"关于"如何做某事"的知识。比如

写字，按笔顺和字的间架结构写，这是"行"的技能；但前提是对为何是这种笔顺、汉字的间架结构特点、提笔和落笔的要领等有所了解，要"知"使用技能和方法的准则。

但"程序性知识"这个词，也会带来一些麻烦；就因为它仅仅指称了程序性知识"知"这一个侧面。过程技能，本质是"行"——认知行为或动作行为。而在"布卢姆教育目标分类学"中，"程序性知识"属于知识维度；"行"则放在认知维度，称之为"应用"，并精选"执行"和"实施"这两个动词以区分认知行为的两种不同情况。[2]

从研究的角度、从精准评估的角度，分别"知"与"行"，区分"执行"和"实施"，都很有必要。但从教学的角度，这种分别和区分意义不大。

过程技能，天然就意味着应用，不需要再另加上一个表示"应用"的动词。梅耶说得言简意赅："程序：一步一步的过程。"[3]威金斯和麦克泰更直截了当："技能目标具有天然的程序性。"[4]"执行"和"实施"，其复杂程度也不是由认知引起的，而是过程技能本身的复杂性——简单地说，经练习可自动化的技能，比如写字、计算，叫"执行"；在应用中需根据具体情境变化调整的过程技能，叫"实施"。

心理学家斯特兰·奥尔松甚至认为[5]，"程序性知识"这个术语本身就有误导，恰当的称谓应该是"实践性知识"。"实践性知识是目标、情境（或一类情境）和行动（或行动类型）的三方联合"，"有能力、知道做什么就是指什么时候、在哪些条件下应该做什么（以及不应该做什么）"。

二、"内容知识"与"过程技能"的分野

埃里克森和兰宁[6]、威金斯和麦克泰[7]等课程与教学研究者,走得更远。他们认为,对课程与教学来说,"认知维度的动词+知识维度的名词"这种"行为目标"是不必要的,而且还可能有害。因为它混淆了内容知识目标与过程技能目标。

威金斯和麦克泰举例说明[8]:比如"区分并归类不同的石头",动词或许表明了评估的方式,但其真正成效是以知识为基础的,教学目标实际上是希望学生知道石头的种类,也就是事实性知识。如果希望学生识记事实信息,可以通过教授或演示展现、复习等教学方法;而过程技能,则要采用示范、练习、反馈、应用等教学方法。事实性知识可采用纸笔测试进行评估,如选择题;而过程技能,则需要通过实际表现才能真正评估出来。

基于这样的认识,他们坚决主张:在教学设计和教学中,要把内容知识、过程技能区分开来,把学生"能知""能做"区分开来。

"追求理解的教学设计"模板,在第一阶段"明确期望的学习结果",有相互关联的五项[9]:(1)长远的迁移目标。学生能应用所理解的"大概念"及相关知识技能解决真实情境的问题。(2)深入持久"理解"(名词)。针对本单元的"大概念"。理解"大概念",是单元的"核心任务"。按照威金斯和麦克泰所提设计标准的要求,"大概念"必须表述为完整的语句。[10](3)基本问题。"基本问题"与"大概念"互涉。"基本问题是任何达到理解意义和迁移目标的关键"。[11](4)与"大概念"连接的内容知

识目标。即相关联的一些具体内容知识。"大概念是核心的、有组织的概念，能对个别的事实和技能赋予意义并加以连接"。[12]"大概念可以帮助学生将各个知识点联系起来"。[13]（5）学生探究"大概念"理解所必需的过程技能目标。过程技能目标不涉及单元具体内容。

比如《麦田的守望者》（高中）[14]：

内容知识目标：列举单元学习应知的主要知识，可用电报式的短语。学生应知道：（1）这小说的故事梗概和人物角色；（2）作者采用的各种风格技巧；（3）写作的步骤；（4）劝说文的写作技巧。

过程技能目标：排列单元学习所需的过程技能，必要时可列出具体步骤。学生需能做：（1）利用诠释式的阅读策略；（2）透过仔细阅读文本，发展很合理的假设；（3）应用写作过程完成劝说文的草稿及修订；（4）反思对文本的理解，然后思索自己的错误理解。

"以概念为本的课程与教学"，埃里克森自己的另一种表述是"概念—过程的整合课程单元"[15]。"过程的主要技能和内容知识的理解能够清晰地加以区别"[16]，这是埃里克森判断和评价课程及课程单元质量的主要指标之一。

把学习内容区分为内容知识和过程技能这两个维度，从学术的角度看，或许不够严谨；但从教学设计和教学活动的实用性角度看，则有明显的积极效应。

（1）有利于把握学科课程或学习领域的特性。

有些学科课程或学习领域，以内容知识为主；有些则以过程技能为主。这两大类别的课程或学习领域各有特性,应该分别对待。

拿语文学科来说,语文学科在国外的通行做法是分为"文学"和"语言艺术"两门课程,"文学"属于内容学科,"语言艺术"主要是"阅读"和"写作",重在过程技能。"知识目标和技能目标的教学和评估是有区别的"。[17]依此类推,"文学"和"阅读""写作",在课程编制和教材编写上,似乎也应该有不同的路数。

具体到语文学习领域,比如识字与写字。从维度上来看,识字偏向内容知识维度,知道字音、理解和感受字形与字义的关联;写字则是过程维度,是需要自动化的基本技能。在现代信息技术背景下,如果我们能够按内容知识维度来考量识字教学、按过程技能维度的学习规律来研究写字教学,那么我国古代语文教育"识、写分两条线进行"[18]这一传统经验或许就能够在学理上加以通透诠释,因而在实践中得以继承发扬。

(2)有利于学科课程关注并妥善处置学习内容的两个方面。

正像埃里克森所说:"知识和过程是双人舞,没有一个,另一个也难以表演。"[19]

"过程(过程技能)和知识(学科内容知识)是互补的,而且有一个共生的关系"。[20]这种认识,美国基础教育界有较普遍的认同;美国中小学各门学科都强调并落实阅读、写作、沟通等过程技能。比如《美国国家社会科课程标准》,在以跨学科"大概念"组织课程内容的同时,明确列出包括"获取信息""组织和运用信息""人际关系和社会参与"三大方面的"社会科的基本技能",其中多数是语文能力或与语文能力有密切联系。比如"获取信息"中的"阅读技能",计18条[21],几乎涵盖了我们《义务教育语文课程标准(2011年版)》阅读领域的"目标与内容"。

在各门学科开展学科阅读和学科写作,是我国基础教育课程改革的当务之急。

对语文课程来说,看来也需要相向而行,强化语文学科的内容知识。在21世纪语文课程改革中,我们一方面高度强调"语言文字的运用",另一方面却又大力度撤除语言知识。这种处置合理与否,恐怕有反思的必要。语言学习有相互联系的三个方面:①学习语言;②学习有关语言的知识;③通过语言开展学习。学习有关语言的知识,是语文学科中不可或缺的内容,并制约、影响着学习语言和通过语言开展学习。如果按当前课程与教学改革的前进方向,体现汉语言文字基本规律的"核心概念",或许还要提升到"大概念"的高度。

(3)顺理成章地把"元认知策略"实质性地纳入了学科的学习内容。

把学习内容区分为内容知识和过程技能这两个维度,从某种意义上说,是回归到了欧美对学习内容的传统知识分类法。

"传统的知识分类中,学习者的能力被分为知识、技能和态度",其中的技能"与以上提到的程序(程序性知识)和策略(策略性知识)相对应"。[22]

在"布卢姆教育目标分类学"中,"程序性知识"与包括"策略性知识"在内的"元认知知识",分属于两种不同的知识类型。把"元认知知识"独立列为一类,其目的是强调它的特殊性和重要性。[23]

但从教学的角度,因"元认知知识"的特殊性,几乎不可能单独进行教学。"元认知策略的教学必须结合到学习所学的学科知识中。这些策略不是跨越学科的一般性内容,把它们作为一般性内容来教学的尝试会导致迁移的失败。"[24]这样,独立列为一类以强调其重要性的初衷,结果很可能事与愿违,导致在教学中事实上难有着落。

况且,"元认知知识"与体现学科思维方式的"程序性知识",在实际运作中本来就相互牵连、彼此交错,一并纳入过程技能,顺理成章。

三、"过程的结构"模型

仿拟"知识的结构"模型,埃里克森和兰宁平行创建了一个"过程的结构"模型[25],如图1。

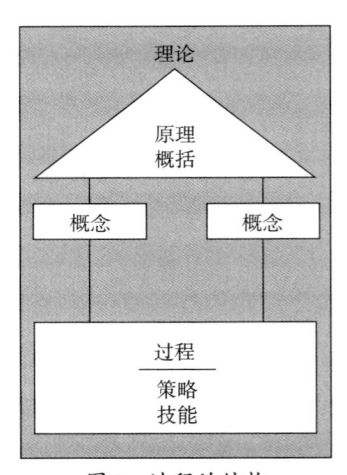

图1 过程的结构

（1）模型的最下层是"行"，包括"过程""策略""技能"三种成分。

按作者的定义[26]："过程"是产生结果的行动，如书写过程、阅读过程；"策略"可看作学习者自觉（元认知的）适应并监督其提高学习表现的一项系统计划，如阅读策略和阅读方法，其中包含许多技能；"技能"是嵌入策略中的较小操作或行动。

很明显，这里包括"程序性知识"和"元认知知识"，包含"知—行"两个方面，学生"知道/理解"某一阅读策略或阅读方法，进而在学习中加以"练习"并尝试迁移、应用。

（2）模型的第二层是"概念"，显示过程技能"知"这一侧面。

"概念"隐含在"过程""策略""技能"中，包括条件性知识和情境性知识，以及自我认知。关键点在于，在"知"的这一侧面，该模型强调的不仅是"技术和方法的准则"，而是突出了内含在准则里的"概念"。

"概念"是与"理解"相联系的。因而，对过程技能的关注重点和教学的重心，就从"知道"准则，转向了"理解"准则所包含的"概念"。按照埃里克森和兰宁的解释，过程技能原来的"知—行"，是"以技能为本"的二维模式；而他们所创立的"过程的结构"，则转变为"以概念为本"的"知—理解—行"的三维模式。[27]

人们一直知道："条件性知识是过程技能迁移应用的最关键因素"[28]，"典型的策略教学应包括某一策略产生的效果以及在什么情况下运用该策略"[29]。但是，在以往的"知—行"二维模式中，"关于任务的知识""条件性知识""情境性知识"等，很大程度上被脱落了，因而学生在学校所受的"技能训练"，难以在学校以外的"真实情境"迁移应用。

而在"知—理解—行"的三维模式，学生则有可能通过"关于任务的知识""条件性知识""情境性知识"等所隐含的"概念"而获得"概念性视角"，并在"真实情境"应用中逐渐使过程技能"条件化"。

无论从上往下看，还是从下往上看，这个模型都能很好地解释过程技能的"知"与"行"相互联系。

（3）模型的最上层是"概括/原理"，其中"核心的概括性知识"即"大概念"。

从第二层的"概念"，获得"概念性视角"；学生在"概念性视角"与具体的过程技能的互动体验中，形成"概括"/"概括性理解"，即"概括性知识"或"原理性知识"。与"知识的结构"模型一样，埃里克森和兰宁认为，在课程设计上，"概括"和"原理"不必区分，因而在模型中放在同一个三角形里，可以统称为"概括"或"概括性知识"；其中"核心的概括性知识"即"大概念"。

（4）"理论"在基础教育课程教学中不太涉及，与"知识的结构"模型一样，也放在最高端的阴影里，意思是不必涉及。

四、过程技能的"大概念"生成路径

与"知识的结构"模型相比较[30]，"过程的结构"模型，从"概念"到"概括"的"生成概括"[31]机制，即"大概念"的生成机制，有一些含混的地方。

综合埃里克森和兰宁、威金斯和麦克泰的相关论述和举例，过程技能的"大概念"，大概有两条生成的路径：

（1）通过程序性知识、策略性知识所内含的"概念"，与内容知识相联系。

过程技能的"大概念"，实际上就是相应内容知识的"大概念"。或者说，相关联的内容知识与过程技能共享同一个"大概念"。

比如下述从内容知识角度概括的"大概念"，就同时是"理解"相应的过程技能之"核心的概括性知识"：①为了更为清晰地被人理解，高效的主持者将根据目标和受众调整他们的信息和呈现风格。[32] ②不同的文本类别（如叙事的、悬疑的、传记的、说明的、劝说的）有不同的结构。[33] 这两条"核心的概括性知识"，有助于学生从"为什么"的高度去理解相应的阅读策略和阅读方法。

这条路径能够较好地解释与"阅读方法"（阅读技巧）相关联"大概念"生成机制。

按知识的生产逻辑讲，关于阅读方法的程序性知识，来源于不同语篇类型各自所具有的特点，是把语篇类型特点这种事实性知识转化成相应的阅读方法。因此，过程技能与相关联的内容知识，其"大概念"是共享的。新闻的阅读方法，是从新闻特点转化的阅读方法；绘本的阅读方法，依据绘本的特点；中国古代近体格律诗的阅读方法，体现着文言诗的句法和近体诗的格律。

对"阅读理解策略"和"学习策略"而言，则要看策略与文本的语篇类型关联的程度。

如果较受制于语篇类型，甚至取决于语篇类型，那么应该和

"阅读方法"相类似。比如需依据语篇类型和文本内容的"预测"策略，应紧贴语篇类型和文本内容的"提问"策略，"确定重点"策略主要依赖语篇类型的文本结构，"推断"策略受制于语篇类型且要借助特定的上下文信息。或许意识到有一些策略与阅读方法（阅读技巧）相近相似，国外有研究者把"阅读策略"看成是"正在考虑中的（即尚未定型的）"[34]阅读方法（阅读技巧）。

而另外一些更倾向于阅读者主体的阅读理解策略和学习策略，尤其是自我监控和调节，看来无法从这一路径生成大概念。因为不能再凭该策略所包含的概念而形成的"概念性视角"，生产出概括程度更高的"概括性知识"。

比如"联结"策略——一个好的阅读者能够在阅读过程中调取已有的背景知识和个人经验，从而更好地理解文本的意义；"释疑"策略——一个好的阅读者能够意识到自己遇到了理解困难，并为了读懂而停下来，回头重新阅读；"综合"策略——一个好的阅读者能够分析信息，整合文本和自己的认识或经验加以思考，并得出结论。

"过程的结构"模型所不能解释的，就是这一个部分。上述阅读策略，如何再形成"概括"，生成哪些"概括"，乃至是否还需要生成"大概念"，从目前的资料看，语焉不详。

（2）对"关于任务的知识""条件性知识""情境性知识""自我知识"的具体陈述。

威金斯和麦克泰，似乎侧重在更倾向于阅读者主体的阅读理解策略和学习策略，尤其是自我监控和调节。

威金斯和麦克泰是从"基本问题"的角度来解说"大概念"

生成的。但对过程技能而言,"基本问题"角度的解说看来一直遇到阻碍:"在我们的经验中,把教学焦点围绕在概念(如文学、社会、科学)的教师,倾向于更轻松自在的编写及使用基本问题;把焦点放在技能发展(如数学、语文、体育、外语、音乐)的教师则可能认为,对他们所教及要学生学的众多技能而言,基本问题是不自然的、不需要的。"[35]

"我们认为并非如此",威金斯和麦克泰坚定地说,过程技能"不仅仅需要操练,也需要具有洞察力"[36],"事实上,理解及适当地应用技能依赖的是(大)概念"[37]。

关于过程技能的"大概念"——"基本问题",威金斯和麦克泰有以下两种说法:

第一,列举的说法。"我们发现,基本问题可以围绕与有效技能学习相关的四大概念类别来架构"[38]:①关键概念。如你如何知道自己读懂了正在阅读的内容?②目的和意义。如为什么读者应该时不时地检验一下自己的理解?③策略和战术。如好的读者在遇到自己不理解的内容时会怎么做?④使用情境。如我们何时应该用"改进(修补)"策略?

第二,阶段的说法。"有时在技能领域的主要问题,不是关于概念或理论,而是关于实际做决定。"[39]"无可否认的,在初次学习一项新技能时,可能没有需要做的决定;其目标可能只是单纯习得技能,然后增加熟练程度。但学生很快就理解到,由于策略是和有效使用该技能有关,因此存在待做的决定。就在有策略、有情境式决定的场域中,往往可以找到大概念(以及伴随的理解事项和基本问题)。"[40]

也就是说，过程技能的"大概念"，主要不是在学习和练习阶段，而是在迁移应用阶段："当我们在学习迁移的情境中遭遇真实的挑战或难题时，我们必须问问题，例如：哪项技能最适合用于此处？何时我们应该使用这项而非那项策略？这群观众将如何影响我的演出？策略和目标全都是'主要的'问题，而技能的迁移总是要求问策略型问题——涉及判断而非事实的问题。"[41] 威金斯和麦克泰特别说明："然而也请注意，相对于目标明显未知的简单'取用'练习，问题只是在学生遭遇真实的难题时，才会是主要的。"[42]

上述第一种说法，"大概念"明确包含"策略和战术"（另有译本译为"策略和技巧"或"策略"）；上述第二种说法，事实上主要也是在强调"策略"——策略是解决问题的，只有当已有知识不足以解决问题的时候，才需要策略，才要用策略，策略才有用。

这样看来，关于学习策略、阅读理解策略、自我监控和调节的概括，应该都是过程技能的"大概念"。以阅读教学为例：①阅读取向，是关于"如何阅读"战略，关系到阅读的"目的和意义"，无疑属于"大概念"。②阅读前和阅读后"学习的自我监控"、阅读中的"阅读监控理解"，肯定属于"大概念"。比如"一个好的阅读者能够意识到自己遇到的困难，并为读懂而停下来，回头重新阅读"[43]；"有效能的读者会利用特定策略来帮助自己更理解文本（如使用情境脉络的暗示，对作者提问，预测接下来的内容、重读、做摘要）"[44]。③更倾向于阅读者主体的阅读理解策略和学习策略，比如上文提及的"联结"策略、"释疑"策略、

"综合"策略，应该本身就是"大概念"，无需也无法再行"概括"。④其他的阅读理解策略和学习策略，比如上文提到的那些较受制于语篇类型，甚至取决于语篇类型的"预测"策略、"提问"策略、"确定重点"策略、"推断"策略等，尽管威金斯和麦克泰未及讨论，但从他们的上述两种说法推断，或许也应该看成是"大概念"，至少是否是"大概念"可存疑。

埃里克森和兰宁、威金斯和麦克泰分别论述的过程技能的"大概念"的两条生成路径，都具有部分的解释力，也都有些含混的地方。

五、过程技能"大概念"的知识来源及其作用

过程技能包含多个来源的多种复杂成分，单用一个模型，要全面地解释过程技能"核心的概括性知识"生成机制，确实勉为其难。

"设计基本问题是一件棘手的事"[45]，威金斯和麦克泰反复提醒，过程技能恐怕尤其如此。

真实的情况可能是这样的："不要假定教师个人能够指出某个课程单元（过程技能）中重要的可迁移的概括（大概念），概念为本的课程可以为教师们提供很多概括，那些概括将成为区域层面或学校范围内各年级指导教学的焦点。"[46]埃里克森和兰宁真是这么说的，如果译著没有严重误译的话。

埃里克森和兰宁的上述说辞，威金斯和麦克泰在列举的说法时所称的"我们发现"，似乎透露了这样的消息：学科内容的"概括性知识"（大概念）与过程技能的"概括性知识"（大概

念），知识的来源有所不同。

原则上讲，学科内容的"概括性知识"，来源于该学科研究共同体的共识，比如语言学知识、文学知识。而过程技能的"概括性知识"，似乎更有赖于课程研制和教学设计者——更有赖于课程研制和教学设计者的学习科学素养、运用过程技能的丰富经验以及发现或发掘的智慧。

如果情况真的是这么样的，那就很值得我们深思了。

由此进一步推论，学科内容的"概括性知识"（大概念），与过程技能的"概括性知识"（大概念）的作用，也有所不同。

学科内容知识，是知或不知、理解或误解的问题；随着学龄增长，学科内容知识从深度和广度两方面发展："核心的概括性知识（大概念）"螺旋上升，学生不断加深"理解"；同时事实性知识也逐渐延展，学生不断扩大学科的知识容量。

而作为"实践性知识"的过程技能，则是一个效率问题——针对所要达到的目的，高效或低效、有效或无效。在过程技能的发展中，"大概念"的作用主要是两个方面：

第一，与内容知识共享的"大概念"，可帮助学生"理解"过程技能。而"理解"的表现，是学生能主动运用所学的策略和方法，经练习、应用而逐渐精熟并尽可能自动化。作为学习内容的听说读写等过程技能，随着学龄增长、学段递升，在增加情境复杂性的同时，应该逐步添加或扩展新的策略和方法。换言之，学习是否是同一个或同一批"核心的概括性知识（大概念）"螺旋上升，从目前的资料看，情况不明。

第二，更倾向于阅读者主体的阅读理解策略和学习策略，尤其是自我监控和调节，按威金斯和麦克泰的观点，其"大概念"主要作用于在真实情境的迁移应用阶段，具体的表现是在学生遭遇真实的难题时，问策略型的"基本问题"。如果是这样，那么这一些过程技能的所谓"大概念"，其实是关于"任务的知识""条件性知识""情境性知识""自我知识"的一种方便统称。换言之，实际起作用的，是"元认知知识"。

六、"必须经由'发现'而得"[47]的阻隔

区分过程技能与内容知识维度，意味着两者在教学方法和评估方式上有质的差别。那么，以"大概念"组织单元教学，两者会不会有质的差别呢？

在内容知识维度，"大概念"或称"核心的概括性知识"，"学习活动的计划应该确保学生能透过探究活动和具体教学活动来发现大概念"[48]。这至少在理论上是圆顺的，也有较多的教学案例支撑。但在过程技能维度，看来有阻隔。

对其阻隔，威金斯和麦克泰似乎是心知肚明的。在批驳"行为目标"混淆了内容知识目标与过程技能目标时，他们解释[49]"为什么做这样的区分很重要"，因为"对单元成效的明确区分影响教学和评估"。如果是过程技能，那么教学的方法一般是"将技能加以示范，让学生练习并锤炼技能，同时给予反馈，并不断地在更加复杂/新颖的环境下持续练习，直至实现技能的自动化（我做，你看；你做，我看）"。这里没有"探究""发现"的迹象。在学习、练习这一阶段，学习过程技能的方法是"直接教学"。

在迁移、应用阶段，对更倾向于阅读者主体的阅读理解策略

和学习策略，尤其是自我监控和调节，威金斯和麦克泰说："请注意，这些问题需要从教师提示进步到自我提示。其学习目标是独立理解意义和迁移所学，在识字、数学以及其他技能为焦点的教学领域，当我们遇到实作表现的障碍时，其关键问题都涉及到这类后设认知（即元认知）的提示。"[50]从"教师提示"进步到"自我提示"，其学习活动，与"探究""发现"显然是不同的教学事件。

这样，作为"以概念为本的课程与教学""追求理解的教学设计"等共同的教学原则——"从学生那里得到这一概括"[51]，在过程技能方面，就要受到质疑。

尽管有心理学家乐观地表示："学生能够并且可能的确通过发现学习掌握了许多重要的技巧。因此完全有可能设计出一些由教师指导的发现学习情境，鼓励学生思考自己成功或不成功的原因是什么。"[52]但是，多本译著[53]，包括撰写上述乐观观点的同一批作者在该章上引那段话之前的多达39页[54]及此后2页[55]的论述中，都主张阅读策略应该更加直接的教学：教师清晰地解释策略并用心理报告的方式具体示范，学生加以充分练习，鼓励学生以自我调节的方式长期坚持应用。

综上所述，"过程的结构"模型在理论上是有缺憾的；关于过程技能的"大概念"及其以"大概念"组织单元教学，尚有一些需进一步清晰的地方。但瑕不掩瑜；尽管与"知识的结构"模型相比较，"过程的结构"模型解释力稍弱，但这一模型对过程技能维度的学科或学习领域，对设计和实施以"大概念"组织的单元教学，仍具有强劲的引导力。

本文的上述论述表明：过程技能的"大概念"，在生成机制、知识来源及其作用、学习方式和教学方法等方面，跟内容知识的"大概念"都有质的差别。如果语文课程的阅读、写作和口语沟通等领域，要施行以"大概念"组织的单元教学，那么就必须自觉而充分地认识到过程技能及其"大概念"的特点。

参考文献

[1][2][23][28]（美）安德森，等.布卢姆教育目标分类学：分类学视野下的学与教及其测评：完整版［M］.蒋小平，等，译.北京：外语教学与研究出版社，2009：22，58-61，33-34，42.

[3][22]（美）梅耶.应用学习科学：心理学大师给教师的建议［M］.盛群力，丁旭，钟丽佳，译.北京：中国轻工业出版社，2016：60，60.

[4][7][8][11][17][49]（美）威金斯，麦克泰.理解为先模式：单元教学设计指南（一）［M］.盛群力，沈祖芸，柳丰，等，译.福州：福建教育出版社，2018：147，148，148，28，148，148.

[5]（美）奥尔松.深层学习：心智如何超越经验［M］.赵庆柏，唐云，陈石，等，译.机械工业出版社，2017：103-104.

[6][19][20][25][26][27][31][32][46][51]（美）埃里克森，兰宁.以概念为本的课程与教学：培养核心素养的绝佳实践［M］.鲁效孔，译.上海：华东师范大学出版社，2018：11-15，20，20，38，38-39，17-18，40，20，93，42.

[9][35][37][39][40][41][42][50]（美）威金斯，麦克泰.设计优质的课程单元：重理解的设计法指南［M］.赖丽珍，译.台北：心理出版社，2015：18-22，99，89，99，100-101，99，100，100.

[10][12][13][36][38]（美）威金斯，麦克泰.追求理解的教学设计：第二版［M］.闫寒冰，译.上海：华东师范大学出版社，2017：144-

145，145，22，146，128．

［14］［33］［44］［47］［48］（美）威金斯，麦克泰．重理解的课程设计：专业发展实用手册［M］．赖丽珍，译．台北：台湾心理出版社，2008：65，110-111，111，66，71．

［15］［16］（美）艾里克森．概念为本的课程与教学［M］．兰英，译．北京：中国轻工业出版社，2003：142-143，12．

［18］张志公．传统语文教育教材论：暨蒙学书目和书影［M］．上海：上海教育出版社，1992：38．

［21］美国国家社会科协会．美国国家社会科课程标准：卓越的期待［M］．高峡，译．北京：教育科学出版社，2008：124-125．

［24］（美）布兰思福特，等．人是如何学习的：大脑、心理、经验及学校：扩展版［M］．程可拉，等，译．上海：华东师范大学出版社，2013：17．

［29］［52］［54］［55］林崇德，李其维，董奇．儿童心理学手册：第六版：第二卷［M］．上海：华东师范大学出版社，2009：596，623，584-622，624-625．

［30］王荣生．事实性知识、概括性知识与"大概念"——以语文学科为背景［J］．课程·教材·教法，2019（4）：77-84．

［34］Polyxeni Manoli, Maria Papadopoulou：Reading Strategies Versus Reading Skills：Two Faces of the Same Coin，Procedia-Social and Behavioral Sciences，2012：817-821．

［43］（加）吉尔．阅读力：文学作品的阅读策略［M］．岳昆，译．南宁：接力出版社，2017：2．

［45］（美）威金斯，麦克泰．让教师学会提问［M］．俎媛媛，译．北京：中国轻工业出版社，2015：59．

［53］（美）达林-哈蒙德，等．高效学习：我们所知道的理解性学习［M］．冯锐，等，译．上海：华东师范大学出版社，2010：64-73；（加）吉尔．阅读力：知识读物的阅读策略［M］．王威，译．南宁：接力出版社，2017；（美）梅耶．教育心理学：认知取向［M］．林清山，译．台北：台湾远流出版公司,1996：203-217．

辑 三

阅读教学原理解析

阅读教学的基本任务和基本路径[*]

阅读教学的基本路径，指能够有效地完成阅读教学基本任务的主要途径。而阅读教学的基本任务，根植于阅读教学中"课文"的特性。

一、阅读教学中"课文"的特性

阅读教学所说的课文，即一篇篇选文，与其他科目中所说的"课文"有本质的差别。

1.课文不仅是学习材料而且是学习对象

在其他科目，教材中的"课文"只是学习材料。数学课的学习对象，是数学的定理、定律；地理课的学习对象，是地理现象及自然规律。学习数学、地理等科目，目的不是去记忆课文中那些表述学习对象的文字材料，而是要掌握和运用数学、地理的知识。

阅读教学的课文，不仅是学习材料，而且是学习对象。学

---

[*] 本文原载《课程·教材·教法》2012年第7期，有修改。

生所面对的学习对象，就是这篇特定的课文，比如《背影》，学生的学习任务，就是理解、感受这篇课文，在理解、感受的过程中，学会如何阅读这一特定的课文，并使之迁移到与此相类似的课文阅读中。

2.课文中有高于学生现有语文经验的元素

在其他科目，课文应尽可能适应学生现有的阅读能力，以便学生借助教材能自学相应的知识。如果课文的表述超过学生的语文经验，那么教师就要转换成更通俗的表述，或借助课文之外的另一些教学媒介，或通过实验等学习活动，帮助学生理解和掌握所学的知识。

阅读教学中的课文，为了学习阅读的需要，其难度通常要高于学生现有的语文经验。学生阅读一篇课文，比如《背影》，他们现有的语文经验，与理解、感受课文所需要的，往往有较大的落差。一方面，课文是学习对象，学习任务就是理解、感受这篇课文；另一方面，学生现有的语文经验却不足以理解、感受。这就是阅读教学中学生所面临的基本矛盾。

二、阅读教学的基本任务

"课文"的上述两个特性，内在地规定着阅读教学的两个基本任务。

1.帮助学生克服语文经验的落差

在阅读教学中，学生的学习任务是两个：第一，丰富、扩展生活经验，获得与课文相符合的理解和感受；第二，丰富、扩展语文经验，学习与课文理解和感受相呼应的阅读行为，核心是阅读方法。这两个任务相辅相成，只有学会相应的阅读方法，才能获得相宜的阅读理解结果。

语文教师的教学任务同样也是两个：第一，使学生获得与课文相符合的理解和感受；第二，使学生学会与课文理解、感受相呼应的阅读方法。只有教会学生掌握相应的阅读方法，才能使学生获得相宜的阅读理解结果。

要完成阅读教学的基本任务，关键点是要克服学生的原有语文经验与理解、感受这一篇课文所需要的经验之间的落差。因此，阅读教学的基本任务可以归结到一点，即帮助学生克服落差。对学生而言，必须学会新的阅读方法，形成与所读课文相适应的新的语文经验。对教师而言，必须找到学生的原有语文经验与理解、感受这一篇课文的落差所在，形成足以弥补这一落差的教学内容，并通过合适的教学方法落实到教学过程中，使学生学到、学会阅读的方法。

2.建立学生与"这一篇"课文的链接

确定一篇课文的教学内容，首先要找到学生阅读这篇课文的落差所在。而要找到落差，必须链接学习主体和学习对象这两个方面。

第一，学习对象。学习对象是一篇小说，一首诗歌，还是实用文章？是鲁迅的小说，沈从文的小说，还是欧·亨利的小说？总之，面对的是某一特定的文本。要研读课文的以下两方面：①这一特定文本，最要紧的是在什么地方？文本的关键点在哪里？或者说，这一特定文本的特质何在？②理解、感受、欣赏这一特定文本的关键点需要学习什么？或者说，如何发现文本的关键点？

用怎样的阅读方法，才能获得与课文相一致的理解、感受？

第二，学习主体。学生是阅读的主体。那么，是初一的学生，初二的学生，还是高三的学生？是重点校的学生，还是农村偏远地区教学资源相对薄弱的学生？学生对这种体式的课文有阅读经验，还是比较陌生甚至格格不入？总之，面对的是具体的学生，要关注学生的学情。关注学情，在这里主要指分析学生在教学之前的阅读状况：①课文的哪些地方，他们自己能理解、能感受、能欣赏？哪些地方或许理解不了、感受不到、欣赏不着？②学习什么，通过什么方法学习，才能使学生能理解、感受、欣赏？

研究表明，学生理解不了、感受不到、欣赏不着的地方，往往恰是这篇课文中最要紧的地方，即某一特定文本的特质所在之处。[1]这样，就能合理地建立学生与课文的链接点。链接点对教师来说是教学内容，对学生来说是学习任务。阅读教学，其实就是建立学生与"这一篇"课文的链接。

三、阅读教学的基本路径

在教学设计阶段，建立链接的主要的事项有两个：①找准链接的点，即确定教学内容，明了学习任务；②在教学内容确定、学习任务明了的前提下，设计链接的通道。链接的通道，对教师来说，是教学环节和教学方法；对学生来说，是学习的进程和学习方式。

阅读教学的基本路径，指教学内容确定、教学方法选择所要依循的主要道路、基本途径。从学生的阅读能力现状和发展看，在班级授课制的教学情境中,阅读教学的基本路径有以下三条。三条路径,殊途而同归。

1. 唤起、补充学生的生活经验

对一篇课文,学生理解不了、感受不到、欣赏不着,原因之一,是生活经验及百科知识不足。或者缺乏必要的生活经验及百科知识,或者受制于自身的生活经验及百科知识而陷入"我向思维"[1],或者没能将生活经验及百科知识与阅读这一篇课文发生真切的关联,种种状况往往交织在一起。

先看一个初中的课例[2]。《童年的馒头》(聂作平)第二段是交代背景:

> 如今的幸福生活使我欣慰,不过有时心底也会泛起一缕儿时的苦涩。
> 那时候,娘拉扯着我和妹妹,家里穷得叮当响。我在五里外的村上小学,六岁的妹妹在家烧火做饭,背着那个比她还高半截的竹篓打猪草,娘起早摸黑挣工分,日子清贫得像一串串干枯的空笼花。

这里有好几个词语,学生理解可能会有问题,尤其是城市里的学生,如"打猪草""空笼花""工分"。在笔者所听的那堂课上,就有学生举手提问:"老师,'工分'是什么意思?"马上有

---

[1] 指"自我中心"的思维倾向,即自以为是。
[2] 本文所举课例均为现场记录。

位同学自告奋勇："我知道，'工分'就是钱很少的意思。我爸爸妈妈挣工资，是'元'，10元，100元。他妈妈挣得很少，只几分钱。"不了解"工分"，也就不能明了"那时候"的具体所指，因而很难正确地理解课文所记叙的事："六一"儿童节学校每人发三个馒头，"我"信誓旦旦"妹妹一个，娘一个，我一个！"但在放学回家的路上，却自己独吞，吃得"连馒头屑也没一星了"。

"怎么看这件事？"教师问，学生纷纷评价："这孩子贪吃！""不诚实！说话不算数！"学生的发言告诉我们，他们不但不明白"那时候"这个大语境，也不能够理解"我在五里外的村上小学"这句话的所指。这堂课是在上海听的，或许学生算得很快：五里等于两公里半，出租车起步价，好近哦。

不知"那时候"，不知五里羊肠小道的漫长，就无从理解我为什么吃掉三个馒头，无法体认"我"在吃馒头时激烈的思想争斗；对妈妈为什么要在这一天倾全家的白面蒸"五个白中带黄的大馒头"，也会莫名其妙。理解不了，也就感受不到，更别说欣赏。这篇散文的种种笔法，必被视而不见，"日子清贫得像一串串干枯的空笼花"，这个刻意的认知性比喻，注定完全失效。

《竹影》（丰子恺）的第二段主要是写景：

天空好像一盏乏了油的灯，红光渐渐地减弱，我把眼睛守定西天看了一会儿，看见那光一跳一跳地沉下去，非常微细，但又非常迅速而不可挽救。正在看得出神，似觉眼梢头另有一种微光，渐渐地在那里强起来。回头一看，原来月亮已在东天的竹叶中间放出她的清光。院子里的光景已由暖色变成寒色，由长音阶（大音阶）变成短音阶（小音阶）了。门口一个黑影出现，好像一只立起的青蛙，向我们跳将过来。来的是弟弟的同学华明。

"由暖色变成寒色，由长音阶变成短音阶"，这个独具丰子恺特色的比喻，显然是刻意而为之。它是这一段的点睛之笔：一处日常的景色，平添艺术的情调；又与后面的"画竹影"遥相呼应，成为课文前后两部分关联的纽带。然而，这个比喻，对大部分人来说，很可能视若无睹、听而不闻。

于是，就需要教师的引导和帮助。这有好多种办法。寻常的办法是语文教师做"背景介绍"或"知识介绍"，比如"工分"。往往要借助于实物、图片或其他媒介，尤其是多媒体，比如，让学生看一看"暖色"，看一看"寒色"，想象"由暖色变成寒色"，给学生听一听"长音阶"，听一听"短音阶"，再听一听"由长音阶变成短音阶"，在想象中把音乐声转化为画面色彩。有时可插入体验性的活动。

阅读教学中的"背景介绍""实物展示""互动体验""多媒体课件"以及一些"拓展性资源"的运用，主要目的之一，就是唤起、补充学生的生活经验。[①]学生的生活经验及包含所学科目的知识不足，在中小学其他科目中也是常态，因此上述种种办

---

① 从这里可以看出"背景介绍""实物展示""互动体验""多媒体课件"和一些"拓展性资源"的运用的准则，凡能唤起、补充学生的生活经验，促进学生对课文的理解和感受，就是妥当的，反之则不妥当。

法，在其他科目的教学中也常用。阅读教学的特殊性，在于依赖语文教师的"语文意识"。语文教师往往要把看起来是生活经验的问题转化成语文经验的问题。换言之，语文教师往往不满足就事论事地解决课文的"这一处"；而将"这一处"的解决，放置在阅读方法、阅读策略的视野中，借助于"这一处"的解决，或明或暗地让学生领略阅读方法、阅读策略。

比如上面的例子，仅仅介绍"工分"指什么恐怕不够，语文教师应该从这里看出学生阅读的问题来，并有针对性地引导和帮助：精读课文，遇到陌生的名词，应该查词典或请教别人。或者这样教：在阅读课文的时候，遇到名词，不能望文生义，也不能使用在动词、形容词行之有效的"语境中推测词义"的办法。或者还可延伸：用一个标志性的事物，落实"那时候"的虚指，是一种有意味的笔法；标志性的名词，构成文本的语境。

上面两例均涉及认知性比喻（"空笼花""长音阶变成短音阶"）。可以看出，对认知性比喻的喻体缺乏感知，会造成理解、感受的严重缺损。因此有必要指导学生，尤其在诗歌、散文教学中，认知性比喻越陌生的越需要关注，必要时可借助实物、图片等辅助理解、感受。

2.指导学生学习新的阅读方法

对课文理解不了、感受不到、欣赏不着，主要是由于语文经验不足，即学生没能掌握与特定文本相呼应的阅读方法。用心理学的术语讲，是缺乏相应的图式。正如语文教师常说的，"教会学生如何阅读"，"授人以鱼，不如授人以渔"。培养阅读能力，指导学生学习新的阅读方法，这是阅读教学的最主要路径。

"指导学生形成新的阅读方法"的路径,教与学相对理性,教什么、学什么,比较明晰。看一个例子[①]:

运用解读知识"点评"阅读《风筝》

杭州市采荷实验学校　汪湖英

【教学过程】

一、自由诵读,把握全文大意

问题一:课文讲了一件什么事?

问题二:你觉得作者是带着什么情感来写这篇文章的?

二、用点画评注的方式把握作者情感

请学生阅读下列两则评注的示例,在文中另找出一处或者两处加以评点,揣摩作者情感。评点后学生之间互相交流,并选择重点几则进行全班交流。

示例一:

北京的冬季,地上还有积雪,灰黑色的秃树枝丫杈于晴朗的天空中。

评注:晴朗的有积雪的冬季,是一幅色彩明丽的画面,让人感受到冬之美,但"灰黑色的秃树枝"却使得这幅画面的色彩陡然变得黯淡,这个词语在一开头就为文章添上灰色沉重的一笔,

---

[①] "指导学生形成新的阅读方法",也就是让学生学会如何阅读的知识和技能。从这个例子也可以看出,教知识,并不等于讲术语。好的知识教学,是教师心中有知识,口中无术语。阅读知识涉及主体和对象两方面,是动态的;语言学、文章学、文学理论、文学史等知识,是关于对象的、静态的知识。后者在语文教学中不是主要教学内容,而处于辅助的地位,它们应随文而教,属于"把课文当作语文知识的例文"的其他路径。参见:王荣生.阅读教学的其他路径[J].语文教学通讯,2012(3).

使得晴朗的有积雪的冬季变得寒气四射,作者感受的不是"冬日暖洋洋"的舒适而是冬季的肃杀和寒威。这种情感作者在后面一句直接点出了,即"在我是一种惊异和悲哀"。正所谓景为情生,一句景语蕴含着作者沉重悲哀的情感。

示例二:

他只是很重很重地堕着,堕着。

评注:"重""堕"用了反复的手法,与前面"心变成了铅块"相照应,可见作者当时心情是多么沉重,这沉重是由于虐杀了弟弟游戏的童心造成的,因为一直无法补过,所以这块铅始终压在心上,很重很重,堕着堕着。"重""堕"是第四声,读起来就有沉重的感觉。

三、阅读下列几则对鲁迅作品语言风格和人格精神方面的评价资料,请在文中找到与这些评价相一致的地方,并加以评注,评注时要学会运用这些资料中的重要信息。参照示例三。

【资料】关于鲁迅作品语言风格和人格精神方面的评论

①鲁迅先生创作态度严肃认真,语言准确精练,逐渐形成了他自己独特的语言风格,有人把它叫作"鲁迅风"。(下略)

②善于通过"白描"和"画眼睛"手法塑造人物形象,展现人物性格,是鲁迅作品语言的一大显著特点。(下略)

③准确地运用动词、形容词也是鲁迅作品比较突出的语言特色之一。(下略)

④鲁迅的散文不仅有独特的话题,更有其独特的话语方式。……鲁迅先生曾说过:"我的确时时解剖别人,然而更多的是更无情地解剖我自己。"

⑤《风筝》有一个突出的特点，就是通过联想注入作品生活的情趣，把抒情与叙事紧密地结合在一起。（下略）

示例三：

又将风轮掷在地上，踏了。

评注：一个短句，两个动词"掷""踏"就把当时"我"粗暴地毁坏了弟弟风筝的情景生动地再现出来，让人体验到第一则资料中说的"鲁迅风"的语言：简洁、明快、直白、洗练。同时，"掷在地上"和"踏上"之间用了逗号。这里也可以不用逗号，如果比较阅读一下，两个动词之间用了逗号之后，减慢了动作的过程，为什么要减慢动作的过程？我们可以想象作者当时毁坏弟弟的风筝是快意解恨的，这两个动作是一气呵成、快速有力的。那么当二十多年后回忆这一幕时，作者是带着深深的内疚、自责，似乎不愿意相信曾有过的事实，于是，记忆在作者的痛苦中慢慢展开，回忆这精神虐杀的一幕也恰如第四则资料中鲁迅先生曾所说的，"我的确时时解剖别人，然而更多的是更无情地解剖我自己"。

四、评点后学生之间再互相交流，并选择重点几则进行全班交流。

这堂课的教学内容是"把握散文的情感"。共三个环节，第一环节是教学的起点，初步感知课文，把握全文的大意。也就是学生利用已有生活经验和语文经验，自主理解和感受课文并进行交流。然而，正如前文所讲，阅读教学中的课文有高于学生现有语文经验的元素。学生自主理解和感受，对把握《风筝》所传递的情感，必有落差。作者的情感在哪里？如何把握作者的情感？

怎样才是把握了作者的情感？这些都是有待于学生学习的。

于是，教师启动第二个环节，用两个示例加以具体地展示。作者的情感在哪儿呢？情感不在外面，它就在词语中，在"灰黑色的秃树枝"与"积雪""晴朗"的强烈的反差中，在"重""坠"的重复中，在第四声所表达的沉重声音里。把握情感，不是把情感抽出来概念化，而是品味词语中"所蕴含的情感"。学生在两个示例的启发下，进行点画评注的实践并相互交流。他们在这篇课文的阅读中学习如何阅读，一些原本他们看不见、体验不出的地方，通过仿照示例的点画评注，现在能看到、有体验了，他们运用教师所教的阅读方法，对课文的理解和感受加深了、丰厚了。

但是还不够，鲁迅作品的更深层的意蕴，学生未必能够看出。于是教师又启动第三个环节，希望学生借助于辅助资料所给的新的眼光，在一个新的平台上，再去阅读和理解，发现他们刚才没有感觉的地方，在点画评注处发掘更深的蕴含。教师的示例进一步教导学生，情感就在词语中，情感就在标点上，把握鲁迅散文的情感，关键是要把握鲁迅"解剖"社会、反思国民性的情怀，即把握鲁迅散文的特质。学生进行了第二轮的点画评注，联系鲁迅的思想、精神、作品风格，更深入地感受作者的思想情感；而做到这些，是因为他们学会了"把握鲁迅散文的情感"的方法。

3.组织学生交流和分享语文经验

这条路径，适合以下两种情境。

（1）有一些课文，离学生的语文经验较近，与学生业已形成的或应该具有的阅读方法较为合拍，落差较小。用心理学的术语讲，学生有可以利用的相应阅读图式，或只需要把图式精细化，或只是对图式做具体化的微调。

（2）有一些课文，多元理解的空间比较大，比如诗歌、童话、寓言等。"多元理解"是有条件的。[①]从文本这一面看，法律文件，不容许有另外的解读；实用文章，就文本而言通常只会有一种正确的理解[②]；散文、小说、剧本等，可能产生基于文本的多种解读；童话、寓言尤其是诗歌，多元理解的空间或许非常大，以致"诗无达诂"。

在上述两种情境下，组织学生交流和分享语文经验是一条较好的路径。班级授课制，学生是学习的共同体。学生既是学习者，也是重要的教学资源。在交流和分享中，同学们相互触发，教师相机点拨，学生往往能获得新的语文经验，加深、丰厚对课文的理解和感受。看郭初阳老师执教的一个课例。

你
一会看我
一会看云

[①] 语文教师对学生阅读的结果（答题）给出不同分数，这清楚地表明"正确理解"是有准则的。一方面无原则地声称"多元理解"，另一方面却给学生的"理解"打出不同分数，这是很荒唐的事情。

[②] 实用文章产生不同的理解，是因为在不同语境中对文本的不同观照。在"文本互为语境"，或在自觉的"错位语境"，往往能揭示文本的不同含意。文学作品的"多元理解"，主要也是指这种情况，比如从女性主义的观点，或依据弗洛伊德心理学，往往会揭示出作品的不同意味。文学作品的"多元理解"，与学生因语文经验的不足而不能理解、随意理解，这是两桩完全不同的事情。

>　　我觉得
>　　你看我时很远
>　　你看云时很近

　　这是顾城的一首诗，题目为《远和近》。学生是小学六年级，发给学生的阅读材料没有标题。课前没有预习。这节课的教学环节是以下三个：

　　环节一：要学生读几遍，尽快将这首诗背下来。

　　学生自己读，自己背，然后教师请一组同学一个一个地背，即其他同学听了五六回，或许也默默地背诵了五六遍。

　　环节二：请同学们依据课文画一个几何图形并讨论。

　　学生们不甚理解，教师在巡视时，发现一位同学画的是三角形，请他画在黑板上并解释。为什么是三角形呢？因为这首诗说到三个事物：你，我，云。为什么"我"与"你"这条底线画得这么短呢？因为"我"与"你"挨得很近。怎么知道俩人挨得近呢？从诗里看出来的："你"的一举一动，每个表情神态，"我"都能清晰地感觉到，说明他们挨得很近。那么和"云"呢？这条线该画多长？老师问。应该冲破教室的屋顶！有几个同学在下面议论。

　　环节三：请同学给这首诗拟一个最有创意的标题并交流。

　　分小组讨论，每组派代表把各自的标题写在黑板上，同组同学做解释。共九组九个标题，其中两组是"距离"，其他组的标题分别是"障碍""自然""优美"等。

　　先讨论"距离"，黑板上的三角形是物理的距离，而诗中表现的是"心灵的距离"——"我觉得"是三个似乎很平常的字，学生却从中感到了诗的意味。学生们实际上也读出了这首诗两段之间的空行的意味：上片是现实，下片是内心世界，现实和内心世界仿佛隔着一条鸿沟。

再讨论"障碍"，一女生起来就说："这两个人有问题哎！"教师追问："是两个什么人？男生还是女生？"学生很肯定："一个男生，一个女生。"教师又问："'我'是男生还是女生？"同样很肯定："男生！""是个什么样的男生？"学生纷纷说："内向""敏感"……同学们读出了诗歌中的"抒情主人公"的形象。

接着讨论"自然"，那组同学表达了两层意思：第一，这首诗写得很自然。也就是对诗的形式感。第二，这首诗是在大自然里写成的。可以静静地看云而不被打扰，那一定是幽静的地方，风景优美的地方。他们推测作者是在写实，诗是作者当场创作的。这固然因为学生们对写诗的语文经验不足，但歪打正着，读出了这首诗的背景。也就是说，学生们不但在读这首诗的字，而且能够把文字转化成形象在理解、感受。

最后讨论"优美"，理由也是两个：第一，这首诗很优美。看起来是对诗歌节奏的语感。第二，这首诗的意境很优美。学生主动用"意境"这个词语，表明他们自觉地把诗歌当作栩栩如生的形象在感受和欣赏。

教师在讨论中相机谈论自己的阅读感受，出示顾城的图片，介绍评论家对顾城诗歌的鉴赏。

这堂课有三个环节。第一个环节是教学的起点，学生利用各自的生活经验和语文经验，自主地理解和感受。采用朗读的办法很正确，原因如下。其一，符合这首诗的体式。这首短诗，易读易记，是其体式的特点。其二，符合诗歌的阅读方式。朗读本来就是诗歌的阅读方式，学习诗歌，就是在朗读中不断丰厚诗意的理解和感受。其三，朗读既是诗歌的理解过程，也是对诗歌的理解的表达。不同学生朗读，实际上是在交流他们对诗歌的不同理解。其四，诗歌教学，往往要在学生能读会背的基础上进行，要点是理解的丰厚和加深。

第二个环节是过渡，借助于画图，同学们交流对这首诗的字面意思和语义结构的理解，也促使学生把文字转化为形象——把文字转化为形象来感受，是文学欣赏的最主要标志。

第三个环节是这堂课的重点，也是最精彩处，小组拟标题并交流。首先，拟标题抓住了学习这首诗的特质。这是一首"朦胧诗"，朦胧诗的阅读，重心是打开诗歌丰富的蕴含。学生分组拟标题，因为生活经验的多样性以及阅读理解的角度不同，就有可能打开这首诗的种种侧面，揭示出诗歌的多重意义和意味。尽管由于学生人生经验和语文经验的制约，他们目前还无法感知这首诗所蕴含的一些意味，比如诗的哲理，它与卞之琳《断章》的互文，六行大白话何以产生诗意甚至成为诗歌中的精品，等等。但是，由于诗歌多元理解的空间较大，学生们依据自己的经验，能够读出他们能读出的东西来，甚至读出了成年读者读不出来的意味——比如"自然"和"优美"。其次，学生在交流中，分享了各自的经验。这堂课体现了好课的特点：学生的"学的活动"有较充分的展开，学生的学习经验有较充分的表达与交流，班级的每个学生都能获得共同的学习经验。学生在小组中的交流，小组在班级里的交流，使得原本只能从某个角度理解和感受的学生，对这首诗的理解丰厚、加深，形成了多角度、多侧面理解的互补。最后，通过郭老师精心组织的"拟标题"活动，在同学交流和分享中，在这首诗的理解和感受丰厚、加深的过程中，同学们也或多或少地学到了如何阅读诗歌、如何阅读现代诗，如何阅读朦胧诗。比如，关注诗歌形式的意味，想象诗歌中抒情主人公的形象，把文字转化为形象来感受和体验等。

四、依落差的状况选择适合的路径

上面阐述了阅读教学的三条基本路径。需要说明的是，在研究中，三条路径泾渭分明，但在具体的教学中，路径之间有贯通、有交叉。对语文教师来说，重要的是要清晰地把握一篇课文教学的主要路径。一篇课文的教学，应根据学生的学情，择选其中一条作为主要路径，并相机采用其他辅助路径。

来看特级教师朱震国执教的《勇气》（狄斯尼）课例。

朱震国老师执教的这堂课，采用的是上述第三条线路，以组织学生相互交流为主。先让学生谈小说中印象最深的情景，再让学生提出疑问师生交流，然后是教师提出问题学生讨论，最后是学生分别朗读他们的仿写片段。像这篇课文的其他课例中出现的情景一样，学生们一开始就纠结在一些"问题"的认识上；也像语文课堂常见的情景一样，对课文阅读中引发的所谓"认识问题"，学生们尚不能以"我（读者）不知"的方式提出，而习惯于采用"你（课文）不对"的姿态，因此也不能够自觉地走进文本去探寻，而倾向于自顾自地谈论对问题的评判意见，尽管有时使用的是疑问的句式。

这堂课聚焦在两个"问题"上。第一，美国大兵不对。他不应该第二次跑回那法国女人的家。第一次去，害死了这家丈夫；第二次还去，没有人性，只为自己活命，不顾法国女人和她三个孩子的生死。第二，法国女人不可能"幸福"。在战争中艰难度日，不幸福；刚死了丈夫，尸骨未寒，怎么会幸福呢！有同学还提了一些其他"问题"，比如德国兵太傻，为什么不这样呢，四个人去商量如何处置俘虏，两个人用枪顶着美国兵！

学生在课堂中的任何问题和观点，都需要得到尊重。对学生来说，他们提出那些问题，发表那些看法，都是真诚而合理的。但是，语文教师要分析，要有专业的判断。在这里，学生的小说阅读显然出了状况，需要引导和帮助。朱震国老师正是这么做的，在教学中，不断用语言——包括语气、语调、表情语言、动作语言等，比如"幸福不幸福与死没死丈夫没关系"努力引导和帮助学生"回到小说的场景中"，揣摩小说中的细节，在小说的时空场景中设身处地地感受和理解人物的行为。最后一个环节，是仿写美国大兵和法国女人分别时的对话。朱老师反复提醒：你是美国大兵，从死亡边缘被救了回来，你只会英语；你是法国女人，终于熬过了战争，刚埋了丈夫，你只说法语。整个一堂课，教师对教学内容把握得很清楚，那就是"阅读小说要回到小说的场景中"。但是学生呢，看来没能进入教师所希望的轨道，他们始终按"对或者错"的认识判断来读小说，他们耿耿于怀"认识问题"，始终站在这篇小说的外面，来评判那里的人和事，最后学生们展示的仿写，在内容和语言上，几乎是做空洞的表彰报告，洋洋洒洒，满是"你为法西斯战争做出了卓越贡献"之类不着边际的大话。

当学生的阅读困难主要是没能掌握与特定文本相呼应的阅读方法时，教学内容就应该聚焦在阅读方法的学习上。如果教学目标是使学生学会阅读方法，就应该将这一教学内容放置到前台，要让学生明确地意识到这堂课的这一学习任务。

朱老师这堂课处在前台的，是师生交流"认识问题"，而朱老师把学习小说的阅读方法放置在后台，试图让学生领会教师在交流讨论中潜藏着的小说阅读方法。尽管听课专家可以很清楚地看出朱老师一系列教学行为的走向和意图，但学生很难领会，反而被处在前台的"认识问题"所牵制，以为老师反讽式的语气、语调、表情、动作，只是在表达对"认识问题"的不同观点而已。这堂课朱老师没用课件，假如把"阅读小说要回到小说的场景中"这行字制成课件，始终映在黑板上，让学生在这句话的笼罩下来讨论他们的"认识问题"，教学效果一定会有较大改善。

这堂课的实际效果告诉我们，当阅读课文所需要的语文经验与学生的现有经验有较大距离，甚至有冲突时，不宜采用"组织学生交流和分享语文经验"的线路，而应该采用"指导学生形成新的阅读方法"的线路，并相继辅之以"唤起、补充学生的生活经验"。组织学生交流和分享，则应该聚焦于语文经验，引导学生在讨论中逐步走向与课文相符的理解和感受，而不是纵容学生离开课文谈论话题或由话题所延伸的"观点"和"认识"。

参考文献

[1] 王荣生."以'学的活动'为基点的课堂教学"系列讲座[J]. 语文学习, 2009(9. 10. 12), 2010(1. 3. 5).

课文阅读教学设计的四个要点[*]

课堂教学的成效，主要不是靠教师在课堂教学现场的发挥，甚至也不取决于教师个人的教学才能，而是取决于课前的教学设计，取决于教师课前对教学目标、教学内容、教学过程、教学方法的周密考量。课前教学设计，也就是我们通常所说的备课。

课文教学是我国语文教学长期以来主要的教学模式。一篇课文的教学设计，有两个方面，四个要点。第一个方面，教什么。"教什么"实际上是两个问题：一是教学目标（后面我会用"教学点"这个词来代替），就是这篇课文学生要理解哪些词语，理解哪些语句，理解哪些段落，理解和感受哪些方面；二是教学内容（后面我会用"知识点"这个词来代替），就是要使学生理解这些词语、语句、语段，学生需要知道什么，需要学会什么。学生学习和运用相应的语文知识去解决那些教学点的问题，去理解他们原本可能理解不了、感受不到的地方。第二个方面，怎么

---

[*] 本文原为中国高等教育学会语文教育专业委员会组织的公益直播课的录音整理稿。原载《语文建设》2020年09上半月、10上半月，题目为《课文教学设计的四个要点》。

教。"怎么教"实际上也有两个问题：一是纵向的安排，也就是学生先学到哪里，再学到哪里，是先后的次序问题，我们通常把它叫作教学环节；二是在一个环节里面如何组织学生的学习活动，如何组织学生学习、运用相应的语文知识理解课文中的关键词语、关键语句等要点。

一、确定一篇课文的教学点

先看课文教学设计的第一个要点，确定课文的教学目标。课文的教学目标，即课文的教学点。要明白一篇课文的教学点，就要先弄明白两个道理。

1. 学生在课堂上有两个角色身份

学生在课堂上的第一个角色身份，是一个阅读者。什么是阅读呢？阅读，就是有一个读的人，我们称之为"阅读的主体"；去读一个东西，我们称之为"阅读的对象"。一个读的人，在读一篇具体的课文时，产生一些理解和感受，这就是我们所说的阅读。

这看起来是很简单的常识，却十分重要。我们需要清楚两点：第一，当我们讨论阅读、阅读能力、阅读教学的时候，必须把谁在读、读什么具体地联系起来。第二，对于一篇课文的理解和感受，是谁的理解和感受呢？当然是读者的理解和感受，也就是学生的理解和感受。

下面我会和大家讨论四首诗歌，都是大家非常熟悉的。第一首诗歌是《再别康桥》，我们来看第一节：

轻轻的我走了，

正如我轻轻的来；

我轻轻的招手，

作别西天的云彩。

  现在学生读这首诗，读这一段，必定会产生他的理解和感受。产生理解和感受，凭借什么呢？主要是两个方面：第一，他的生活经验和百科知识。比如，根据他的生活经验和百科知识，《再别康桥》的"别"，是告别；康桥，不是一个人就是一个地方，他理解可能是一个地方；"再别"的"再"，可以理解为再次，也可以理解为第二次。他可能知道作者徐志摩，也可能不知道。根据他的一些生活经验和百科知识，他来理解和感受这首诗。第二，他的阅读经验和语文经验，也就是他的阅读能力。根据他以往的阅读经验，他知道这是一首诗歌，他会按照诗歌的方式来阅读。比如，"作别西天的云彩"，这是诗歌的说法。接下来第二段，"波光里的艳影，在我的心头荡漾"，他要知道"荡漾"这个词；根据他的经验，"在我的心头荡漾"是一种诗歌的说法，是一种抒情的表达。他借助自己的生活经验以及已经形成的一些语文经验，来理解和感受这首诗歌。这是我们讲的学生的第一个角色身份——"阅读者"。

  学生为什么是学生呢？因为他要学习。学习阅读，学习阅读一篇课文，学习阅读一首诗歌，学习阅读这样的诗歌。也就是说，凭借他原有的一些百科知识和语文经验，这首诗歌有些地方他可能理解不了，或者感受不到。所以在我们的课堂上，学生还有第二个角色身份:"学习者"。我用这个图形来表示学生作为学习者(见图1)。

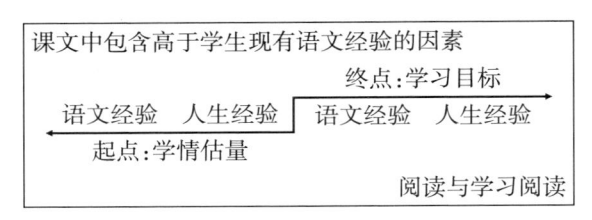

```
课文中包含高于学生现有语文经验的因素
                          终点:学习目标→
    语文经验  人生经验   语文经验  人生经验
    ←起点:学情估量
                               阅读与学习阅读
```

图1　作为"学习者"的学生

教材中的课文有高于学生原有语文经验的一些因素,学生单凭原有的背景知识和语文经验,有些地方理解不了,有些地方感受不到。而这些地方往往是这篇课文最紧要的地方,往往是学生理解和感受的一些关键点。学生要在学习的过程中逐渐跨越这个台阶,克服落差,然后达到一个新的水平,形成更高的语文能力,积累更丰富的语文经验。

现在我们来看这首诗。学生可能有哪些地方理解不了,哪些地方感受不到呢?在备课的时候,我想起了一个很著名的老师教这首诗歌的一堂课。在那个单元里,他们先学了一首毛泽东的词《沁园春·雪》,在学习过程中,学生明白了要读出这首词中领袖的气势、气派、气度和风采。然后就学这首《再别康桥》。教师让学生先朗读这首诗歌。学生齐声朗读:"轻轻的我走了"。教师打断说:"慢点慢点,停!我听着好像不是轻轻地走了,我听着好像是重重地走了。"由此可知,声音和情调、声音和情感可能是这个班的学生需要学习的。我们来一起试试看:"轻轻的我走了","了"为轻声。在这一句里面,"轻轻"和最后的"了",语义与声音相合、相配。第二句:"正如我轻轻的来"。大家看到这首诗的第一小节,它的押韵是开口音。从我们一般读诗的经验来说,离别往往是与忧愁连在一起的,离愁别绪。但是我们读这首诗时,却有一种轻快的感觉。这种轻快的感觉从哪里来呢?与语义,也与声音,与这节的押韵,与整首诗韵脚的选择有关系。"正如我轻轻的来","来"是一个开口音,有一种明亮的感觉。再下一句"我轻轻的招手","手"是收束音。"轻轻"和"招手"语音相合、相配。接下来"作别西天的云彩","来""彩"是开口音,一般我们读押韵时会读得响亮一点、延长一点,有一种响亮、明亮的感觉。对这一点可能有些学生不太明白,有些学生可能过去没有相似的读诗经验。接下来一段换韵,"娘""漾"也是很响亮的韵脚。《再别康桥》每一小节都换韵,换韵就意味着跳跃。所以这首诗不仅有一连串意象的跳跃,而且随着音韵的跳跃,也产生一种很明显的情感的跳跃。从音韵的角度、从声音的角度,去理解和感受一首诗的意象,去理解和感受一首诗所传递的那种情感、情感的色调和基调,这对目前还没有形成成熟的阅读经验的学生来说,是需要学习的。

这是在确定教学目标之前,我们需要先弄明白的第一个道理。在课堂上,学生有两个角色身份:作为"阅读者",学生产生自己的理解和感受,从这个意义上来说,我们要尊重学生的阅读主体,尊重学生的理解和感受;作为"学习者",学生的理解和感受未必是对的,往往是不对的,是不够的,所以我们才需要教,所以就有了"教学目标"。我们在课堂教学中要教的或者主要面对的,就是学生拿到一篇课文可能会出现问题或有困难的这些地方。

2."课程目标"与"教学目标"的差别

课程目标和教学目标是两个不同的层面。简单地讲,"课程目标"是学生经过一段较长时间——比如一个学段、一个学年、一个学期,学生学会的东西。比如"能正确、流利、有感情地朗读课文",这不是一篇课文所能完成的,它是一个学段的目标。"课程目标"体现的是课程标准。那么"教学目标"是什么呢?教学目标就是在较短的时间内——一节课或者一篇课文的学习,学生要到达的地方。教学目标不在课文的外面,它当然在课文里。根据语文教学、语文教师的一些话语习惯,我建议——其实很多教研员也是这样来使用的,把一篇课文的"教学目标"叫作"教学点"。

拿到一篇课文,问"这篇课文的教学目标是什么",对语文教师来说,这个问题往往比较抽象、笼统,因而往往会走出课文,会用课程目标去替代教学目标。比如,有不少教师在教案上写的教学目标是"学生能正确、流利、有感情地朗读课文"。其实,一篇课文的教学目标是学生能读好课文的这一处,读对课文的这一句,读通课文的这一段。请注意,这一处、这一句、这一段,都是在课文里,所以我们用"教学点"这个词。就拿刚才那个例子来说:学生能读对"轻轻的我走了"中"了"的轻声,学生能读好"正如我轻轻的来"中"来"的开口音。一般来说,拿到一篇课文,问"这篇课文的教学点在哪里",通常都会引导教师返回到课文里;返回到课文里,目标的方向就对头了。一篇课文的教学目标与一个学段的课程目标,二者有联系,但不是一回事。语文教学最难的地方，或者说课文教学问题最大的地方，可能就是因为这个道理一直没有讲明白。

明白了以上两个道理，对于如何确定一篇课文的教学目标即教学点，就比较容易把握了。确定一篇课文的教学点的方法，其实就是一个常识，即我们通常所说的"备课备两头，一头备教材，一头备学生"。这句话几乎每位老师都会说，但是我们过去的研究，可能两头都没有说明白，或者说得不够明白，所以在上课的时候就会出现这样那样的问题。

"备教材"就是抓住课文的关键点。一篇课文的理解和感受有哪些紧要的地方，这就是"备教材"所备的地方。还是以《再别康桥》为例，老师们都知道，一首诗歌的理解和感受的关键点是意象、节奏、音韵以及诗行的排列，包括标点符号，有语意方面的，也有声音、形式、视觉方面的。确定一篇课文的关键点，我建议大家画黄颜色。

"备学生"是什么意思呢？我们现在的研究已经能把它说明白了。所谓"备学生"，就是《再别康桥》这首诗，学生有哪些地方凭借原有的生活经验和语文能力，可以自主地理解和感受，有哪些地方可能关注不到、理解不了、感受不了。我建议教师在学生理解和感受可能有困难的地方画绿颜色。

画出的黄颜色和绿颜色一定有重叠的地方。这些重叠的地方就是一篇课文的教学点，即课文的教学目标，也就是在这节课上教师要带领学生到达的地方（目标），或者这样说，就是在这节课上教师要帮助学生去解决的教学点的问题。

我们做了大量案例，小学的、初中的、高中的，这些案例几乎无一例外地告诉我们：学生对一篇课文理解不了、感受不到的地方，即阅读理解的疑难处，往往就在这篇课文最紧要的地方，往往就是这篇课文理解和感受的关键点。学生的疑难处和文本的关键点，也就是刚才我讲的黄颜色和绿颜色重叠的地方，即教学点。绿颜色越多，表明这篇课文的难度越大。黄颜色远超绿颜色，说明这篇文章的大部分地方，学生可以自主地理解和感受，因而是不需要教的。

阅读教学的难点在哪里呢？阅读教学一个最难的地方，就是一篇课文中哪些地方有困难、哪些地方有问题，哪些语句可能没有读懂、没有理解、没有感受，学生自己往往是不自知的。也就是说，学生按照已有的生活经验和语文能力，认为这些地方自己都读明白了。除非一篇课文远远超过了他的理解力，对他来说实在太难了，他才自知读不懂。而我们的中小学课文往往不是落差那么大，一篇课文的大部分地方，往往大部分学生都能读懂，而只有某些语句他们可能读不懂。在这种情况下，学生往往似懂非懂。能够区分出哪些地方自己读明白了，哪些地方自己可能没读明白，这是较高的阅读能力的表现之一。由于阅读教学最大的难点就在于学生理解不了、感受不到却又不自知，所以更要求教师在备课时关注和分析学生的学情。

分析学生的学情，过去我们搞得非常抽象、非常复杂。其实，就一篇课文的教学来说，学生的学情很简单也很直观。所谓学情，就是这篇课文的这个地方，有些学生可能理解不了，这个词语学生可能感受不到，这个语句学生可能忽略，等等。我建议备课时，了解学情就用这种傻办法，或者说最实用的办法：拿到一篇课文，先画黄颜色，标出那些要紧的地方、关键的语句；然后一处一处问：这一处学生能理解吗？这一处学生能感受到吗？如果我们凭着教学经验来判断学生可能有问题和困难，就画上绿颜色。

以上是课文教学设计的第一个要点。确定一篇课文的"教学点"，即教学目标。如图2所示。

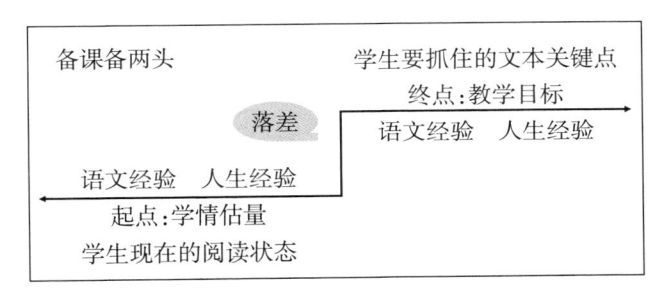

```
备课备两头              学生要抓住的文本关键点
                            终点:教学目标
              落差      语文经验    人生经验
    语文经验    人生经验
    起点:学情估量
    学生现在的阅读状态
```

图2　阅读教学目标（教学点）确定

我们再来看一首诗，也是大家非常熟悉的——《雨巷》，也看它的第一节：

　　撑着油纸伞，独自
　　彷徨在悠长、悠长
　　又寂寥的雨巷，
　　我希望逢着
　　一个丁香一样的
　　结着愁怨的姑娘。

"撑着油纸伞，独自"，很显然这首诗断句的方法，与上面那首《再别康桥》就很不同。《再别康桥》差不多是按照自然语句那种停顿来断句的，当然，段中有分号和句号，这也是我们需要关注的地方。但是这一首，第一句"撑着油纸伞，独自"断在这里，接下来第二句"彷徨在悠长、悠长"断在这里，接下来第三句"又寂寥的雨巷"，这才是一句话："撑着油纸伞，独自彷徨在悠长、悠长又寂寥的雨巷"。在《如何读诗》这本书里，国外的研究者讲：诗歌最紧要的地方，或者说判断诗歌和散文最明显的地方，就是诗歌的断句是完全由诗人来掌控的，而不是按照那种自然的语段、语句。我们来看一下："撑着油纸伞"，逗号；"独自"，诗行停在这里；"彷徨在悠长、悠长"，停在这里；"又寂寥的雨巷"，逗号。下一句，"我希望逢着"，停在这里，话没有说完；"一个丁香一样的"，停在这里，没有说完；"结着愁怨的姑娘"。这个诗歌的断行对有些学生来说可能关注不到，对诗歌的形式可能会有一种朦胧的语感，有一些自主的感受；但是，学生可能不太明白，所以他读的时候可能关注度就不够；由于他的关注度不够，在断行的那个地方，他就体悟不了作者用这样的断行刻意要传达的意味——作者刻意断行，显然是要表达他想表达的某种情感、情绪、情调，这就是我们所说的文学作品"形式就是内容"。与上一首相比较，这首诗歌的断句对学生来说可能就会有些问题，所以备课时要分析这首诗歌最紧要的地方在哪里，与学生以前读过的诗歌、形成的读诗经验相比，有哪些地方对他们来说可能是新的，先画黄颜色，再画绿颜色，确定"教学点"。

再如这首诗的押韵，全诗都押同一个韵："悠长""雨巷""姑娘""芬芳""彷徨"等。"长，巷，娘，芳，徨"都有一种回音感，所以这首诗读起来有一种缠绵回旋的感觉，这与音韵有关系。这首诗有很多联绵词，在第一段就能看出来："彷徨""寂寥"；我们稍微扩大一点，"愁怨"；再扩大一点，下面的"芬芳""忧愁""哀怨""彷徨"等，这些接二连三的很明显、很突出的联绵词，带来回旋往复的那种感觉。

上面所讲的这些地方，就是《雨巷》的"教学点"即教学目标，也就是学生上完这堂课要学会的东西，他要对这首诗产生新的理解和感受，超过他原有水平的、新的、更高水平的理解和感受。

二、合理安排教学环节

怎么去解决这篇课文里的"教学点"，达到这节课的教学目标呢？这就涉及教学环节。

教学环节是对教学点的合理分配。教师引领学生先到这些地方，再到那些地方，这就是教学环节。根据对优秀教师课例的分析，我们大致可以得出这个结论：课文教学的优秀课例，无论是小学还是初中、高中，大致都安排三个环节。这三个环节呈阶梯状，教师引领学生先上这个台阶，再到那个台阶。因此，我建议教师备课的时候，给一堂课、一篇课文设计三个环节。假如有五个教学点，有些环节就要合并；当然，也有些教学点可能需要分解到各个环节中去。

在讲教学环节的时候，我经常用的一个课例是王崧舟老师执教的《长相思》。这是王崧舟老师非常经典的一堂课，我们先来看一下这篇课文，这是一首词，作者是纳兰性德。

山一程，水一程，身向榆关那畔行，夜深千帐灯。

风一更，雪一更，聒碎乡心梦不成，故园无此声。

我们刚才讨论的问题是这首词的教学点在哪里？学生学习这首词时，学习目标是什么？要理解哪些词语、语句、关键的地方？王崧舟老师的这堂课，整节课就讲了三个字，或者说他就让学生关注三个字。我们可以好好琢磨一下，这堂课为什么只讲这三个字？这三个字是怎么出来的？

我们现在讨论的问题是教学环节。先来看一下王崧舟老师教案的三个环节：

（一）借助注释，读懂词意

（二）展开想象，读出词情

（三）互文印证，读透词心

第一个环节是"借助注释，读懂词意"。"借助注释"是学习活动，下面我会讲到；"读懂词意"是第一个教学点，等会儿我们可以看看"读懂词意"到底是读懂哪些字、哪些词。第二个环节是"展开想象，读出词情"。当然是学生展开想象，这是学生的学习活动；"读出词情"是第二个教学点。那么"读出词情"需要关注哪些语句呢？等会儿我们来展开看。第三个环节是"互文印证，读透词心"。王崧舟老师又选了纳兰性德的另外一首词，从词里选出相关的语句，形成互文，让学生去透彻理解这首词所传达的意蕴。读懂词意，读出词情，读透词心，三个环节呈阶梯状。

我们现在已经明白了，备课备两头，找到学生的疑难处，这是出发点；课文的关键点，这是要去的地方；中间搭两三个台阶，我的建议是三个环节。简单地说，就是学生先理解这些，或者理解到这个程度，再感受理解这个方面、那些语句。读懂词意、读出词情、读透词心，对应教学点A、教学点B、教学点C。

先是教学点A，我们来看这堂课是怎么展开的，也就是开展了哪些学习活动。教师先让学生自己读这首词，看起来没有预习。研究优秀教师的课例，我们知道了一个道理：诗词看来是不需要预习的，或者说可以不预习，诗词的教学应该在学生理解字面意思并基本达到会背的程度，然后才教。

第一个环节的学习活动，有三个步骤。第一个步骤是"读对生字、多音词、停顿"。"身向榆关那畔行"，"榆关"在哪里呢？下面有注释。学生边看正文边看注释，借助注释去理解语句的意思。"风一更，雪一更"，"更"是多音字，下面有注音。什么是"聒碎乡心梦不成"呢？下面有注释。这是第一个步骤，学生借助课文下面的注释，自主地理解这首词。在这个步骤，学生要解决的问题是生字、生词、多音字，然后读准、读顺。

接下来第二个步骤，王崧舟老师让学生再多读几遍，看看能不能读出点味道来，读出点感受来。我把它翻译成一个理论性的话语，就是学生借助原有的生活经验、百科知识、语文能力、读诗经验，自主地理解和感受诗词。学生自己读，多读几遍，尝试着读出一点感觉，读出一点味道。

第三个步骤，教师问的问题是"身""心"这两个词语，让学生讨论作者"身在何方，心在哪里"。为什么会问这两处呢？

因为"身""心"是理解这首词的关键点。上阕讲的是"身","身向榆关那畔行";下阕讲的是"心","聒碎乡心梦不成"。这首词很大程度上就是"身"和"心"的分离,"身"和"心"的背离,"身"和"心"的矛盾,"身"和"心"的冲突。因此,理解这首词所传递的意蕴、情感,"身""心"是两个关键的字眼。刚才我们讲的黄颜色,现在王崧舟老师帮我们画了:"身"黄颜色,"心"黄颜色。他备课的时候一定想,这两处太紧要了,学生自己多读几遍的时候,会不会自主地去关注呢?能不能自觉地去理解和感受呢?他的判断是有困难,很可能有问题。课文的关键点与学生的疑难处重合,这就是教学点,所以他问"身在何方,心在哪里"。这一段的课堂教学非常精彩,第一个学生回答"身在榆关",王老师让这位同学站着,再按座序问后排同学"身在何方";前面还有"山一程,水一程"呢,第二位同学也还站着,再按座序问第三个同学"身在何方";后面还有"夜深千帐灯"呢,再按座序问同一排其他同学,下阕还有"风一更,雪一更"啊。七八个同学一排站着:身在何方?身在榆关;身在何方?身在征途;身在何方?身在渡河的船上;身在何方?身在行军打仗的征途中。那么心在哪儿呢?心在故园,心在故乡,心在亲人。

通过这样三个步骤,学生明白了这首词讲的是什么。这种明白和他们在上课之前是不同的,其理解和感受超越了只凭借原有水平的多读几遍。

下面是第二个环节"展开想象,读出词情"。展开想象,当然是学生在想象。那么教师干什么呢?教师怎么让学生想象呢？这就是我们讲的学习活动的设计。第二个环节也是三个步骤。先是教师朗读，当然可以配乐，然后他边朗读边让学生去想象"看见了什么，听到了什么"。"山一程，水一程"，看到了什么？听到了什么？想到了什么？这个就是想象。现在我们知道了，诗歌的情感在哪里？情感不是拿来说的，不是抽象的"概括情感"，情感就在想象中。这是我们从这堂课上可以看出来的一个道理：借助自己的想象，学生凭借形象去感受作者的情感；借助自己的朗读，学生通过声音去感受作者的情感。通过形象和声音的感受，去理解诗人在他的诗句里所表达的那种情感、情调、情味。

这是我讲的第二个方面，教学环节。教学点怎么安排？学生先到课文中的这里去，再到课文中的那里去。那么，教学点的合理分配，是不是课文前面的语段就在先，课文后面的语段就在后呢？未必。所谓"合理安排"，有三个逻辑：一是课文的逻辑，一般说，教学点出现在课文前边的，要安排在先；二是阅读的逻辑，阅读理解是非线性的，有时读懂了后边的文字才能更好地理解前边的内容，那么教学点的安排就要发生变化；三是学习的逻辑，学生容易学会的安排在先，学习有较大难度的，宜安排在后。

三、选择教学内容

课文教学设计的第三个要点是教学内容，或者叫"知识点"。"知识点"这个说法本身没有问题。无论是课文教学还是单元教学、基于项目的学习，最终的目的都是使学生更好地学习知识，掌握更有用的知识。关键是哪些知识，学生学了这些知识干什么用。

学生为什么要学习语文知识呢？学习语文知识是为了解决教学点的问题。学生学习和运用了所学的语文知识，对课文中原来读不明白的能够读明白，对课文中原来难以理解和感受的能有更丰厚的理解和感受。

前面讲的"撑着油纸伞，独自"断行处，就有两个知识点。第一个知识点，读诗的时候要按句子完整地来读，"撑着油纸伞，独自彷徨在悠长、悠长又寂寥的雨巷"，这句话要连着一起读，才能完整地理解诗歌所表达的语义。正如艾德勒在《如何阅读一本书》中所讲，读诗歌的时候，不管懂不懂，都要先把诗歌按完整的句子一口气读完，这样对诗句所表达的语义往往就比较容易理解。第二个知识点，诗的断行处是关键点。在初步理解语义的基础上，要关注诗行的断句。通过《雨巷》这篇课文的学习，学生明白了读诗需要关注断行处的意味，关注音韵，关注音韵与情感的表达，关注联绵词和情绪之间的呼应，等等。学生以后读到其他的诗歌，就会有意识地关注作者刻意为之的那种表达形式。

我们过去长期有一个疑惑：要不要教语文知识，教哪些语文知识？讨论得很多，但是对于基准一直没能说明白。在20世纪30年代，叶圣陶先生就讲过：语文知识要"随文而教""因文而教"。这个方向是对的，但研究还不到位，"随文而教""因文而教"说得还不够明白。接下来到20世纪五六十年代，张志公先生讲六字方针："精要、好懂、有用"。其中关键是"有用"。什么是"有用"呢？判断"有用"的基准是什么呢？《义务教育语文课程标准（2011年版）》在讲到语文知识的时候，纠正了之前课标中"不要刻意追求语文知识的系统性"那句话，明确在语文教学中语文知识要"随文而教"。应该说这句话还是没有说到位，至少在表达上说得还不够明白。"随文而教"随的是什么？就是随教学点。教一篇课文要教哪些语文知识呢？就是教学生为解决这个教学点的问题，需要知道、需要运用的语文知识。什么叫"有用"呢？帮助学生解决教学点的问题，就是有用。

可以看看我在前面讲过的一些例子。比如，学生学《再别康桥》《雨巷》《长相思》，在解决那些教学点的问题时，所学习和运用的语文知识，就是教学内容。"语文知识要不要教，教哪些语文知识"这个问题，离开了教学点，离开了教学目标，是没有办法讨论的，或者说是讨论不下去、讨论不清楚的。

课文教学主要是阅读教学。对于阅读来说，"语文知识"主要是指阅读的方法、策略。

这里主要讲"阅读方法"——关于"阅读策略"，可参看我的《阅读策略与阅读方法》一文。我在前面讲过，所谓阅读，就是有一个读的人，在读一篇特定的文本。那么在阅读一篇课文时，眼睛要往哪里看呢？也就是说，在阅读一篇课文时，应该关注课文中的哪些词语、哪些语句、哪些方面呢？

阅读中的"看"，与其说是眼睛在看，不如说是大脑在"看"。"阅读过程中始终存在着两条视线，一条是（眼睛）生理性的外部视线，一条是（大脑）心理性的内部视线。"因此，阅读中的"理解"问题，可以看成"注视点"和"意识点"的关系问题。也就是说，眼睛的"注视点"，应该看到语句和语篇的关键点,"注视点"要与"意识点"同步。

从"眼—脑"的角度,具体语篇的阅读过程大致可以归结为相互联系的两个要点:

(1)眼睛"看到"(注视)语篇的关键点。

(2)大脑"看出"(理解)关键点的意义。

刚才我讲"撑着油纸伞,独自",眼睛要关注到"独自"这个断行处,看到这首诗歌的关键点。即阅读方法的第一个要点——看这篇课文的什么地方,这取决于课文的语篇类型。阅读方法的第二个要点,就是从这个关键点——关键词语、关键语句等,看出什么东西来,或者说,怎么看出东西来。

因此,"阅读方法"简单讲就是这两件事。眼睛看什么地方,比如前面讲的王崧舟老师教学《长相思》,"身在何方?心在哪儿?",眼睛要看这两个关键的字眼。那么从"身""心"这两个字眼,可以看出什么来呢?我们看出了关联上下阕的"身""心"的冲突和矛盾。这就是我们讲的阅读方法(见图3)。

如何阅读

◆ 如何找到语句和文本的关键点?	◆ 对这些关键点,如何做深度加工?
◆ 即看语句和语篇的什么地方?	◆ 即从这些地方看出什么东西来?

图3 阅读方法示意图

这是课文教学设计的第三个要点，帮助学生解决教学点问题或困难的语文知识。

我再举一个诗歌教学的课例，是郭初阳老师上的一堂课。[①]

顾城的诗，《远和近》，郭初阳老师上课的时候就发给学生一张纸，没有标题，也没有出示作者，只有六行诗句。从这里我们就可以看出来，教师在上课之前一定是经过精心设计的，这两处是要派上用场的。

我在前面讲过，教学的成效取决于课前的备课，取决于课前的教学设计。我也提到过，诗词的教学可能一般不需要预习，所以郭老师现场发给学生的这首诗，不是教材里的课文。

第一个环节：多读几遍，尽快把它背下来。这是第一个环节中的主要学习活动。

看起来只是学生在读、在背，但是教师在备课时，一定知道通过"多读几遍，尽快把它背下来"可以让学生学会。

我经常说，好的老师、好的课，几乎每一招都是对的，尽管上课的老师不一定能讲出其中的道理，但是研究者可以从中分析出其中的道理，然后再把这些道理分享给广大的语文教师，使更多的教师在能够明白道理的基础上去学习优秀教师的课。在现场评课的时候，我对这个环节做了很多分析。

第一个方面，朗读和背诵是诗歌的理解方式。阅读分为默读和朗读，诗歌的理解方式是朗读。而有些文章，比如实用文章，它的阅读方式是默读。一些教师拿到一篇新闻报道，让学生齐声朗读，这就不对。因为新闻不是朗读，新闻是播报，它有独特的

[①] 本例在本书第187页亦引用，可参见。

语速、语气、语调。这是第一个方面,朗读、背诵本来就是诗歌的理解方式。

第二个方面,易记易诵正是这首诗的特点——关键点。一首诗要写得让读的人看一眼就能记住,读一遍就能背诵,这是很高的成就。千万不要小看这六行字,经典名篇,流芳百世。经典在何处?其中之一,就是看一眼就会记住,读一遍就能背诵。

第三个方面,教学的起点通常是从学生的自主理解和感受开始的。"多读几遍,尽快把它背下来",如果我们用理论性的话语来"翻译"这个环节,即学生借助于原有的生活经验和语文能力,自主理解和感受这首诗歌。我们可以把这堂课与王崧舟老师的那堂课联系起来,就会看出教学的起点都是从学生的自主理解和感受。但很显然,教学不能停留在学生原有的理解和经验上,而是要跨越前面讲的落差。

第二个环节:这首诗涉及你、我、云三个方面,假如要画一个三角形,那么这三个方面会画成什么样的三角形呢?这是学习活动。所谓学习活动,是通过这个活动,学生学习、运用某些语文知识,去解决教学点的问题——你、我、云三者之间的关系,或者说,三个意象之间的关联,从而对这首诗的语义有较透彻的理解。郭老师上课的时候,一个学生在黑板上画了一个宝塔形,"云"在最上端,"你"和"我"在下面,"你"和"我"这两条线画得很短。学生画的这个三角形,表达了他对这首诗传达的意思和意味的理解与感受。郭老师很有教学经验,他没有问这个学生,而是问其他同学:这位同学画的宝塔形,为什么这个"云"画得这么高呢？马上有个男生站起来说：老师，他画得不对。为什么不对呢？他的意思是那个宝塔尖画得还不够高，于是他上来再画了一次，把那个宝塔尖画到了黑板的顶上。郭老师说，其实那个尖还不够高，它要穿破屋顶。也就是说，"云"在很远很远的地方。那么"你"和"我"这两条线为什么画得这么短呢？同学们看出来了：因为两个人挨得很近。你怎么知道这两个人挨得很近呢？在诗的下半段："我觉得/你看我时很远/你看云时很近"。"你"的一举一动，"你"的每一个神情，"我"能够清晰地感受到，所以这两个人应该挨得很近。那么，第二个环节的教学点是什么呢？对这首诗涉及的三个方面、三个意象之间关系的理解，开始深入这首诗所传达的意蕴。

第三个环节：给这首诗拟标题。郭老师说："我给大家复印的这首诗没有标题，我相信同学们凭借自己对这首诗的理解和感受，一定会取一个比作者更精彩的标题。每个小组交流讨论，形成共识，拟出你们小组认为最精彩的标题。"这个班级有九个小组，拟出了九个标题。然后老师请学生在黑板上写出所拟的标题，介绍并解释为什么会拟这个标题。

这是一首朦胧诗，现代诗的一个品种，代表诗人有顾城、舒婷等。所谓朦胧诗，就是看起来大白话一样的诗句，却意蕴无限。意蕴要一层一层地揭示出来，所以郭初阳老师在这里选择的一个学习方式是分小组讨论、拟标题。拟标题的效果就是打开了这首诗的种种侧面。

我们来看学生通过拟标题这个学习活动，学到了哪些语文知识，学会了读一首诗应该看哪些地方。有两组学生拟的标题是《距离》。老师问，为什么你们的标题是"距离"呢？学生讲，刚才画的那个宝塔尖一样的三角形是真实的距离，我们讲的"距离"是心灵的距离。学生看出来了，此时如果在教学中再延展一点，可能会更好些：诗歌的前一段讲的是现实——"你/一会看我/一会看云"，诗歌的后一段讲的是心灵的感受。两段中间有一个空行。诗歌的形式是表达内容的，或者也可以这样讲，文学作品的形式往往就是它的内容。那么现实和心灵的感受之间是什么关系呢？两段中间那一个空行，可以看成是一道鸿沟。这首诗歌，如果两段合并在一起，语义上看起来似乎没有什么差别；其实，差别大了，我相信顾城绝不会同意把两段捏合在一起。因为这里的空行，是他要表达意蕴的关键点：现实和心灵的感受之间，有一道鸿沟，一道无法逾越的鸿沟。这是第一组，读出了心灵的距离，现实的距离和心灵的距离，诗歌上下段的强烈反差。

第二组取的标题是《障碍》。老师问，为什么你们这组取"障碍"这个标题呢？学生说："老师，这两个人有问题。"障碍、阻碍，说明这两个人之间有问题。郭老师显然在备课时作了充分的准备，他问："这两个人是谁啊？是两个男生，两个女生，还是一个男生、一个女生？"学生猜测："一个男生、一个女生。"诗中的那个"我"，是男生还是女生啊？那个同学回答得很肯定："男生。"这就是朦胧诗，不同的人，理解也会不同。老师接着问，那么"我"是一个什么样的男生呢？他不是问这个同学，而是问全体同学。在这里，老师和学生交流讨论的是什么呢？是抒情诗的抒情主人公的形象。抒情诗有个抒情主人公的形象，这句话似乎很抽象，但是在老师的引导下，学生是可以看出来的。同学们纷纷议论："我"是一个很细心、很内向、很腼腆的人，等等。他们感受到了这首诗的抒情主人公的形象。这就是教学内容，这就是语文知识。读一首抒情诗，要去感受从语义、情调、情味中凸显的抒情主人公的形象。

接下来有一个小组，取了一个很长的标题。因为学生第一次给诗歌拟标题，所以他们不知道诗歌的标题有哪些讲究，这就是原有的生活经验和语文经验。他们拟的标题是《看起来很近其实很遥远》。虽然题目很长，但是抓住了这首诗的要义。顾城的原诗标题就是《远和近》，远和近的关系，远和近在人生中的那种情味、意味、意蕴。

后面两组拟的标题很有意思。一组拟的是《自然》。老师问，你们为什么会取名"自然"呢？这看起来不搭嘛。我在前面讲过，学生的理解和感受，尤其是对于诗歌，哪怕有的时候看起来很离谱儿，都是基于他们的人生经验和语文经验的。当然，我们不能仅仅满足于学生的原有经验，老师在上课的时候要点拨、要引申、要延展，教给学生如何来读诗歌的一些知识——阅读方法和阅读策略。这组学生讲了两个理由：第一个理由，"这首诗看起来很自然"。他说的"自然"，意思是"朴素"，这首诗看起来很自然、很朴素。学生看出了这首诗最重要的一个特点。对这首诗，很多老师教不好、不会教。为什么呢？因为他所知的关于诗歌的知识，比如，诗歌是精粹的语言，诗歌是词语的舞蹈等，一个都对应不上。而学生凭借朴素的语感一眼就看出了这首诗歌

"看起来很朴素"。学生的第二个理由,"猜测这首诗是在大自然中写的"。老师问,你们是怎么知道的?怎么会判断他是在大自然中写的?因为学生没有写诗的经验,或许他们以为写诗像写记叙文一样,写所见所闻。学生描述道:两个人静静地看云而不被打扰,说明这一定是在一个很偏僻的地方。而很偏僻的地方,学生运用他们的生活经验推测,一定是风景很优美的地方,所以学生猜测这首诗是在风景优美的大自然里写就的。请注意学生所说的:两个人静静地看云,不被打扰,大自然,风景很优美的地方。学生描述的是他读诗时所唤起的感性的形象和想象,这其实就是读诗的方法。读诗不是在记文字,而是把诗歌的文字转化成形象来感受,或者借助诗歌的文字、声音、形式,来想象诗人所表达的那种诗情画意。

最后一组拟的标题叫《优美》。好像不太搭,所以老师就问,为什么你们会取名"优美"呢?学生回答的第一个理由:这首诗读起来很优美。这就是语音的感觉,声音和节奏的感觉。如果这首诗歌的教学,面对的是年龄再大一点的初中生或者高中生,老师可能需要展开一点,怎么读出优美?"你"这里停顿还是不停顿?停顿多久?这就是朦胧诗。这首诗没有标点,并不是作者不会用标点,它一定有意味,顾城一定想传达什么,一定想通过没有标点来营造某种情调和意味。第二个理由:这首诗的意境很优美。小学六年级的学生,主动用一个很准确的术语来表达内心所感受到的,这往往就是较高语文水平的一个表现。我想要强调的是,一方面老师上课的时候要"心中有知识,口中无术语",通过学习活动让学生去学习和运用语文知识;另一方面,最终学生要形成一些很准确的术语来表达自己阅读的理解和感受。前面讲到诗歌的断行、押韵、形式，其实都是术语。术语某种程度上就是知识。

至此我们讲了课文教学设计的第三个要点，选择教学内容。教学内容就是帮助学生解决教学点问题或困难的语文知识。学生原来读不懂、理解不了、感受不到，怎么才能让他们能够读懂、理解和感受到呢？请注意，我这里用的"能够"这个词语。"能够"就是学生下一次就会了，学生以后"能够"自主地去理解他们原来理解不了、感受不到的地方。

我建议老师们用下面这个备课模板（见图4）：

```
帮助学生解决教学点问题或困难的语文知识
           教学内容的选择
                                教学点C
                                知识点……
                     教学点B
                     知识点……
        教学点A
        知识点……
```

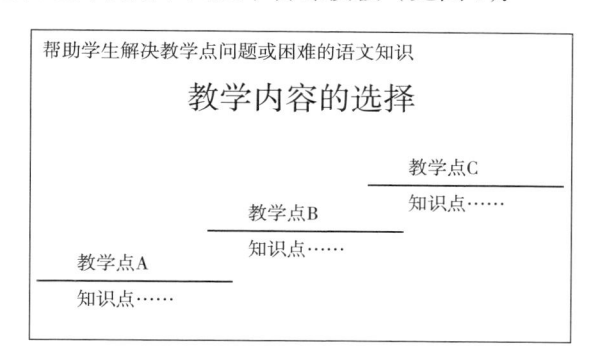

图4　备课模板示意图

三个环节，在每一个环节教学点下面，用电报式的语言罗列出相应的知识点：学生要读懂、理解、感受这个教学点，可能需要哪些语文知识，需要学习和运用哪些阅读方法和阅读策略。

四、组织学习活动

我们将上面所讲的课文教学设计的三个要点，汇合如图5：

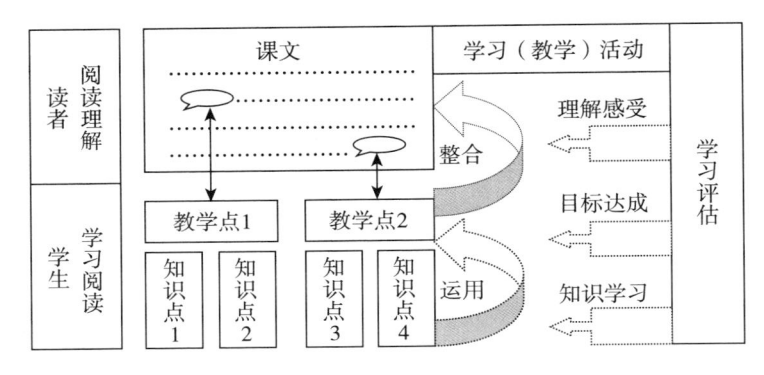

图5 课文教学设计的三个要点

第四个要点其实前面也讲到了，就是学习活动。学习活动，指在一个学习环节中的学习过程，学生学习和运用相应的语文知识去解决教学点的问题，这样的一个过程就叫学习活动。

为什么要组织学习活动呢？当前的课文教学较普遍地犯有两个错误：一是所谓的"讲课文"，其实是讲教参里的一些结论（答案），教师篡代了学生的阅读主体。二是所谓的"讲知识"，其实是反反复复地用一些"术语"贴标签，如"肖像描写""细节描写""对话描写"等，语文知识游离于学生对课文的理解和感受之外。语文知识，哪怕是适用的语文知识，光靠教师"讲"往往是没有用的。语文知识的学习，需要学生在理解和感受课文教学点的过程中体验，用时下流行的术语说就是"建构"。学习和运用语文知识解决教学点的问题，这一学习活动就是"建构"语文知识的过程。

判断一个学习活动好还是不好，有效或者效果不那么好，标准是什么呢？就是能否学习和运用语文知识，达成教学目标。我评课时会讲，有些老师在课上让学生唱歌、跳舞，我觉得很好。于是有的老师认为专家讲唱歌、跳舞很好，他也回去让学生唱歌、跳舞。我说你这都是在瞎搞啊。那么，同样都在唱歌、跳舞，一个是很好，一个是瞎搞，区别在哪里？判断的基准在哪里？在这里：这个老师让学生唱歌、跳舞，学生对课文中原来不明白的地方，现在有点明白了；课文中学生原来读不懂、感受不到的地方，现在有了较充分的理解和感受，所以很好。那个瞎搞的老师，不知道学生要干什么，不知道学生学会了什么，所以是瞎搞。

学习活动，也叫教学步骤。我们研究了优秀教师的课例，一堂课、一篇课文大概是三个教学环节，而每个教学环节大致有三个教学步骤，即连贯地组织学生进行三项学习活动。我们来复习一下王崧舟老师那堂课。环节一：借助注释，读懂词意。第一个步骤，对照注释，读对并理解难字，读准多音词"风一更，雪一更"。第二个步骤，多读几遍，看看能不能读出一点味道来，读出一点感觉来。第三个步骤，讨论"身在何方？心在哪儿？"。通过这样三个教学步骤，组织学生的学习活动，在学习过程中达到了"读懂词意"这一教学目标。再来看郭初阳老师的那一堂课，最后一个环节"拟标题"，打开这首朦胧诗的种种侧面，加深对这首诗意蕴的理解。步骤一，分小组拟标题，交流讨论；步骤二，各小组在黑板上写标题，然后陈述为什么拟这个标题；步骤三，老师和学生一起展开讨论，在讨论当中学会如何阅读、如何理解一首朦胧诗。

图6是供老师们使用的一个备课模板。

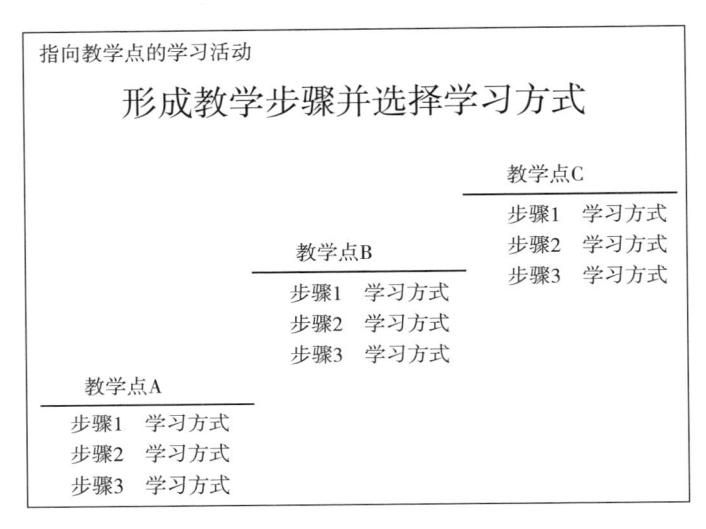

```
指向教学点的学习活动
       形成教学步骤并选择学习方式

                                    教学点C
                                    步骤1  学习方式
                                    步骤2  学习方式
                        教学点B       步骤3  学习方式
                        步骤1  学习方式
                        步骤2  学习方式
                        步骤3  学习方式
        教学点A
        步骤1  学习方式
        步骤2  学习方式
        步骤3  学习方式
```

图6　备课模板示意图

请注意，这个模板与"选择教学内容"那个模板有一个很大的差异。选择教学内容那个模板上，教学点下方是电报式的知识点，现在转换成了教学步骤的"学习方式"，也就是学生学习并运用语文知识解决教学点问题的学习活动。学习方式与学习并运用知识点，这两件事情是相互关联的。当前的课文教学较普遍犯的错误，除了前面提到的"搬运教参的结论""贴知识标签"，还出现了剥离语文知识学习和运用的花哨的"瞎搞活动"。

综上所述，课文教学设计有四个要点：第一个要点，教学目标，教学点；第二个要点，教学点的合理分布，教学环节；第三个要点，教学内容，知识点；第四个要点，学习活动，学习和运用语文知识解决教学点的问题。（见表1）

表1 课文教学设计的四个要点

教学点（教学目标） 文本关键点和学生疑难处的重合	知识点（教学内容） 帮助学生解决教学点问题和学会较难的语文知识
教学环节 教学点的合理分布，教学的先后次序	学习活动 学习和运用相应语文知识以解决教学点问题的学习活动

课文教学是我国语文教学长期以来主要的教学模式，也是在当今，在可预期的将来，语文教学的一个主要样式。我认为，语文教师当前最主要的或者说最重要的工作，就是基于语文教育研究者和语文教育研究者共同体所达成的一些共识，按照我们已经知晓的一些教学原理，去做好大班额课堂教学，做好课文教学。在此基础上，在此前提下，再去探讨、实践、学习基础教育课程改革中一些新兴的教学模式和教学方法，比如单元教学、基于项目的学习等。

中小学散文教学的问题及对策[*]

散文是中小学阅读教学的主导文类。本文结合具体的教学实例,揭示散文阅读教学的主要问题:从散文里的"个人化的言说对象",跑到"外在的言说对象";从散文里的"独特的情感认知",跑到概念化、抽象化的"思想""精神"。本文试图综合目前的研究和实践探索,解决散文教学的问题,提出"阻截""分流"与"正面应对"三个对策。

一、背景:主导文类与解读理论阙如的困境

本文讨论中小学散文阅读教学的"教学内容"问题。在讨论之前,先介绍下述两个背景。

1. 散文是我国中小学阅读教学的主导文类

由于历史的机缘和人为的选择,我国中小学语文教学的主导文类一直是散文。文言文自不必说,中小学语文教科书中的语体

---

[*] 本文原载《课程·教材·教法》2011年第9期,有修改。

文绝大部分是散文,或称"文学性的散文"①。

以人教版的课程标准初中语文教科书为例②:第一册语体文24课,诗歌5课,散文19课;第二册语体文24课,诗歌3课,小说2课,散文19课;第三册语体文20课,新闻报道1课,小说2课,散文17课;第四册语体文20课,小说1课,戏剧节选1课,散文18课。前四册语体文共88课,散文73课,计83%。第五六册,语体文共8个单元,戏剧1个单元,诗歌、小说各2个单元,散文占3个单元。

中小学语文课,绝大部分课时用于阅读教学;语文教学的问题,主要体现在阅读教学中。中小学阅读教学所教的课文绝大多数是散文;阅读教学的问题自然聚焦在散文教学中。面对这种现状,妥善地解决散文教学中普遍存在的"教学内容"问题,无疑是改善语文课堂、提高语文教学效益的关键。

2. 散文解读的理论研究长期以来几近阙如

解决散文教学中普遍存在的"教学内容"问题,关键是合理

---

① 语文教学界通行的"文学性的散文",含义似乎比"广义的散文"窄,又比文学文类的"散文"宽,大致沿用1963年语文教学大纲的界定,"包括故事、寓言、特写、传记、游记、杂文、说明文、议论文、科学小品等"。纳入"说明文""议论文",看来主要是从文字的"生动性"着眼的,指"生动的说明文""生动的议论文",或者说,是"具有文学味"的说明文、议论文,比如有些社论、报告、演讲词等。"散文"的概念需要不断廓清。在下文的论述中,"散文"的概念有所紧缩,排除童话、寓言等虚构作品,也试图与"实用性文章"区别开来。

② 教科书的篇目或有调整,本文依据2007年版。为方便起见,前四册以"课"为单位,后两册以"单元"为单位。"单元"一般是4~5课,"课"一般是1篇课文,有时含2篇或以上。统计未必精确,如第一册《寓言四则》,其中两则是语体文,未计入。即使按通常意义的"散文",去掉童话等课文,也不影响对现状的判断。

的文本解读。合理的文本解读，基于文学理论和文章学的研究。

我国现当代文学理论，建筑在国外传输的基础上，与之大致相适应的文类，是小说、诗歌、戏剧。文章学研究，在海峡两岸均有建树①，但能提供与文类相应的解读范式的，倒是从国外输入的广告、新闻、学术论文等实用性文章的研究。与小说、诗歌、戏剧，乃至广告、新闻、学术论文等实用性文章的研究相比，散文的研究，尤其是散文的文本解读理论，是远远地落伍了。

现当代散文研究问津者向来较少。早年多是散文作家的经验谈或作品评论，如周作人、郁达夫等，这种情况一直延续到20世纪60年代，如杨朔、刘白羽等。以现当代散文研究为学问的，开风气者是林非《中国现代散文史稿》，后来者也多沿治史的路径，如范培松《中国现代散文史（20世纪）》和《20世纪中国现代散文理论批评史》等。

中国散文理论话语的建构，"是从20世纪90年代末到新世纪才逐渐形成的"[1]。李晓虹《中国当代散文审美建构》、王兆胜《真诚与自由——20世纪中国散文精神》、陈剑晖《中国现当代散文的诗学建构》，蔡江珍《中国散文理论的现代性想象》，李林荣《嬗变的文体》等，是近年值得关注的论著。但诚如研究者所言："从整体上看散文研究还处在文学研究滞后的位置，亦步亦趋地跟随小说与诗歌研究艰难前行。"[2]中小学散文教学可资参考的，除孙绍振《散文审美规范论》[3]等少量论著外，主要是孙绍振、

---

① 如河南师范大学曾祥芹先生的文章学研究，台湾师范大学陈满铭先生的章法学研究。

钱理群、王富仁等在解读一些散文文本时所显现的解读方式。

一方面，散文是主导文类；另一方面，散文理论研究缺位，散文解读理论几近阙如。这就是我国中小学语文教学所处的困境。

二、铺垫：对散文阅读教学的几点认识

以下几点认识，作为我们分析当前散文阅读教学问题和研究对策的出发点。

1. 散文阅读教学，要建立学生与"这一篇"课文的链接

阅读教学的"这一篇"课文，不仅是学习材料，而且是学习对象。建立学生与"这一篇"课文的链接，其实是阅读教学的通则。

阅读教学所说的课文，与其他科目中所说的"课文"有一个本质的差别。在其他科目，"课文"即教材的一章一节，"课文"仅是学习材料，而不是学习对象。地理课的学习对象是地理现象及自然规律；数学课的学习对象是数学的定理、定律；思想政治课的学习对象是对人生和社会问题的认识；体育课的学习对象，是对健康的关怀和肢体运动的技能。在这些科目，教材中的"课文"，即论述学习对象的文字，是学习的一种材料、一种途径、一种媒介，而不是学习对象本身。换言之，教学目标不是记忆、感受、解释、运用这些表述学习对象的文字，而是借助于这些文字去记忆、感受、解释、运用它们所指称的学习对象，如地理现象及自然规律，对人生和社会问题的认识等。学生通过另一种教材、通过论述的另一些文字，通过"课文"以外的另一些媒介，通过"活动"等另一些途径，也能够学到需要他们学的东西，有时还可能学得更好。

但缺了教科书中的课文绝对上不成语文课。在语文课上，阅读教学的课文不仅是学习材料，而且是学习对象。《走一步，再走一步》《生命，生命》《心田里的百合花》《安塞腰鼓》这些课文都是独特的文本，是任何其他媒介如电影、图片、实物等不可替代的；是任何谈论"勇敢""珍爱生命""百合精神""安塞气概"的其他文章不许置换的。学生对这一文本的阅读、理解、感受——包括对特定文字所传递的人文精神的感悟，对表达独特思想情感的语句中所显现的语文知识的理解——是通过任何其他途径，如戏剧化表演、主题讨论会、各种资料展示等所不能拥有的。

概言之，学生今天所面对的学习对象，是"这一篇"独特的文本，学生今天所面临的学习任务，是理解、感受"这一篇"所传递的作者的认知情感，是理解、感受"这一篇"中与独特认知情感融会一体的语句章法、语文知识。

2. 散文阅读和教学，始终都在"这一篇"散文里

通常意义的"散文"具有两栖性，它既具有文章的特性，又体现着文学的特性。

具有文章的特性，主要指它的写实性。散文有"外在的言说对象"，即使没有《荷塘月色》《幽径悲剧》，清华园里的荷塘、北大校园幽径旁的古藤萝，也是真实地存在着或存在过的。

有外在的、可以指认的言说对象，这是散文与"纯文学"作品如诗歌、小说、戏剧的差别。诗歌、戏剧自不必说，看起来是"写实"的小说，其实是"虚构"的产物。有记者问莫言："（您作品的）外文版翻译者们为什么去访问高密？"莫言答："大概

都被我小说中的描写忽悠了。吉田富夫去高密，想去看我小说中的磨坊、河流、高粱地等场景，但只看到一条干涸的小河沟，根本没有我小说中那样的澎湃奔流的大河。他问我大河呢？我说，就是长江黄河啊！森林呢？我说在长白山；沙漠呢？我说在内蒙古。"[4]其实，莫言的答语还是托词，小说中的磨坊、河流、高粱地，是小说家的语言所营造的世界。

散文体现着文学的特性，根由也在"语言所营造的世界"。散文不尚虚构。但散文的写实也不是"客观的"写实，如同新闻通讯。散文叙写作者的所见、所闻，散文中呈现的，是"这一位"作者极具个人特性的感官所过滤的人、事、景、物。散文对现象的阐释和问题的谈论，也不是"客观的"言说，如同论文报告。散文中谈论的所思，散文中表达的所感，是"这一位"作者依其独特的境遇所生发的极具个人色彩的感触、思量。

换言之，《荷塘月色》中的荷塘，是朱自清眼中的荷塘，是朱自清心灵中独有的镜像，它是世界上任何人从未见，也是平日的朱自清所未尝见过的荷塘；《幽径悲剧》中对古藤萝的喜爱、对古藤萝被毁的愤慨，是90岁高龄的季羡林极具个人化的情感和思绪。散文中的言说对象，是个人化的言说对象，它唯有作者的眼所能见、耳所能闻、心所能感，而所见、所闻、所感、所思，通过独抒心机的章法、个性化的表达方式、流露心扉的语句落根在"这一篇"。

高度个人化的言说对象和言说方式，这是"文学性的散文"与论文报告、新闻通讯等文章的主要差别。阅读论文报告、新闻通讯等，最终要指向文章的外面，指向客观的言说对象：它们所论述的道理是否成立？所报道的事件是否真如所言？而成立与否、是否如实，有公认的判别依据；之所以写论文、发新闻，目的就在于要获得公认或成为公认。散文不祈求成为公认；阅读散文，也不是为了获取什么公认。作者之所以写散文，是要表现眼里的景和物、心中的人和事，是要与人分享一己之感、一己之思。我们阅读散文，是感受作者所见所闻，体认作者所感所思。

散文流露作者的心扉，读者以自己的心扉打量散文，阅读散文是心与心的碰撞、交感。阅读散文，自始至终都在"散文里"。外在于散文的客观的言说对象，不在散文"阅读"和散文教学的视野里，或者说，与外在的言说对象发生这样那样的关联，是在阅读之后才发生的事。

3. 散文阅读教学，实质是建立学生的已有经验与"这一篇"散文所传达的作者独特经验的链接

建立学生与"这一篇"散文的链接，实质是建立学生的已有经验与"这一篇"散文所传达的作者独特经验的链接。

学生的已有经验，笼统地讲，包括"语文经验"和"人生经验"；作者在"这一篇散文"所传达的独特经验，也可以分为"语文经验"和"人生经验"这两个方面。

学生的经验，与作者所传达的经验不同。这种不同，不仅表现在阅读教学的起点，也表现在阅读教学的终点。换言之，学生不可能"具有"与作者等同的经验，无论是阅读之前、之中还是之后。不仅是学生，任何人，包括语文教师也不可能"具有"与作者等同的经验。

"这一篇散文"所传达的，是作者的独特经验，《荷塘月色》

是朱自清的"荷塘月色",《幽径悲剧》是季羡林的"幽径悲剧"。也正因为经验之独特,正因为作者的经验与我们不同,我们才需要去读作品,才能够通过其散文感受、体验、分享我们在日常生活中所没有或不可能有的人生经历和经验。

作者的人生经验融汇在其语文经验里。作者的言语表达,那些个性化的语句章法所表现的,是丰富甚至复杂、细腻甚至细微的感官所触、心绪所至。散文的精妙处,阅读散文的动人处,在于细腻,在于丰富,唯有通过个性化的语句章法,我们才能感受、体认、分享它所传达的丰富而细腻的人生经验。

"文字就是思想"①。朱自清在《文心》序里曾说过一段至今仍发人深省的话:"只注重思想而忽略训练,所获得的思想必是浮光掠影。因为思想也就存在语汇、字句、篇章、声调里;中学生读书而只取其思想,那便是将书中的话用他们自己原有的语汇等等重记下来,一定是相去很远的变形。这种变形必失去原来思想的精彩而只存其轮廓,没有什么用处。"[5]

与"这一篇"散文所传达的作者独特经验的链接,也就是引导学生往"作者的独特经验里"走,也就是往"这一篇"散文之语句章法所表达着的丰富甚至复杂、细腻甚至细微处走。

三、问题:"两个向外跑"或"走到……之外"

当前的散文教学,似乎被散文的两栖性深深困扰而不得要

---

① "文字里的思想是文学的实质。文学之所以佳胜,正在它们所含的思想。但思想非文字不存,所以可以说,文字就是思想。"见朱自清《文学的美》一文。

领。看两个较有代表性的课例:

《安塞腰鼓》教学流程:

(一)师播放《出西口》歌曲,出示"安塞之旅"课件,抒情导入语,展示安塞风光图片。要学生谈论"你看到了什么"。(2分钟)

(二)生大声自由朗读课文,师出示课件"腰鼓风情"。(6分钟)

(三)师指示生按"好一个_____安塞腰鼓!"谈论阅读的理解和感受。多名学生谈论,并朗读相应的语句。如"好一个狂野的安塞腰鼓!"指读14段、21段、8~10段的相关语句。最后归结为安塞人的"精神",4位学生依序分别说:"对生命的渴望","把贫穷化为动力","对家乡的热爱","中华民族的精神"。(20分钟)

(四)师播放打腰鼓场面的录像片段,要生用"比喻句"记录"新的感受"。7名学生发言,朗读各自的抒情作文片段,似乎师生都不在乎是否用了"比喻句",新感受还是原有感受也无从辨析。(9分钟)

(五)师出示作者照片,生分角色表演采访。一生扮刘成章,两生扮打腰鼓的后生,几生扮采访记者。问:"你有没有亲自打腰鼓?"答:"亲自打,还是腰鼓队队长。"问:"能不能展示一下?"答:"能。"并有备而来地表现了几招,听课师生鼓掌。扮刘成章者侃侃而谈。扮打鼓人也侃侃谈,问:"你现在暂时到济南,现在还愿意回贫穷的家乡吗?"答:"回,一定回。"(9分钟)

（六）师激情结束语：快乐而充实的旅程，希望带着……走好自己的人生旅程。（1分钟）

《心田里的百合花》教学流程：

（一）师展示所带的一束百合花，抒情导入语，出示课件。（2分钟）

（二）生放声朗读课文，思考问题"你喜欢百合花吗？为什么？"（4分钟）

（三）数名学生谈论，有概述课文的，有从某一点生发谈自己认识的，师小结语。（6分钟）

（四）师布置任务，出片"第一幕，山谷幽崖"，根据第1段，发挥想象，写出百合生长的环境；"第二幕，花开有声"，分角色演示文章第2~3段；"第三幕，芳香满景"，以百合的口吻，用第一人称叙述文章第4~5段内容。准备，推荐展示。（10分钟）

（五）6组学生分别展示，如第一幕，一女生朗读自写的描写语，一男生读文，一女生黑板画图。最后一组在音乐声中演示全文，师抒情加入。（22分钟）

（六）生全体起立，齐读"百合"语："我们要全心全意默默地开花，以花来证明自己的存在。"师激情结束语：希望带着……走好自己的人生旅程！（1分钟）

上述两个课例，执教教师都较优秀，备课很用心，课例中也有一些体现课程改革新气象的很好的元素，比如教学内容聚焦，比如组织学生"学的活动"。但也正由于这些好的元素，使得中小学散文阅读教学长期存在的问题更加凸显。

1. 从散文里的"个人化的言说对象"跑到"外在的言说对

象",实际上是把课文作为跳板径直跳到言说对象,试图建立学生与"外在的言说对象"的链接。

所隐含的认识逻辑,构成如下等式:作者的言语表达(语句)=所指(作者的所见所闻,即所描述的人、事、景、物)=外在的言说对象(即客观存在的人、事、景、物)。

上述两个课例的教学操作程序,大致是两段。

第一段,由文字径直跳到言说对象。

①学生初读课文之后,教师或提供支架,或通过提问,让学生找到课文中描述人、事、景、物的相关语句。(如"好一个_____安塞腰鼓!""你喜欢百合花吗?为什么?")

②学生们通过这些语句了解言说对象,即所描述的人、事、景、物。(如"好一个狂野的安塞腰鼓!"指读14段、21段、8~10段的相关语句。)教学的表现,是学生在课文里随意地找东西。由章法统贯的言语变成了散乱语句的杂货铺,学生们从中随意截取,并以截取到的语句为跳板随兴谈论他们的印象、感念、联想、评判,以及由这一跳板所跳到的其他思绪。

第二段,从"个人化的言说对象"向外跑到"外在的言说对象"。

③往往借助于其他资源,比如百合的实物、打腰鼓的影片等,师生在不知不觉中把课文中"个人化的言说对象",那些作者主观化了的人、事、景、物,向外跑到"外在的言说对象"。

④接下来的教学活动,基本上是围绕"外在的言说对象"展开,与课文若即若离。学生所面对的"这一篇"课文,变成了一堆谈论"外在的所言说对象"的文字。这有种种情形。较典型的

情况是，师生或凭借课文中某些语句或由某些语句引发，谈论"外在的言说对象"。有时还要延展到其他"外在的言说对象"，或许由百合花延展到荷花，或许由打腰鼓延展到奥运场面等。上述第二个课例的主要教学活动则是组织学生用多种方式演绎课文的内容——实际上是师生共演"深山里的百合花"的故事。

2. 从散文里的"独特的情感认知"，跑到概念化、抽象化的"思想""精神"。实际上把作者的情感认知腾空并黏附到"外在的言说对象"上，企图让学生"具有""外在的言说对象"的"思想""精神"。

其所隐含的认识逻辑等式大致如下：作者的言语表达（语句）＝所指（作者的所思所感，即作者的抒情和议论）＝概念化、抽象化的思想、精神＝"外在的言说对象"本身所具有的＝学生应该具有的。

操作理路也是两段。

第一段，把作者"独特的情感认知"，抽象化、概念化并黏附到言说对象上。

①找到课文中抒情、议论等语句，即作者所明言的情感认知。

②把作者"独特的情感认知"抽象化、概念化，提纯或上升到可以用来谈论的"思想""精神"，比如"高洁"思想、"奋发"精神。

③同时，把概念化、抽象化的"思想""精神"黏附在言说对象上，继而黏附到"外在的言说对象"，似乎这些"思想""精神"是事物本身所具有的，比如百合花的"高洁"思想，安塞腰

鼓的"奋发"精神。

第二段，不断渲染与强化被腾空的"思想""精神"，并企图让学生"具有"。

④再进一步挖掘或延伸言说对象的特质，形成一些口号式的标语，比如安塞人"对生命的渴望"，"把贫穷化为动力"，"对家乡的热爱"，"中华民族的精神"等，并通过教师抒情化的语言、多媒体等，不断渲染与强化被腾空的"思想""精神"。教学的表现，是教师在课堂里额外地讲东西，抒情化地讲述由此生发的感想、感触、感叹，或者是教师指示学生讲，讲一些似乎是教师愿意听的大话。

⑤理所当然地认为学生应该具有与作者等同的情感认知——实际上是不断腾空的"思想""精神"。一般体现为教师最后的激情结束语，或下课前让学生谈"学习这篇课文收获"。比如学了《安塞腰鼓》，希望"同学们带着安塞的精神走好自己的人生旅途"；学了《走一步，再走一步》，同学们谈"不惧怕任何困难""任何困难都能克服"等"思想收获"。

3. 跑到"外在的言说对象"，即"走到课文之外"；跑到概念化、抽象化的"思想""精神"，即"走到作者之外"。两个"走出"，实际上是丢弃语文经验，抽空人生经验。

"走到课文之外"，也就走到了"语文"之外，所谓"把语文上成了非语文"。因为抛弃了作者的"语文经验"——把作者的言语表达当作跳板，或者仅仅关注其"所指"，而漠视其独抒心机的章法、个性化的表达方式、流露心扉的语句；或者把章法、表达方式、语句与"个人化的言说对象""独特的认知情感"分割开,而演变为语言表达的所谓"知识""技巧"。①

抛弃了作者的"语文经验",实际上也就远离了作者通过独抒心机的章法、个性化的表达方式、流露心扉的语句所表现的"人生经验",势必"走到作者之外"。

"走到作者之外",则意味着走到"人文"之外——把作者细腻、复杂的"人生经验"剥离为概念化、抽象化的"思想""精神",往往导致空洞地谈论,往往导致教师及被教师牵引的学生在课堂里说些不是"人话"的话,比如"不惧怕任何困难""任何困难都能克服"等,因而也是"把人文上成了非人文"。

学生在课文中散乱地找东西,教师在课堂里额外地讲东西,"向外跑"或"走到……之外",既跑出了"语文",也跑出了"人文",这种现象在当前的语文教学中大量存在。不仅存在于散文阅读教学,而且殃及小说、诗歌、戏剧教学,并延伸到写作和口语交际教学。

四、对策:阻截、分流与正面应对

中小学散文教学被当作问题正式提出是在2006年。是年,上海《语文学习》杂志连续发表了一系列讨论散文教学的研究文章和案例。可惜这一波响应者寥寥。

聚焦散文教学问题,2009年掀起了第二波。标志是两个"论坛"的创立:两岸三地"语文教学圆桌论坛",由上海师范大学、

---

① 在教学中往往有一个孤立的"品味语言"环节,实际上是把"个性化的语句章法"仅仅当作"学生写作时可借用的"表达技巧。

香港教育学院、台湾师范大学等发起，主题是"散文的文本解读与教学设计"，迄今已举办三届。"长三角语文教育论坛"，由江苏、浙江、安徽、上海四省市联合举办，主题是"语文教学内容的确定性"，由于散文主导文类的现状，自然要聚焦到散文教学内容的确定。这一波引起了广泛的关注，并正在往纵深发展。

综合目前的研究和实践探索，解决散文教学的问题，以下三个对策逐渐明朗。

1. 阻截：限制散文，迫使语文课程教材中语体散文的比例大大下降

首先在课程与教材层面谋求解决。以散文为主导文类，发端于语体文进入语文教材之际，在我国定型于1963年[①]，这是由历史的机缘造成的，是受制于当时可选文本的现实条件而不得已的选择。随着可选文本的条件大大改观以及语文教育研究的觉醒，中小学语文教学以散文为主导文类的现状到了该改变的时候了，事实上也开始改变。

小学语文教学的实践走在前列，以儿童文学作品为主的整本书阅读，在许多地区和学校蓬勃开展，整本书阅读的课程化建设已经起步，以"整本书阅读"为主要形态的小学语文教学新格局已露端倪。在教材方面，以儿童文学为主导文类的读本、学本已领风气之先，如朱自强主编的《快乐语文读本》《经典儿童文学

---

① 1963年中小学语文教学大纲以国家文件的名义，明确规定并落实于统编语文教材："课文以散文为主"，"散文可占课文总数的80%左右"。

读本》《新理念语文读本》，王荣生、方卫平等主编的《新课标小学语文学本》。

高中语文课程改革，把课程分为必修课和选修课。必修课只占2.5个学期，这势必要大大压缩课文的量，因而客观上限制了散文。人教版《高中语文课程标准实验教材（必修）》（2007年版）共五册，计20单元[①]，其中古诗文8个单元；12个语体文单元（含混编）中，小说2个单元，诗歌、戏剧、论说文各占1个单元，计15课，剔除混编单元中《林教头风雪山神庙》等4课，剩11课；传统意义上的"文学性的散文"压缩到了7个单元21课[②]。"文学性的散文"虽在32课语体文中仍占66%，但绝对量已经减少了。

选修课程占3.5个学期，《中国小说欣赏》《外国小说欣赏》《影视名作欣赏》《中外戏剧名作欣赏》《中外传记作品选读》《新闻阅读与实践》《演讲与辩论》等选修课程，大大扩展了其他文类在语文教学中的比重；在《中国现代诗歌散文欣赏》《外国现代诗歌散文欣赏》中，诗歌占据半壁江山，其散文教学也与以往不可同日而语，势必要体现"选修"，凸显"欣赏"。

阻截是以退为进，但却是解决语文教学困境的根本办法。对传统的文学体裁四分法，有必要重新认识。"除去小说、诗歌、

[①] 另外，每册中均有两本书的"名著导读"，这可以看成是高中语文课程纳入整本书阅读的先导。

[②] 含1个新闻通讯单元。这个单元里的《短新闻两篇》(《别了，"不列颠尼亚"》《奥斯维辛没有新闻》)之所以归入"散文"，是因为在教科书和权威教参中，这两篇课文确实是按"散文"的读法教学，教学的重点是"体会文章独特的写法""揣摩语句的内涵""品味具有深刻含义的语句"等。

戏剧之外，都是散文"[6]，长期以来，人们把叶圣陶的这一说法，理解为文学体裁的四分法，即小说／诗歌／戏剧／散文。这种理解看来不甚妥当。妥善的理解，似乎应该是小说、诗歌、戏剧//散文。如果这样，就构成了一个连续性的谱系：诗歌、小说、戏剧乃至电影剧本等为一大类，纯文学；"文学性的散文"权作一大类，杂文学；新闻、学术文章等，则是另一大类，实用性文章。

这种分法，在学理上成立与否倒在于次，对语文课程与教学的好处则显而易见。"文学性的散文"与纯文学、实用性文章三足鼎立，要求我们按三大类作品的发达状况、阅读教学的现实功用和中小学生的学习必要，在语文课程与教材中重新布局。

2. 分流：以读法为纲，细析小类，分化散文，把已经能明确解说的文类从"文学性的散文"中剔除而专门对待

"文学性的散文"自成一大类，既不混同纯文学，也不混同实用性文章，这提示我们对"文学性的散文"需要做专门的研究，包括文本的状况、解读的方式方法乃至适合于中小学生的教学方法。

大类的三分法，容易将传统上往往被包含在"散文"里的有些文类区分出来，而采用相对应的解读方式。

凡是体裁和文体特征认识比较清楚，已形成相应读法的，皆宜从"散文"中分化出来而专门对待，比如通讯、特写、报刊言论文章、传记、回忆录、序言、演讲词、科普小品、学术

札记等[①]。

有些在体裁和文体特征有明确解说的,如散文诗、杂文、报告文学等,也宜按独立小类而专门对待,至于在大类上如何处理,对语文教学不具有实质性的意义。

分流依然是以退为进,但却是目前最为可行的办法。在"文学性的散文"占课文绝大多数的既定条件下,对仍以教课文为主要形态的中小学阅读教学来说,关键是把文本解读的理论研究已经提供了解读方法因而我们能够教对或应该教对的教对了。

以人教版高中语文教科书为例,传统意义上的"文学性的散文"7个单元,可以分流出去的有5个单元:第一册1个单元,按新闻通讯教(《短新闻两篇》等);第二册1个单元,按演讲词教(《就任北京大学校长之演说》等);第三册1个单元,按科普文章教(《动物游戏之谜》等);第四册1个单元,按杂文杂感教(《拿来主义》等);第五册1个单元,按实用文章教(《咬文嚼字》等)。

这样,真正需要按"散文"对待而正面应对的,是剩余的2个单元,一共6篇课文:《记念刘和珍君》《小狗包弟》《记梁任公先生的一次演讲》《荷塘月色》《故都的秋》《囚绿记》。分流的结果,是分化了难题,也降低问题解决的难度。

[①] 国外课程标准多以具体的文类体裁表述。如德国语文教学大纲8年级阅读的"语篇类型":现代短篇小说、名人轶事、民间故事、小说、诗歌、戏剧、电影、广播剧、青年读物等。如10年级"说和写"要求学习批改的阅读文章:社论、短评、评论、读者来信、通讯报、书评等。洪宗礼主编《中外母语课程标准译编》,江苏教育出版社2001年版,第444—449页。

3. 正面应对：关注"散文"文类的解读方式，强化文体意识，不同体式的散文做不同对待

阻截、分流之后，尚余下的篇目[①]，便需正面应对。正面应对，目前的努力是从文类和文体两个方面着手，有如下三个关节点。

（1）关注散文的文类特征，形成与"散文"文类相匹配的解读方式，或散文解读的基本取向。

为了有效应对当前中小学散文教学的主要问题，我们提出散文解读的基本取向：散文教学要从"外"回到"里"，要建立学生与"这一篇"课文的链接，实质是建立学生的已有经验与"这一篇散文"所传达的作者独特经验的链接。

从"外"回到"里"，也就是从"外在的言说对象"，回到"散文里"；从被抽象化的"精神""思想"，回到"作者的独特经验里"。已出现体现散文解读取向的探索课例，如李海林教授执教的《幽径悲剧》[7]。

（2）强化文体意识，根据文体特征，分野小类，形成可依循的相应的解读理路。

正如有专家指出的："散文文体研究的缺乏导致了20世纪90年代以来散文理论研究的弱势状态。散文并不是一种严格意义上的文体概念，它只是在文学实践过程中约定俗成的文类概念。失去了文体特征规范的散文，对其文类特征及其内部各亚文学样式的研究，应成为眼下散文理论研究的当务之急。"[8]

---

① 照目前局势看，问题主要在初中和小学的中高段。人教版初中语文教科书分流后，留在"散文"而需要正面应对的课文，仍有15个单元60篇左右。

关于散文的小类分野，如孙绍振关于"审美散文""审智散文""审丑散文"[9]及其解读范例，钱理群关于"说理的散文""描写的散文""纪实的散文""抒情的散文"及其解读范例[10]，在散文史研究和作家作品评论中所提炼的作家流派、风格等，均给我们提供理论的资源。

（3）细化文体研究，揭示散文文本的最要紧处，努力形成可操作的具体解读方法。

关于散文文体的细化研究，目前只有一些个案，包括孙绍振等专家的文本解读范例，优秀语文教师的成功课例、"共同备课"等教研活动中出现的典型案例等。可操作的具体的解读方法，尚需从个案研究中寻觅、探测。

我们在"共同备课"及"课例研究"中，对《外婆的手纹》（李汉荣）、《合欢树》（史铁生）、《道士塔》（余秋雨）、《绝版的周庄》（王剑冰）、《背影》（朱自清）、《故都的秋》（郁达夫）、《风筝》（鲁迅）、《清塘荷韵》（季羡林）、《走一步，再走一步》（莫顿·亨特）、《藤野先生》（鲁迅）、《回忆鲁迅先生》（萧红）、《端午的鸭蛋》和《胡同文化》（汪曾祺）等，有较深入的探讨。比如，从叙事散文、回忆性散文、励志散文这三个角度解读《走一步，再走一步》，从回忆性散文、鲁迅散文、《朝花夕拾》系列散文这三个角度解读《藤野先生》，都有一些深刻的收获。但形成一线教师较容易把握、有较强可操作性的具体的解读方法，目前尚有距离。

散文文体的理论研究急需跟进。散文教学所处困境，是中小学语文教师几乎日日都要遭遇的困境。为中小学语文教师提供散文解读的抓手和工具是我们的愿景。在此，也呼吁文学、文章学、语言学专家伸出援助之手。如果多个学科的专家能协同作战，相信这困扰我国近百年的散文教学难关，终有被攻破的一天。

参考文献

［1］陈剑晖.新时期散文研究三十年［EB/OL］.（2011-04-04）［2011-05-26］http：//www.tianya.cn/pnblicforum/content/nolb/1/199552.shtm.
［2］王雪.论新世纪散文研究发展趋向［J］.文艺评论：2009（5）.
［3］［9］孙绍振.文学创作论［M］.福州：海峡文艺出版社，2007：第六章.
［4］舒晋瑜.莫言：文学走出去是一个缓慢的过程［N］.中华读书报，2010-08-25.
［5］朱自清.序二［M］//夏丏尊，叶圣陶.文心.北京：生活·读书·新知三联书店，2008：6.
［6］叶圣陶.关于散文写作［M］//俞元桂.中国现代散文理论.南宁：广西人民出版社，1983：156.
［7］李海林.《幽径悲剧》教学实录［J］.中学语文教学，2011（3）.
［8］王景科.谈散文理论研究之弱势现象［J］.齐鲁学刊，2004（5）.
［10］钱理群.说什么"理"？如何"说理"？——解读《走向虫子》［M］//钱理群，孙绍振，王富仁.解读语文.福州：福建人民出版社，2010：241.

阅读策略与阅读方法[*]

随着译著的引进,"阅读策略"这个词语开始进入我国语文学科的话语体系。已有不少人注意到,"阅读策略"与我国语文教学中的"阅读方法"很有些不同[1]。

这不仅仅是用词的不同。学术词汇有它的背景和历史。

一、阅读策略

从译著看,"阅读策略"有两种用法。一种是泛指,比如《美国学生阅读技能训练》罗列300条,书名被译为"技能"的,原文用词是"strategies"(策略)。一种是特指,来源于心理学科——学习心理学、教育心理学、认知心理学、语言心理学、阅读心理学等。包括三个方面。

1. 学习策略

学习心理学所研究的"学习",主要是在学校背景下的学习。而学校的学习,很大程度上就是聆听教师讲课、阅读教科书等材

---

[*] 本文原载《中国教育学刊》2020年第7期,有修改。

料,"他们(学生)在课堂上所学到的内容取决于他们对所读东西的理解和记忆能力"。[2]

这样,"学习"就与"阅读"密切关联。学习心理学所证实的高效"学习策略",很大程度上也就是理解教科书等材料的策略。"学习如何阅读,就是学习'如何学习'"。[3]

然而,学习心理学所关注的,是通过阅读学习学科知识,重点是记忆和理解教科书等材料中所承载的符号、概念、规则等学科知识。理解教科书内容(知识)与阅读理解,还不完全是一回事。其所证实并建议学生使用的高效"学习策略",从阅读的历程看,主要是在阅读之后加深记忆和理解阶段。包括:

①复述策略。利用双重编码等多种促进记忆的办法,牢固记住并复现(回忆)言语信息。

②精加工策略。如将所学内容分类记忆,根据说明性文本的组织结构来选择和理解教科书的主要内容,用自己的话解释、总结等。

③重新组织策略。将材料转变为另一种形式,如进行概述、摘要、绘制认知地图或概念图,划重点,提炼、记各种形式的笔记等。

2. 阅读理解策略

阅读理解策略是阅读中所使用的策略,它们来源于阅读心理学的研究成果。

受优秀读者对阅读理解过程的"出声思维报告法"启示,阅读心理学家精心设计心理实验,证实了一些优秀读者普遍使用的阅读理解策略,并在实验性教学中证明其对发展学生理解能力确实有效。心理实验中所使用的文本，是为了验证某个假设而特意制作的文本，主要是较浓缩的说明性短文和民间故事。

各译著中所提炼的阅读理解策略大同小异，主要有：

①预测。阅读起始，基于标题、关键词等来预测将要阅读的内容；在故事文本阅读中，对人物、事件、故事结局等进行预测。

②联结。在阅读过程中调取已有的背景知识和个人经验，从而更好地理解文本的意义。

③提问。在阅读前、阅读中和阅读后都能够提出基于文本的或从文本出发的问题，从而更深刻理解文本的含义。

④推断。能够利用文本提供的线索合理进行补充假设和合乎常理的推断。

⑤图像化。在阅读过程中，由其"思维之眼"创造出"多重感官图像"，从而有助于对文本的理解。

⑥确定重点。根据文本的组织结构特点对文本中的信息进行重要和不重要的分类，并细读重要的内容。

⑦释疑。能够意识到自己遇到了理解困难，并为了读懂而停下来回头重新阅读。

⑧综合。能够分析信息，整合文本和自己的认识或经验，加以思考并得出结论。

上述各项阅读理解策略，前后没有必然的顺序，它们相互联系并在实际的阅读理解过程中综合地运用。

3. 自我监控和调节

"监控对于认知策略的自我调节运用是非常重要的"。[4]心理学家描述了有技巧的读者在阅读理解过程中的自我监控和调节：
"有技巧的读者在阅读过程中会监控自己对文章的理解，特别留意文章中的那些令人困惑的或者与自己已有知识不一致的内容。他们能意识到自己以前是否看到过这些观点以及自己是不是同意这些观点。阅读能力强的读者在感到困惑时会重新读一遍文章，或者放慢阅读速度以便更好地理解文章。他们会监控自己是不是正在专心阅读，还是分心正想其他事情了……"[5]

学习或阅读过程中的自我监控和调节、"学习策略"、"阅读理解策略"，都属于元认知知识。来源于心理学研究的元认知知识，很大程度上是超学科的，"学习策略"是"所有科学分支学科和一般的学术性科目"[6]的学习策略；"阅读理解策略"则是阅读所有文章和书籍的阅读理解策略，尽管心理实验所涉及的文本主要是故事性和说明性的。

二、阅读方法

1. 阅读方法的知识来源

阅读方法是程序性知识。

程序性知识"反映了具体学科的知识或具体学科的思维方式"[7]。与阅读策略的知识来源不同，程序性知识"是通过（学科领域内部）达成共识、取得一致意见或学科规范等途径"发展起来的。[8]

按布卢姆教育目标分类学的界说，程序性知识分"具体学科的技能的知识"和"具体学科的方法的知识"。以语文学科为例，前者如汉字书写的笔画、笔顺知识，根据汉字形体结构来理解字义的知识等；后者如绘本阅读方法的知识、中国近体格律诗的阅读方法的知识、各种文学批评方法的知识等。

2. 阅读方法的作用

阅读方法指导如何阅读。

阅读是眼睛"看"连贯的文字。如何阅读，从阅读行为的角度，很大程度上就是眼睛怎么"看"的问题。眼睛怎么"看"，涉及以下两个方面。

涉及无意识的眼动技能。阅读过程中的眼动主要是注视、眼跳。眼跳是从一些字跳到另一些字，在阅读过程中，眼跳时不能获得视觉信息，因而也不发生理解。注视即较长时间（单位是毫秒）地"看"，注视获得视觉信息从而产生理解，被注视的词语或语句，即"注视点"。

涉及有意注意的理解能力。阅读中的"看"，与其说是眼睛在看，不如说是大脑在"看"，人脑获得语句和语篇的意义。"在阅读过程中始终存在着两条视线，一条是（眼睛）生理性的外部视线，一条是（大脑）心理性的内部视线"。[9]外部视线的"注视点"其实就是内部视线的"意识点"。

阅读中的"理解"问题，可以看成是"注视点"和"意识点"的关系问题。也就是说，眼睛的"注视点"，应该看到语句和语篇的关键点，"注视点"要与"意识点"同步。

"通过视线扫描，筛选关键性语言信息，结合读者头脑中储存的思想材料，引起连锁性思考，这就是阅读过程。"[10]把这个定义加以简约就是：找到语句和文本的关键点，并对此做深度的心理加工。

因此,"如何阅读"大致可归结为以下两个要点:如何找到文本的关键点?即:"看"语句和语篇的什么地方?对这些关键点,如何做深度加工?即:从语篇的关键语句"看出"什么样的意义?

阅读方法是对"如何阅读"的规范性或建议性的指令。学科专家或有经验的读者基于研究或实践经验,提炼出有效的阅读方法,要求或建议学习者予以采纳,并在阅读实践中转化为自己的阅读经验和阅读习惯。

3. 阅读方法受制于语篇类型

语篇类型,指文本的具体形态,包括形式(如连续文本、非连续文本、绘本等)、体裁(如长篇小说、短篇小说、抒情散文等)、流派(如现实主义小说、现代派小说等)、风格、语体等元素。非文学的实用文章,语篇类型及其具体形态更为多样。

一方面,作者表达他们所要表达的意义,需要选择恰当的语篇类型,并用相应的体裁、语体等具体形态予以表达。另一方面,"有能力的读者不知不觉地将这些(语篇类型)惯例和准则吸收进他们的阅读经验,而对阅读具有制约作用,使得读者解释作品的半自觉活动成为可能"。[11]

按知识的生产逻辑讲,关于阅读方法的程序性知识,来源于不同语篇类型各自所具有的特点,是把语篇类型特点这种事实性知识,转化为相应的阅读方法。新闻的阅读方法,是从新闻特点转化的阅读方法;绘本的阅读方法,依据绘本的特点;中国古代近体格律诗的阅读方法,体现着文言诗的句法和近体诗的格律;神话、寓言、民间故事、童话等,阅读方法同中有异。有效的阅读方法,是紧扣典型的语篇类型特点的阅读方法。阅读和写作是一种文体思维。会读新闻的人,未必能读小说;会读小说的人,未必能读文件;会读文件的人,未必能读操作手册。

就因为如此,众多关心基础教育的有识之士,一致强力推进学科阅读和学科写作:"每一门学科都有其自身的特点和可预测的内容结构,在注重内容的教学中,具体的特点和结构需要具体的方法去帮助学生理解文本。"[12]"高层次的读写能力是学科性的,不同学科有专业词汇、修辞结构、表征风格和论证举例规则,它们最好在学科范围内学习、应用"。[13]

三、阅读方法和阅读策略,各得其所

提高学生的学习能力和阅读理解能力,阅读方法和阅读策略这两类过程技能都是必须具备的。"元认知技能(阅读策略)让学生将大脑中存储的相关信息和他们(学生)当时阅读的思维和理解联系起来,而基本的阅读技巧(阅读方法)能促使学生根据文本及其篇章组织建构起自己的理解模式"。[14]

比较合理的分布,大约是语文学科的阅读教学以文学和文章主要语篇类型的"阅读方法"为主,并用化整为零的办法有计划地在学段全程加入"阅读理解策略"的元素。小学和初中的(文学类)整本书阅读指导,建议实施"阅读理解策略"的直接教学。其他学科则注重其学科特点的阅读方法指导,重点是阅读之后的"学习策略"的学习和运用。所有学科共同关注学生阅读和学习过程的自我监控和调节。

1. 整本书阅读指导,适度引进作为学习内容的"阅读策略"

在我国,基础教育课程,尤其是以培养过程技能为重任的中

小学语文课程，把包括学习策略、阅读理解策略、自我监控和调节的"阅读策略"纳入学习内容，具有十分重要的意义。

研究和经验都表明，中小学生以及许多成人读者，较普遍地存在阅读策略的"产生式缺陷"[15]。虽然在以往的阅读中他们可能曾经验地"知道"有一些有效策略，但是他们"不知道"在某个情境中应该运用哪个策略，"不知道"在这个特定情境中可以运用已掌握的某个或某些策略，"不明白"在这个特定情境中如何运用已掌握的策略，"不能"自主地运用策略或只是习惯性地运用自以为是的策略。

阅读策略的"产生式缺陷"，在我国中小学生中想必更为严重。我国中小学语文教材以短小的课文为主。短小的课文，几乎望一眼就能初步感知课文的大致内容，因而学生较容易自发地形成"预览"技能，而较难发展（因为不需要）"预测"等阅读理解策略；课文教学是教师频繁提问，所以学生（因为没机会）想必难以发展"提问"等阅读理解策略；"推断""联结""释疑""图像化"等，教学中零零散散或许有一些，但那多是作为教学方法的，从未当作学生的学习内容。以单篇课文，尤其是以短小的课文为阅读教材，最大的缺陷就是抑制了学生阅读策略发展的机会。

随着《如何教会学生阅读：策略篇》《如何教会学生阅读：方法篇》《如何培养良好的阅读品质》《阅读力：文学作品的阅读策略》《阅读力：知识读物的阅读策略》等译著的引进，对"阅读策略"及其"阅读策略教学"，我们开始有了较为质感的理解。最重要的是，绘本、童话等整本书阅读在小学较广泛地推进以及初高中语文课程内容明确纳入整本书阅读,使"阅读策略"有了可(需)教学的条件和用武之地。

美国、加拿大等小学语文课程,以教师自选的绘本、童话小说等整本书作为主要学习资源。可能有不少小学语文教师(实际是全科教师)的教学原本是这样的[16]:在学生阅读指定的或从推荐书篮里自选的绘本、童话小说之前,有分类预测、读图、词汇介绍等指导活动;在学生阅读之后,则有各种组织策略(重新组织策略)的应用,如维恩图、思维框、故事地图、读后感、摘要等;但在阅读中基本上是留白,教师主要起管理作用,或只有一些随机的指导。也就是说,与我们目前的写作教学缺乏过程指导一样,他们有一部分教师的阅读教学对阅读过程指导基本上是放任自流的。

可以想见,在这样的情况下,加入阅读中的"阅读理解策略"这一学习内容,无疑是一场切中时弊的及时雨。2000年,美国国家阅读委员会提出阅读理解策略可以使学生受益;2001年,阅读理解策略明确列入《联邦儿童公平发展2001法案》,成为阅读理解教学的必要内容之一。

我国小学、初中乃至高中语文课程中的整本书阅读,类似上述情况的现象似乎也较为普遍,不少师生甚至流连于阅读之后的种种图、框、表,把本是用来促进阅读理解的手段(支架)错当成了目的甚至炫耀的成果。

他山之石,可以攻玉。在整本书阅读进入语文课程的起步阶段,及时引入阅读中的阅读理解策略的教学,或可避免重蹈美国、加拿大等国以往(整本书)阅读教学的覆辙。

据笔者目及的译著，作为学习内容的"阅读策略"教学，有实验教学和试验性实践两种情况：一是心理学家的实验教学，从实验教学中发现或证实策略教学的有效方法。二是专家与中小学教师合作，或是在经专门研修的有志于阅读教学研究的先进教师带领下，以"研究项目""推进项目"的方式开展的带有试验性的教学实践。比如美国哥伦比亚大学师范学院开展的"阅读与写作项目"、加拿大温哥华和哥伦比亚地区一些学校参与的"阅读力项目"等。

实验教学和试验性教学实践的结论是：阅读策略教学必须采用更加直接的教学方法。达林－哈蒙德等的《高效学习：我们所知道的理解性学习》一书推介的阅读策略教学，包括"互惠教学"、"转换性策略教学"、元认知策略教学等，都是过程技能示范、练习、应用的直接教学法。[17]

2. 课文教学的重心，应该是文学和文章主要语篇类型的阅读方法

学习策略、阅读理解策略，是"促进学习"，"促进阅读理解"，并非代替学科内容的学习，也无法取代阅读方法的教学。

第一，语言知识和语篇类型的知识，是策略运用的前提。心理学家告诫我们[18]："许多策略的运用取决于学生关于世界的常识性知识。策略执行过程中就包括了运用相关的已有知识和经验。"就我们讨论的话题而言，学生的常识性知识，主要是语言知识和语篇类型的知识。例如阅读起始的"预测"策略，必须基于标题、关键词等来预测，前提是学生对不同语篇类型的标题、关键词等有所知晓。在故事文本的阅读过程中，有意识对人物、

事件、故事结局等进行预测，前提是对故事的语篇类型的特点有所知晓。

第二，阅读方法可以取代阅读策略，而且比策略更有效。策略是解决问题的，只有当已有知识不足以解决问题的时候，才需要策略，才要用策略，策略才有用。例如，学生首先要认字识词（知识）、在上下文中确定词义（技能）；只有在碰到不认识字的词的时候，或者词义的意思与自己知道的意思不一致的时候，才需要动用"利用字形、上下文等线索猜测词义"的策略。如果是重要词语，还需要查阅字典或词典予以确认（知识）；如手头无字典或词典，则需要动用"重读上下文以验证自己对该词义的猜测"的策略。

学科教学，重心是学科内容知识和过程技能（程序性知识）。"知识不仅是策略运用的前提，而且能够代替策略运用"。[19]心理学家们在总结关于知识和策略关系的研究成果之后得出结论："这方面的研究成果告诉了人们一条重要的警示：'随着学生头脑中的知识库容量的扩大，学习者越来越多地依赖自己已知的知识而不是通过策略来解决问题。'"[20]

基于这种研究结论，心理学家们建议："如果学生仅凭其丰富的知识库而无须运用策略就能完成某项任务，那么教师就不要鼓励学生通过策略来得出答案。在尽可能情况下鼓励学生运用已有的知识，这一点很重要，因为策略执行会占用短时记忆的许多资源。那些非必需的策略执行占用的资源越少，必需的策略执行以及其他要素的协调配合的操作过程所能支配的资源就越多。"[21]

从理论上讲，学生读一篇新的散文，有两种主动促进理解的办法：一是联系自身生活经验、百科知识和以往的阅读经验，运用相应的阅读策略（因没有受过阅读策略的学习，事实上是不能运用，见上文"产生式缺陷"）理解和感受作品。二是联系自身生活经验、百科知识，应用所学的阅读方法及应用的经验（如没有学会相应的阅读方法，则只能退回到上述策略运用的办法）理解和感受作品。

阅读教学，尤其是课文的阅读教学，应该优选第二种办法，即依据语篇类型特点转化而来的阅读方法的教学。比如我国作为语文课程主导文类的散文阅读，根据笔者近十年研究的结论，学生需要学会以下阅读方法。①如果是读散文，首先注意散文中的"我"（作者）字，并在阅读时把"我"理解为"他（她）"。要明白散文是"他（她）"（作品中的"我"）在讲述"他（她）"所感受的人、事、景，是在讲述"他（她）"对人、事、景的独特感受和认识。②如果是散文，重心一定是作者对人、事、景的独特感受，找到作者表述其独特感受的语句。③如果是散文，作者表述独特感受的词语或同类词语，一定会在上下文中反复出现，联系上下文反复出现的这些词语，把握散文的情感线索。④如果是散文，课文中写景等描写语句一定透露着作者的独有发现，联系作者表述独特感受的语句，发掘写景语段中作者所选用的词语和句式是如何表达作者情感的。⑤如果是散文，则读完全文后，返回第一段并朗读，读出你阅读全文所感受的情感，并体会词语、句式、节奏的情感意义。⑥如果是散文，则读完全文后回到标题，理解标题的含义，并根据作者的情感探测作者拟标题的用意。

加拿大"阅读力项目"的主持人阿德丽安·吉尔在进入知识读物的阅读策略试验教学时发现，种类繁多的知识读物，必须从语篇类型入手，于是自行发明了一项叫"推进"的阅读策略[22]："积极的读者能够识别和确定知识读物的特点，并对其进行解释"。知识读物的特点包括描述、说明、解释、劝说、传记等"文本结构"以及图、表、斜体字、粗体字、小标题等"文本特点"。观其教学设计，主要内容是"寻找知识读物的特点"[23]，依我的看法，这其实是语篇类型的事实性知识的教学，依据语篇类型的特点使其转化为阅读方法，并进行阅读方法的练习和应用。从这个意义上说，"推进"与其说是"阅读策略"，不如说是"阅读方法"。

第三，用语文教材的课文来教"阅读理解策略"，看来不大成功。

台湾师范大学柯华葳教授任总召集人的"阅读理解策略教学"项目，试图结合小学国语教材的课文进行阅读策略直接教学。从我赴台考察的现场直感和对成果案例[24]的研判，好像不太成功。

该项目共有预测、联结（连结）等5项策略。"预测"选较富情节性的幽默小说《倒立的老鼠》进行教学，该教师团队的小结是"此策略易引起学生学习的动机，但常是天马行空地猜"，教师焦虑在"猜对猜错"的命中率，似未得"预测"促进阅读理解的要义。"联结"也较随意，可能是因为翻译成"连结"而造成的语义联想，该案例额外地加入了"句子与句子间的连接，段落与段落间的连接"这一事实性知识的内容,并作为教学的重点。加拿大"阅读力项目"主持人还曾报告他们实验学校的另一种情况[25]:教"联结",也就是联系自己的经验和背景知识理解作品的语句,任教教师喜气洋洋地告诉她,学生有好多好多的"联结"!"联结"变成了学生谈论自己有关的事情,而不是促使他们更好地理解课文。这是一个方面的问题,对"策略"是什么、为什么要教学这些阅读策略、学生用这些策略来干什么,乃至是谁的策略,理解都不到位。

另一个方面的问题,是课文与策略难相匹配。该项目的其他三项策略是"摘要""摘大意找主旨""做笔记"。前已介绍,这是"学习策略"(不属于"阅读理解策略"),而且主要是科学等学术科目的教科书阅读之后的"学习策略",目的是理解教科书所呈现的学科内容知识。

用语文教材中的课文(如以获取信息为主的科普文、记叙文、一般性话题的议论文等)来教这些"学习策略",往往费力不讨好。用科普文(《日本的樱花》)和记叙文(《欢欢回来了》)来教学写摘要;用记叙文(《笨鹅阿皮》)或一般性话题议论文(《超级人民保姆》)来学习"摘大意找主旨"。这与其他学科通过写摘要、做笔记来理解教科书的学科内容知识不是一回事。对语文学科来说,学写摘要、摘大意找主旨,是阅读和写作的过程技能教学,所学的其实是语文学科中某些语篇类型的阅读方法,通常都难以在真正需要运用这些"学习策略"的其他学科迁移应用。

"这里需要再次强调不同内容之间的迁移没有那么简单",

"如果'学习如何学习'项目没有嵌在学科情境中,那么它很可能没什么价值"。[26]

3. 语文学科的阅读教学,有计划地在学段全程加入"阅读理解策略"的元素

笔者建议,语文学科的阅读教学,以文学和文章主要语篇类型的"阅读方法"为主,并用化整为零的办法有计划地在学段全程加入"阅读理解策略"的元素。

全程加入"阅读理解策略"的元素,有两个途径:一是增加作为阅读方法的上位"大概念",以加深学生对阅读方法的"理解"。对阅读理解策略的概括性的表述,都是关于阅读的"核心的概括性知识",即"大概念"。[27]比如"推断":一个好的阅读者知道并非所有信息都在文本之中,它能够利用文本提供的线索,合理进行补充假设和合乎常理的推断。二是在不同的语篇类型,侧重某个或某几个"阅读理解策略"。比如故事、小说等,侧重在"推断""联结""图像化"等;说明性文章,侧重在"预测""确定重点""释疑"等;议论性文章,侧重在"推断""提问""综合"等,并与"批判性阅读"相联系。在教学法上,则化整为零,在各学段全程教学中,相机而时时提出、提醒学生有意识运用。

课文教学和整本书阅读指导的学习内容,各自相对独立的分工,也有利于我国语文教师较便利地把握课文教学和整本书阅读指导的各自教学重点,并设法谋求两者的相互促进。

参考文献

［1］朱永新.丛书序：在读写中思考与创造［M］//吉尔.阅读力：文学作品的阅读策略.岳昆，译.南宁：接力出版社，2017：3.

［2］（美）麦克德维特，奥姆罗德.儿童发展与教育：上册［M］.李琪，闻莉，罗良，等，译.北京：教育科学出版社，2007：420.

［3］（美）弗莱.如何学习［M］.蔡朝旭，译.广州：广东新世纪出版社/花城出版社，2001.8.

［4］［5］［15］［18］［19］［20］［21］林崇德，李其维，董奇.儿童心理学手册：第六版：第二卷［M］.上海：华东师范大学出版社，2009：596，602-603，584，622，598，599，622.

［6］［7］［8］（美）安德森，等.布卢姆教育目标分类学：分类学视野下的学与教及其测评：完整版.蒋小平，等，译.北京：外语教学与研究出版社，2009：34，41.

［9］顾晓明.阅读的战略［M］.上海：上海人民出版社，1987：32.

［10］章熊.思索·探索：章熊语文教育论集［M］.北京：人民教育出版社，2002：191.

［11］王先霈，王又平.文学批评术语词典［M］.上海：上海文艺出版社，1999：469.

［12］［14］（美）坦珂斯莉.教会学生阅读：策略篇［M］.王琼常，古永辉，译.北京：教育科学出版社，2008：6，85.

［13］（美）朗格.文学想象：文学理解与教学［M］.樊亚琪，译.上海：上海教育出版社，2015：1.

［16］（加）吉尔.阅读力：文学作品的阅读策略［M］.岳昆，译.南宁：接力出版社，2017：11.

［17］（美）达林-哈蒙德.高效学习：我们所知道的理解性教学［M］.冯锐，等，译.上海：华东师范大学出版社2010：53-84.

［22］［23］［25］（加）吉尔.阅读力：知识读物的阅读策略［M］.王威，译.南宁：接力出版社，2017：25-27，81-97，164.

[24] 幸曼玲, 等. 阅读理解策略教学手册 [M]. 台北: 台湾地区"教育部"发行, 2010.

[26]（新西兰）哈蒂. 可见的学习: 最大限度地促进学习 [M]. 金莺莲, 洪超, 裴新宁, 译. 北京: 教育科学出版社, 2015: 117.

[27] 王荣生. 事实性知识、概括性知识与"大概念"——以语文学科为背景 [J]. 课程·教材·教法, 2020 (4): 75-82.

析"批判性阅读"[*]

清晰的交流取决于专业术语的一致性。"批判性思维",目前国内译为"严谨思维""审慎思维""审辩思维"等。相应地,"批判性阅读"被称为"审辩阅读""审辩式阅读""审辩性阅读"等,或被理解为"思辨性阅读"等。笔者以为,对待外来的术语,译词"拗口"一点乃至"生僻"一点,利大于弊,或可避免因汉语词汇的语义联想而造成系统性误会。本文基于相关译著的分析考察,解析"批判性阅读",以期大家对"批判性阅读"有一个概要而不失真的了解。

一、批判性阅读基于批判性思维

批判性阅读基于批判性思维。对"批判性思维",不同的学者从不同的视角给出许多定义和解释。综合多本译著中的定义和解释,可以提炼出批判性思维的三个要点。

1.判断性问题

批判性思维面对有争议的问题。有些定义和解释凸显这一

---

[*] 本文原载《全球教育展望》2021年第2期,有修改。

要点，如"批判性思维包括提出一系列相关的批判性问题的意识，以及在适当的时机提出并回答问题的能力和意愿""批判性思维需要提出问题。这些问题包括需要问的问题，好的问题，问题能够指向事物的本质。批判性思维需要觉察到那些需要解决的问题"。[1]

保罗、埃尔德区分出了三类问题[2]：（1）事实型问题，或称"单体系问题"。原则上只有一个正确答案，例如"铅的沸点是多少？"（2）见仁见智的问题，或称"无体系问题"。答案因各人看法不同而异，例如"你喜欢留什么发型？"（3）判断型问题，或称"多体系问题"。这种问题需要推理，而且往往有一个以上的合理答案，例如"什么是解决经济问题的最佳方式？"

批判性思维针对的是判断性问题。判断性问题也称之为"非事实性问题"。摩尔和帕克进一步明确[3]："如果有业已确立的手段来解决它，那么某个问题就是事实问题。""如果没有业已确立的手段来解决某个问题，那么若两人就此问题有不同意见，则无法断定两人中任何一人是错的。这是非事实性问题的标志"。

非事实性问题又被称作"评价性问题"。对事实性问题的判断叫"事实性判断"，包括可通过观察、实验验证其真假的"描述性判断"，基于观察又超出观察的依据已证实的原理加以推断其因果关系或相关关系的"解释性判断"。对评价性问题（判断性问题、非事实性问题）的判断，叫"评价性判断"，包括伦理判断（对错好坏）、审美判断（美丑、协调）、工具性判断（成本—效益，实用性、有效性）、价值比较判断（是否值得，是否重要）等。

白琳和巴特斯比在《权衡：批判性思维之探究途径》一书中对"事实性判断"与"评价性判断"做了细致的区分[4]：事实性判断，可以通过观察和实验验证其真假；而评价性判断，可以通过推理判断其合理性（更具合理性）、通过理由和论证而得到辩护。"注意事实性判断和评价性判断之间的区分是至关重要的。事实性问题和评价性问题要求不同种类的判断，是由不同种类的论证来支持的，也是根据不同的标准来评价的。混淆两者，特别是试图用处理事实性问题的方式来处理评价性问题，将会给我们的思考带来严重的问题"。

2. 系统地推理论证

批判性思维是用推理论证来回答问题。对批判性思维的定义和解释，有一些就侧重在这一要点。如"批判性思维就是在认识客观事物时仔细分析和检查我们自己和他人的思想以求澄清和提高我们的认识"。[5]"批判性思维是一个调查的过程，调查的目的是探索一个情况、现象或问题，通过收集所有可用的信息从而得到一种令人信服的假定或结论"。[6]

推理是以充分的理由为基础而得出结论，论证是用理由去证明某些观点的过程。系统地推理论证，也就是根据推理要素加以系统思考。批判性思维研究专家发明了多种描述系统地推理论证的"要素圈"，其中最著名的是保罗和埃尔德的"思维的基本结构"要素圈。"思维的基本结构"要素圈，如图1所示[7]：

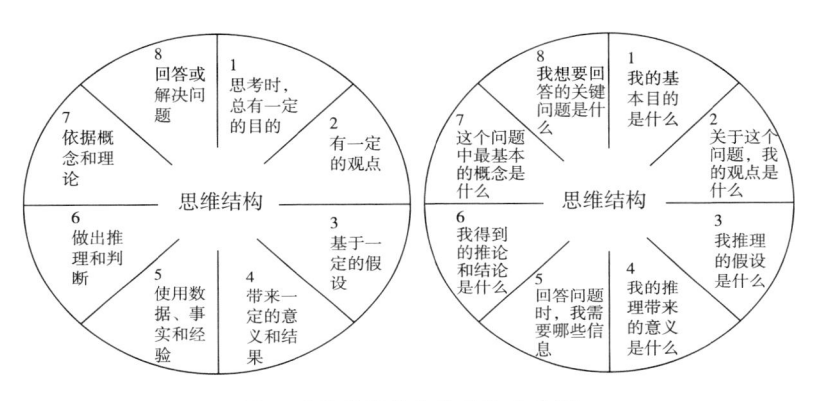

图1 "思维的基本结构"要素图

3. 评价标准

评价是批判性思维的核心，而评价基于标准。

"批判性思维"源于两个希腊语词根："具有洞察力的判断"和"标准"，可以理解为"标准基础上的具有洞察力的判断"[8]。对批判性思维的定义和解释，有一些就强调这一要点。如"一种思维，目的在于可靠基础上的判断，从而运用适当的评估标准，致力于决定事物的真实值、优点或价值"。[9]

思维的评价标准来源于三个方面。

一是学科的研究方法和规范。主要用于事实性判断。事实性判断原则上只有一个正确答案。但实际的情况并不都像举例"铅的沸点是多少"那么简单。一方面，事实性问题和非事实性问题之间的界限并非泾渭分明[10]，评价性问题的争论往往与事实性问题交织在一起[11]。另一方面，有些事实性问题客观上也是存有争议的。例如关于"学习"，就有行为主义的理论、认知主义的理论、信息加工的理论和建构主义的理论。但对事实性问题

（单系统问题）进行思考辨析是一个由已知求未知的过程，在学科内有可据以进行评判的普遍接受的标准或规范。比如[12]自然科学使用已经确定的理论和规则；文学评论、文学理论使用学科中受到高度尊重的观点；社会科学使用实验及其发现；商业、健康科学使用个案研究和专业的实践；等等。

　　二是不同问题类型或判断类型的适用标准。事实性判断与评价性判断的适用标准不同，评价性判断的不同类型也有各自的评价标准。伦理判断，评价标准涉及该行为的道德特质（如是不是在撒谎）、该行为的义务和责任（如教师批改作业要公平）、该行为的后果（如是否可以让很多人受益）。审美判断很大程度上与感知、对象或经验的形式特指有关，评价标准随着该艺术作品的变化而变化。工具性判断，与行动如何有效地达到所期望的目标相关，评价标准涉及有效性、成本—收益以及利益相关者的满意度等。

　　三是思维的通用标准。批判性思维所讲的"评价标准"主要指思维的通用标准。一个判断是否合理，可以用思维的一些通用的衡量标准来检验。思维的通用标准分正面的（好的）和反面的（坏的）。正面的（好的）标准，如保罗和埃尔德提出的"最简化的思维标准"[13]包括：清晰性、准确性、精确性、相关性、深度、广度、逻辑性、重要性、公正性等。每一项标准，都有可以查核的问题查核单。

　　反面的（坏的）标准，指"思维谬误"或"修辞手法"。思维谬误，即思维的陷阱，指"那些看起来不错，而实际上是错误的思维"[14]。比如"草率概括""倒因为果""错误类比""以权威为据""以无知为据""黑白思维""源于愤怒的论证""众所周知""相对主义""以错制错""转移注意力""夸张""含糊其词""嘲讽""颠倒的逻辑""倒逆的逻辑"等。

批判性思维的专家严格区分"说服力"和"证据力"。批判性思维追求的是"证据力",强调证据价值,强调基于证据的理性论证,而"一个带有谬误的论证,是说服力远远超出证据力的论证"[15]。"谬误是常见的弱的(甚至是极其糟糕的)论证,然而却具有相当大的说服力(修辞效果)"[16],"只要没有遇到批判性程度更强的思考者,诡辩思考者就能赢"[17]。

事实上,正是因为无意、有意或特意地使用欺骗性、误导性、迷惑性的"思维谬误",才特别需要强调批判性思维——基于理性的判断。"说服别人的尝试常常更多地依赖语词的心理力量或修辞力量,而不是逻辑力量,一个人需要保持对语词的心理联想的敏感性,以免被人操纵。我们要避免被环绕在判断、建议、理论、观点或论证周围的感情色彩所诱惑"[18]。"批判性思维者懂得剥去语言表象,从各种角度来谈论并思考事物"[19]。

二、批判性阅读的适用范围

批判性思维"根源于多学科、跨学科的知性的关注。它超越了现有任何学科,是对纠正人类混淆无知与知识、偏见与领悟、谬误与真理等固有思维倾向的观念、手段和价值的关注"[20]。

因此,批判性思维的专家一致认为[21]:"批判性思维的各项技能可以运用于任何你运用思想(说、想、写)的领域。"这从他们的书名就可以直观地看到,例如,保罗和埃尔德所著的书名是《训练出众的头脑 批判性思维：思维、沟通、写作、应变、解决问题的根本技巧》《思辨与立场：生活中无处不在的批判性思维工具》等。也正因为如此，"批判性思维技能居于21世纪技能的核心"[22]。

批判性阅读是批判性思维的运用。原则上，任何阅读都可以且应该做批判性阅读。但从相关译著看，批判性阅读的阅读材料是有些限制的。

第一，所阅读材料的内容主题在读者的专业或工作领域内。也就是说，读者对该内容主题具有较丰富的知识。道理似乎不复杂，如果缺乏相应内容主题的知识，不了解该领域的争议问题何以争议，不了解该学科或领域的评价标准，就不具备所谓批判性思维的前提条件。

第二，所阅读材料的内容主题涉及国民的学习、生活、工作等一般性话题。也就是说，尽管可能不具备相关的专业知识，但读者具有与该话题相应的经历和经验。如果掌握批判性思维的系统的推理技能并运用思维的通用评价标准，那么，读者凭借自己的经历和经验，就可以对阅读材料所持的观点做出合理的判断和评价。

第三，所阅读材料的内容主题涉及国民关注或理应关心的公共议题。这些议题涉及国民的切身利益或长远利益，因而人们有表达自己观点的意愿和责任，对别人的观点有表达同意或不同意的权利和义务。

第四，批判性阅读主要适用于论说性文本，尤其是劝说性的文本，其主要内容由一些观点、理论、解释、说明、假设、推断所组成。

第五，笔者所目及的30多本关于批判性思维的书籍，未见一例涉及虚构文学作品。在"连贯阅读"的基础上，虚构文学作品主要有两种阅读方式，一是"修辞阅读"，对语词、语句和篇章结构等所表现的文学性含义的体验；二是"参照式解读"，参照现实世界的价值观点对文学文本进行解读，主要关注文学作品的内容、主题。"参照式解读"，米勒称之为"批判阅读"[23]，指文学理论界所说的"文化研究"等"外部批评"。笔者认为，学会"修辞阅读"，是文学教育的最主要内容，也是文学阅读能力的最主要方面。

三、批判性阅读的"读法"

批判性阅读，保罗和埃尔德在《思考的力量：批判性思考成就卓越人生》一书中解释为[24]："一个积极的、理性的阅读过程，读者参与到作者的内部话语中去。批判性思考者积极寻找假设、重要的概念和观念、理由和合理性、支持性的例子、类似的经验、含义和结果，以及文字的其他结构化特征，并对它们加以准确且公正的解释及评价。批判性思考者会在准确地理解了作者的观点之后，才对文章发表评论。"

科特雷尔认为[25]，"批判性思维是一个复杂的思考过程，涉及很多技巧和态度"。包括：

（1）辨别他人的立场、论辩和结论；

（2）评价其他观点的证据；

（3）公正地权衡反方的论辩和证据；

（4）能够读出言外之意，看穿表面现象，辨认虚假或者有失公正的假设；

（5）识别出一些增加说服力的技巧，比如虚假逻辑和说服技巧；

（6）以有结构、有逻辑、有见解的方式思考问题；

（7）能够根据有效的证据和合理的假设判断论辩是否成立、是否公正；

（8）整合信息——将你对于证据的判断集中起来，以形成你自己的新立场；

（9）以一种结构清晰、推理严密且有说服力的方式介绍一个观点。

批判性阅读的核心问题是"我应该相信他所说的吗？""有证据表明，在批判性阅读中存在一些专门的技巧"。[26]美国教育资助委员会的"大学学习评估工程"（简称CLA）具体罗列了21条批判性思维的重要技能。其中侧重在聆听和阅读方面的有[27]：

（1）判断信息是否恰当；

（2）区分理性的断言和情感的断言；

（3）区别事实和观点；

（4）识别论据的不足；

（5）洞察他人论证的陷阱和漏洞；

（6）独立分析数据或信息；

（7）识别论证的逻辑错误；

（8）发现数据和信息与其来源之间的关系；

（9）处理矛盾的、不充分的、模糊的信息。

批判性阅读的关键是分析。"分析指的是找出文本的关键部分，并在完全理解其含义的基础上重建文本"[28]。如何重建文本？布朗和基利将批判性聆听和阅读需要的一整套态度和技能提炼为以下一系列的"提问策略"[29]：

（1）问题和结论是什么？

（2）理由是什么？

（3）哪些词句的意义模糊不清？

（4）价值冲突和假设是什么？

（5）描述性假设是什么？

（6）推理中存在谬误吗？

（7）这些证据的可信度有多大？

（8）是否存在竞争性假说？

（9）统计数据是否具有欺骗性？

（10）重要的信息资料有没有疏漏？

（11）什么结论可能是合理的？

综上所述，批判性阅读的"读法"可以概括为：按推论论证的要素找出文本的关键部分并重建文本，借助一系列的"提问策略"，对文章内容进行客观公正的评估，理性地决定是否同意作者的观点。

四、批判性阅读伴随着批判性反思

"批判性思维"与"批判性反思"，本身就是同义反复。批判性思维就是反思性思维，"存在一种思维：它让我们形成意见、做出判断、做出决定、形成结论。同时，还存在另一种思维——

批判性思维：它批判前一种思维，让前述思维接受理性评估。可以说，批判性思维是对思维展开的思维，我们进行批判性思维是为了考量我们自己（或者他人）的思维是否符合逻辑、是否符合好的标准"。[30]"批判性思维是合理的、反思性的思考，着重于决定相信什么和做什么"。[31]

之所以特意提出"批判性反思"，除了避免中文译词"批判性"的局限性之外，还因为要突出以下三层意思。

1.判断和评价要基于理由和证据

批判性阅读的核心问题是"我应该相信他说的吗？"批判性阅读，不是"批判"作者，而是理性地决定是否同意作者的观点。

"从批判性思维的角度说，一个主张（观点）是否成立或可信，不取决于这个主张本身如何，取决于支持这个主张的理由如何"。[32]批判性思维要求我们将注意力从过分关注作者的立场和主张移开，将关注的焦点引向支持某种主张的理由和证据。

理由＋结论＝论证。首先是理由，然后才是结论，这是论辩的首要规则。如果先确立观点，然后去找理由，那就是"颠倒的逻辑"或"倒逆的逻辑"。

理由包括信念、证据、比喻、类比以及其他用来支持或证明观点的陈述。但信念、比喻和类比，只能作为辅助的理由。理由，归根结底依赖证据。因此，"我应该相信他说的"，就应该基于足以确立观点的优势证据，或者说，是在质量上明显优于相反、相对观点的论据。表1是论据的类型及判断其可靠程度的一般准则：

表1　论据的类型及可靠程度

◇ 直觉（我以为，我知道）：不可靠。除非有其他证据证明直觉建立在广博的个人经验和知识上。
◇ 自己的经验（据我所知，依我所见）：不可靠。
◇ 他人的证词：不可靠。需要对提供证词的人有充分了解基础上的可信任度评估。
◇ 个人观察（我看到）：较可靠。但必须通过其他观察者来验证。
◇ 事例（案例）：不太可靠。要评估案例是否典型，是否有代表性。
◇ 权威的意见：需要谨慎评估。权威的意见可能是错的，权威的意见往往相互矛盾。
◇ 常识（大多数人的意见）：不太可靠。其中往往隐藏着偏见。
◇ 类比：只能作为辅助证据。以两个事物已知的相似性为基础，得出关于另一方应该如何的结论，是建议性的。往往导致错误类比。
◇ 统计数据：较可靠。要评估调查的数量、广度和随机性。
◇ 科学研究：最可信的来源之一。需要评估研究的质量。

基于理由和证据，正是在这个意义上，诺希克在论述批判性思维时特别强调"相信结果"[33]："批判性思维需要我们相信我们推理的结果。"

因而，批判性阅读也是读者对自己观点的挑战。也就是说，我们相信一个说法，不是因为与自己的想法正好相吻合，而是其理由和证据使我确信。反之，即使一个说法与自己的想法相异、相对乃至相反，如果其论据和论证无懈可击，我也得承认别人说的是有道理的。而理性的人应该跟着道理走，这就意味着要放弃自己原有的观点。

2.判断和评价要有足够的容纳力

"我应该相信他说的吗？"还应该"知道问题往往没有明确答案或唯一解决办法"[34]。

世上的事情并不是非黑即白。有时看似相对、相反的论点，其实是各自的论题（看问题的角度、论述的范围）有差异，或许在各自的论述范围和角度，两者都是成立的；反之，如果跨越了各自的论述范围、看问题的角度，两者很可能都是错误的。有时多种观点看似针锋相对，其实未必非此即彼。例如，关于"学习"的种种理论，都揭示了"学习"的某些方面，在某种意义上说，它们都是"正确"的——"各种理论观点对人类学习而言都有重要意义，也都为实际工作者如何帮助成人和儿童有效地学习、高效多产地行事提供了有用的见解"。[35]

正因为有多种"正确"的可能性，保罗和埃尔德在论述批判性思维时特别强调"公正性"："公正性要求我们努力平等地对待每一种观点。这需要我们认识到我们常常对他人的观点抱有偏见，我们常常会给他人的观点贴上'喜欢'（赞成我们的观点）和'不喜欢'（不赞成我们的观点）两类标签。我们常常忽视反对意见，这在我们有自私的理由时更为明显。"[36]

3.判断和评价有时要暂缓

"我应该相信他说的吗？"并不总是要明确表态的，也不是谁在任何时候都有能力明确表态。

在"同意"和"不同意"之间，我们还有第三种选择，那就是暂不表态。"在没弄清理由之前，对主张的对错不轻易下判断"。[37]容忍模糊，承认自己还没有弄明白别人所说的道理，承认自己并不是对每一件事情都有"同意"和"不同意"的权力。

在准确地理解了作者的观点之后，才对文章发表评论，在艾德勒看来，这是"知识交流中讲礼貌的一般规则"[38]：在可以用自己的话来准确地复述作者的主要内容之后再做评价,"对你所做的任何评论提出充分的理由,以表明你认识到关于知识的争论和纯属个人看法的争论之间的区别"[39]。

哈娜德克在《批判性思维》一书中列举了"批评性阅读的九个原则",其中大多数都是指向读者的批判性反思的[40]:(1)接受新思想;(2)对一无所知的事情不要去争论;(3)知道自己何时需要了解更多;(4)意识到同一个事物或者词汇,不同的人有不同的理解;(5)意识到绝对真实的事物与可能真实的事物之间的差别;(6)避免草率归纳;(7)质疑任何讲不通的道理;(8)区分情绪化思维与逻辑思维;(9)扩大词汇量以便理解他人,使他人也能理解自己。

批判性阅读涉及互为关联的两个方面,一是阅读对象,二是阅读主体。着眼于前者,批判性阅读的重点是对文章内容进行客观公正的评估。着眼于后者,批判性阅读的重点是对我们自己的观念和思想进行理性的反思。批判性阅读与批判性反思,相伴相随。

参考文献

[1][12][14][31][33](美)诺希克.学会批判性思维:跨学科批判性思维教学指南[M].柳铭心,译.北京:中国轻工业出版社,2005:6,214,168,2,6.

[2][8][9][19][20](美)保罗,埃尔德.训练出众的头脑 批判性思维:思维、沟通、写作、应变、解决问题的根本技巧[M].乔苒,徐笑春,译.北京:新星出版社,2006:114-116,306,306,68,306.

[3][10](美)摩尔,帕克.批判的思考:第7版[M].余飞,谢支情,译.北京:东方出版社,2007:12-14,14.

[4][11][15][16][18](加)白琳,巴特斯比.权衡:批判性思维之探究途径[M].仲海霞,译.北京:中国人民大学出版社,2014:203-204,206,96,95,17.

[5](美)查菲.批判性思维[M].姜丽蓉,等,编译.太原:山西人民出版社,1989:40.

[6](美)宾.研究性学习[M].张仁铎,译.南京:江苏教育出版社,2004:2.

[7][13][17][36](美)保罗,埃尔德.批判性思维工具[M].侯玉波,等,译.北京:机械工业出版社,2015:50,72-79,12,14.

[21][27][30][34](美)摩尔,帕克.批判性思维:第10版[M].朱素梅,译.北京:机械工业出版社,2015:3,4,2,4.

[22]彭正梅.丛书总序:培训作为21世纪技能核心的批判性思维技能[A]//(美)卢迪诺,巴里.号召批判性思维[M].任朝迎,周小勇,译.上海:学林出版社,2018:V.

[23](美)米勒.文学死了吗?[M].秦立彦,译.桂林:广西师范大学出版社,2007:179.

[24](美)保罗,埃尔德.思考的力量:批判性思考成就卓越人生[M].丁薇,译.上海:上海人民出版社,2006:348.

[25](英)科特雷尔.批判性思维训练手册[M].李天竹,译.北京:北京大学出版社,2013:3.

[26]心理学百科全书编辑委员会.心理学百科全书:第一卷[M].杭州:浙江教育出版社,1995:520.

[28](英)巴特沃斯,思韦茨.思维技能:批判性思维与问题解决[M].彭正梅,邓莉,方蓉,等,译.上海:学林出版社,2018:10.

[29](美)布朗,基利.学会提问:批判性思维指南[M].赵玉芳,向晋辉,等,译.北京:中国轻工业出版社,2006:17.

[32][37]谷振诣,刘壮虎.批判性思维教程[M].北京:北京大学出版社,2006:109,109.

[35](美)奥姆罗德.学习心理学:第六版[M].汪玲,李燕平,廖凤林,

等，译.北京：中国人民大学出版社，2015：9.
[38][39]（美）艾德勒，范多伦.如何阅读一本书[M].蔡咏春，周成刚，译.上海：上海译文出版社，1991：152，153.
[40]（美）转引自比尔.如何阅读：一个已被证实的低投入高回报的学习方法[M].刘白玉，韩小宁，孙明玉，译.北京：中国青年出版社，2016：129.

辑 四

语文教研和教师研究

"课例研究"：本土经验及多种形态*

一、问题的提出

在众多专家的努力下，"课例研究"正在蓬勃兴起。然而，在"课例研究"的推动中，理论和实践也出现了一些偏颇。

"课例研究"似乎被当作外来经验，与日本"授业研究"画等号，或以"授业研究"为标杆。研究者致力译介，倡导借鉴，努力移植，却疏忽发掘本土经验，反倒有意无意地忽视、藐视甚至鄙视本土经验，因而借鉴、移植也未能切中本土条件下的问题要害。

1.一些具有鲜明本土特色的"课例研究"形态被刻意撇除而遭遗弃

"课例研究"，无论是日文"jugyokenkyn"，还是英文"lesson study"，其含义都是"课的研究"[1]，即研究中小学特定科目、特定学习内容、以40分钟左右为单位的"课"。

---

* 本文原载《教育发展研究》2012年第8期、第10期，署王荣生、高晶，有修改。

研究如何上好自己的"课",是中小学教师专业工作的核心内容。研究一堂"课"之所以好,或之所以不好,是教学论研究尤其是学科教学论研究的题中之意、重中之重。

"课例研究"是我国教学研究的优良传统,并形成了因应本土条件的"课例研究"的多种形态。比如在我国教学研究实践中,优秀教师的公开课或课堂教学实录,是主要的形态之一。评课,也是我国学科教学研究的主要形态之一,在近年的学科教学论研究中,出现了一批对公开课或课堂教学实录进行深入分析的著述。

在"课例研究"之林,理应看见中国本土的这些大树。但是,它们却明确地被排除了[2],因为不符合"授业研究"这一标杆。

2. 彰显"教研活动"的负面表象屏蔽了许多正面的本土经验

尽管境外学者把我国实行了数十年的"教研活动"视为与"授业研究"不同渊源的"课例研究"[3],但在我国一些学者的笔下,"教研活动"被回译为"teaching study"时,带有明显的贬义,而刻意与"lesson study"对照。

毋庸回避,我国的"教研活动",包括上面所提到的公开课、评课,以及常被用来当作反衬的集体备课、"磨课"等,确有种种负面的表象,有的还令人发指。借他山之石,能起攻玉之效。但是,也应该看到"教研活动"的正面价值。我们要把研究如何上好课的公开课、评课,与被作为评价对象或手段的公开课、评课,与投机取巧的表演课,与不学无术的所谓评课区分开来。我们应该看到,公开课中有许多课堂教学的精品,评课中有许多真知灼见,一些地区和学校的集体备课或共同备课,取得了令人瞩目的成效。

"教研活动"的核心就是"课例研究"。就像"课例研究"有真假好坏,对待"教研活动",也要去假存真,褒贬好坏,在根除恶疾的同时,将其有益经验发扬光大。然而现在,本土的经验或被遗弃,或被遮蔽,中国强有力的"课例研究"被自我边缘化。

3.要点放在"课例研究"报告,未能切中本土条件下的问题要害

倡导"课例研究",初衷是提高教学研究的"研究的含量"。"教研活动"的研究含量不高,教学研究的研究含量不高,一些学术论文研究的含量也未必高,于是要寻找对策。

而对策要切中要害。在我看来,研究的含量不高,是因为没有去研究真问题,或者说,没有真的去研究问题,去发现并解决造成课堂教学困境的问题。

现在大学里人人要有课题,中小学虽不是人人,但区区有课题、校校有课题、组组有课题,至少在一些教育发达地区,似乎也已很普遍。但许多所谓课题,其实是理念性的口号。区的课题、校的课题、组的课题,要落实到人、落实到教师,而教师通常要通过"课例研究"力图把口号落在"课"中,或与"课"挂上钩。在这样的本土条件下,对被动做课题的教师来说,关键点是要找到能与理念相对接的所要研究的具体问题。

这方面,日本"授业研究"的经验可供我们借鉴。"授业研究"通常是在学校里作为一个名叫konaikenshu(一种特定类型的校本教研)的活动的一个组成部分。[4]"授业研究"虽然落实在具体学科"课"的研究,但要对接学校的办学宗旨,所以有一个比较宽泛的主题。如"让学生体验到合作和学习的快乐","使教

学能够吸引学生如饥似渴地学习"等。[5]这相当于上面所说的理念性的口号。在具体的"课"中如何落实理念,在理念的指引下如何找到具体科目的教学中的真问题,细致地研究"授业研究"的案例,应该会给我们很多启发。

但现在一些倡导"课例研究"的文章,却把要点放在"课题研究"报告的样式上。尽管也每每提到"首先要找到问题",[6]但对如何找问题、如何判定问题却语焉不详。而且,似乎还把"课例研究"报告的样式与"课例研究"的研究方法混淆了,或倾向于把研究方法程式化。"课例研究"或许要写研究报告,规范的报告有助于研究的系统化。但是,做研究与写研究报告毕竟是两件事情。研究在前,报告在后;研究是解决问题,报告是为分享经验。若前后倒置,甚至舍本逐末,"提高研究含量"的初衷却可能换来"课例研究"的表面化、形式化。

"课例研究"有多种形态。由于不同的教学文化、所面临的不同的教育教学问题以及日语、英语、中文的用语和教学文化的差异,强以"授业研究"为标杆,导致"课例研究"推进中的诸多问题。同时,我们也很难解释日本、美国、中国内地和香港地区等种种形态的"课例研究"何以统一在一个名下,以及它们之间何以不同。这也不利于对"课例研究"的研究,反过来阻碍对中国经验的发掘、弘扬,以及在本土条件下对国外经验的借鉴、吸纳。

二、对"课例研究"的三点认识

1."课例研究"的实质

"课例研究"要点不在"课例"而在"研究"。

"课例",可以是已成的课,可以是改善过程中的课,可以是正在设计中的课,如果把它当作研究的样例的话;可以是别人上的课,可以是自己上的课,也可以是与专家、同伴共同研制的课;可以是现场的课,录像的课,或课的文字实录。总之,是一门具体科目、具体学习内容的"课",它可以是完整的一堂课,课中相对完整的片段,或课中牵涉整体的某些细节。

"研究"的要点也不在形式。它可以是自我反思,可以是同伴研讨,也可以是专家点评;可以是口头、书面,正式、非正式。也不在研究者的社会身份,研究者可以是教师本人,可以是另外的教师,可以是教研员,也可以是专业研究者;可以是个人研究,也可以合作研究;可以是教师同伴合作,也可以专家参与或引领。

之所以是"研究",关键是所研究的问题和研究方法。

问题又称课题,是通过研究可以解答的疑难;所以问题和研究方法总是连在一起的。这是什么呢?为什么会这样呢?想知道却没有现成的答案,那就可能是要研究的问题。而要使课题成立,必须得知道,可以通过什么办法去获得该问题的解答。怎么去知道答案?是怎么知道答案的?对这类问题的回答,便是研究的方法。至少在理论上,别人用与之相同的方法,也可以得出同样的研究结论;用与之相应的做法,也可以获得类似的效果。可靠的研究,获得的是知识和经验,它可以交流、分享。

被诟病的"教研活动",与其说是它的形式,毋宁说是它的实质。

首先是"问题"不成问题。在评课中,说这堂课有毛病,但毛病还不直接是要研究的问题。出现这种毛病是什么原因？这才是问题。学生提不出问题，或乱提问题，这是毛病。为什么在学习这个内容时，学生提不出问题或乱提问题呢？这才是问题。说这堂课上得多么好，有多少优点，这是评价，而不是研究。一堂课不会无缘无故地好，它一定有道理，弄明这个道理，分析它之所以好，这才是研究。

其次是"方法"不成方法。在教学设计时，我用这个材料或换一个材料，我组织学生这么学习或换一种学习方法，这还不直接是研究。为什么要换呢？换了之后教学效果可能要好些，那是什么道理呢？如果只是瞬间的感觉，或利用已成的教学经验，说明这位教师具有才能，对这位教师来说，他不是在做研究，而只是在教学，他有较高质量的学科教学知识，他有丰富的实践性知识。如果另一个人去分析这堂课，通过种种办法，查明这位教师原来是这么想的，而这么想之所以对头，是因为这个或那个道理，这才是研究。

研究是价值负载的。研究如何救人，是一个好课题；研究如何激发爱心做慈善，是个好问题；反之则通常不被许可。方法也有伦理的原则。许多对"教研活动"的责难，其实是对偏离了正道的教学、课程、教育的责难，但以"应试"为主心骨的"非人"的教育、课程、教学，与"教研活动"这一方式没有因果关系。即便是后来变得臭名昭著的20世纪50年代"红领巾教学法"，从"课例研究"的角度仍不失为一个研究范例。

一个人抄袭论文，绝对是个邪人；一堆人都抄袭论文或无病呻吟，一定是制度出了状况；但是，不能说写论文这件事有什么不对。知识创新能力不足，不是因为写论文，而是因为有什么东西影响了写论文，甚至扭曲了写论文。

写论文未必就是做研究，"课例研究"也当如是观。一位教师在备课或上课，算不算研究？两位教师同课异构，算不算研究？一位教研员在评课，算不算研究？一组教师在讨论一堂课，或一群专家在议论一堂课，算还是不算研究？光看形式是无法断定的。关键是实质，看其是否在研究真问题、有价值的问题，是否用了合适的研究方法，其研究方法能否合理地解答那个问题。

我们提倡教师是研究者。但同时也应意识到，教学和研究并不完全重叠，它们是两桩有区别的事情。所以日本才会在正常的教学之外，抽出特定的时间来做"授业研究"。而一线教师在从事教学中所取得的研究实绩则充分证明教师可以成为研究者。他们发现了真问题，并通过实践妥善地解决了问题；他们弄清了道理，并依据这些道理进行教学。教学是有大学问的。这些问题、道理，往往是专业研究者拍脑袋发现不了、解答不出的。

因为教学的问题很具体，它处于特定的情境中，特定的科目，特定的学生。从大的关节讲，"课例研究"无非研究两个问题。第一，教学内容。特定的学生学习特定的题材，应该教什么或学什么。第二，教学方法，包括教学环境和资源。学习特定的内容，应该怎么教或如何组织学生的学习。教学方法的问题其实就是教学内容如何展开的问题。两者的关联，也就是学科教学知识。"课例研究"之所以有效，之所以可贵，就是它能够激活、提炼、改善、发展教师的学科教学知识。

这也就是教师为什么要成为研究者的原因。"课例研究"是着力于解决具体科目教学难题的活动，同时也是发展学科教学知识的活动。在改善教学的同时，发展教师的学科教学知识；通过学科教学知识的发展，促使教师改善教与学。

2."课例研究"的取向

"课例研究"，首先是对"课"的研究活动，或研究"课"的活动。在日本，"授业研究"是"教师的常规活动"[7]。我国香港地区的"课堂学习研究"（learning study）有时也自称"课研活动"[8]。我国内地沿用"教育科研"和"教学研究"两厢分流的体制，在当时的话语背景下，研究"课"的活动，特称"教研活动"。美国人斯蒂格勒和希伯特将日本、中国和东亚其他国家和地区类似的研究"课"的活动，统称为 lesson study，翻译回中文，就是"课例研究"[9]。之所以能将差异显著的种种研究"课"的活动，都纳入"课例研究"这一共名，是因为它们"本质上都指向如何改进课堂教学、提高教师专业水平"[10]。

对照实然情况，尤其是中国的本土经验，作为研究活动的"课例研究"，可以有两种研究取向：行动研究的取向和理论研究（学术研究）的取向。[11]

（1）行动研究的取向，是在动态形成过程中来研究"课"，研究者（包括教师和专业研究者）直接介入"课"的形成或改善过程。行动研究注重实践的改善效果，也强调研究过程的价值和意义。"课例研究既是一个教学研究的过程，又是一个实践改进的过程"。[12]

活动体现为过程，过程细化为步骤。"授业研究""课堂学习研究"和顾泠沅教授领衔的上海教科院"教育行动"，都是从活动的过程及步骤来描述各自的"课例研究"。

"授业研究"是教师们"带着明确的目的参加到讨论中来,讨论他们在此之前共同准备过的、并且也旁听观摩过的一堂课"[13],细化为合作设计研究课、关注实施中的研究课、讨论研究课等步骤。

课堂学习研究"是针对一堂课的教学内容来集体备课、教学观摩、协同工作,进行系统的反思以达到更有效的教与学的教师发展过程,其最终目标是让学生进行更有效的学习。"[14]细化为选取课题并初步拟定学习内容、确认学习内容、教学设计和课堂实践、以后测为主要形式的教学评价、撰写报告及分享成果等步骤。

"教育行动"的过程,是"三次实践、两次反思"。第一次是教师自主备课并进行教学,之后是专家和同伴的评课,经评课中反思,教师再次设计教案,专家和同伴修改研讨,教师完成新设计并进行教学。[15]

以教师为研究主体的"课例研究",通常采用行动研究的取向。但行动研究与理论研究之间没有天然的鸿沟。在行动研究中往往要嵌入理论问题的研究,在行动研究过程中,可以生发理论的思考,并延伸出理论的成果。

(2)理论研究的取向,主要是对已完成的"课"进行研究,包括教学现场、教学录像和教学的前后所整理的书面文本,如教学设计、课件、教学实录、学生作业等。

正像行动研究可以采用多种研究方法一样,理论研究也可以用多种方法,包括量化研究和质性研究。在与"研究教学理论的理论"的"教学论"的比照中,王鉴将"研究课堂教学的理论"称为"课堂教学论"。"课堂教学论"把课堂作为研究对象,采用"基于聚焦课堂的行动研究""基于观察、深描、解释的课堂志""基于叙事的教学案例"等研究方法。[16]"课堂教学论"与"课例研究"有相近、相通之处,比如课堂志的研究,形成"观察—深描—解释—课例"的课堂研究方法谱系[17]。但两相比较,差异还是明显的,"课堂教学论"是在课堂里进行研究,其研究的问题通常处在较为"一般"的层面,比如对"学生的吵闹"进行专门研究[18]。课堂志的研究范本是《课堂生活》《透视课堂》、吴康宁等课堂社会学研究、叶澜的"新基础教育研究"。[19]笔者曾在北京与陈向明教授同观一堂课,陈教授及其团队所关注的问题是教师与学生的交流对话,在观察中使用了不同角度的量表,这与我所关注的这堂课的教学内容、教学方法与内容的匹配、教师的教与学生语文经验的形成,完全不是一回事。

"课例研究"基于中小学特定科目或学习领域。顾泠沅领衔的"教育行动"所研究的主要课例是研究者具有学科背景的数学、科学、英语。香港"课堂学习研究",侧重在"学习内容"的"关键属性",主要依托教学内容较为清晰的小学数学、常识、英文、艺术、体育、音乐等;小学语文则只涉及比较易于把握的动词、比喻等基础知识,如《一支铅笔头》,"比喻的欣赏和运用——以新诗为例"。在日本小学、初中普及的"授业研究",侧重在教学行为的改善,正如前文所讲,"授业研究"的关键点是具体的学科教学,如何与一个较为长远而宽泛的主题对接。日本"正在从事或曾经从事过这方面活动(授业研究)的高级中学却寥寥无几"[20]，其中一个理由，可能是在学术性更强的高中阶段，阻碍学生有效学习的因素转移到了学科内容的理解。

"课例研究"基于特定科目或学习领域，指向教师的学科教学知识，即特定的学生学习特定的题材，应该教什么、怎么教的理据。学科教学知识"是教师知识范畴中使教学最有效的知识"[21]，如果舒尔曼等人的所言成立，那么"课例研究"势必成为教学论研究最直接也最重要的方面。

长期以来，教育学研究似乎形成了等级观念。研究的层面越抽象、研究的话题越一般，研究的水平就越高。教育原理是一等的，课程与教学论列二等，学科教学论则被挤到等外。虽然号称教师是"研究的主体"，但又对教师的研究成果不屑一顾，以为"学术水平低"。

研究的价值，不是依据话题的抽象程度而定的，而是是否生产新知识，包括理论知识和实践性知识。通过"课例研究"，深入发掘本土经验，或许可以丰富、补充、修缮教学论、教育学原理等。把"课例研究"仅仅局限在行动研究，或者把"课例研究"刻意与理论研究相区隔，这恐怕没有道理，也与既成事实不符。教育教学理论要有力地作用于实践，这正是许多专业研究者走进课堂、走进"课例研究"的动力。

3.关于研究方法

研究方法，是一项研究能否进行的关键。然而要区分两种不同含义的"研究方法"：一种是"课例"的研究方法，即研究"课"的方法，如何来研究"课"。另一种是作为研究方法的"课例研究"，即使用"课例研究"这一方法，以获得相关问题之答案。

有些论者纠结于"案例""课例""案例研究""课例研究"等词义联想和辨析,希望在一个逻辑的谱系中摆平各自的关系。而实际却是越辨越糊涂,越想辨析清楚越削足适履,进而人为设限,导致种种莫名的疑惑。

有论者界定"课例研究"(lesson study)是"一种教师联合起来计划、观察、分析和提炼真实课堂教学的过程"。[22]那么,教师一个人研究"课例"算不算"课例研究"?教师一个人深入反思一堂课的教学目标、教学环节以及目标与环节的一致性,并撰写了像样的研究报告,这算不算"课例研究"?我们崇尚合作,带有研修性质的"课例研究",尤其是作为研修内容或研修方式的"课例研究",是以合作为其特征的。但是,这并不能反过来得出结论,不联合起来的就不是"课例研究"。

有论者强调"课堂观察是课例研究的中心环节"[23]。这里显然存在两个问题。第一,"课"的呈现方式问题。"课"有多种呈现方式,如教案、课堂教学现场、教学录像、教学实录整理等。有些必须观察,有些则不可观察。第二,研究方法的适用问题。"方法总是针对一定问题的方法"。不管什么问题都强用一种方法,这显然行不通。对课堂教学实录进行分析,研究它的教学内容、教学方法以及内容与方法的关系,这算不算"课例研究"?"课堂学习研究"的重要方法就不是课堂观察,而是前测与后测的数据比较。"研究者不应用方法来限定问题,而应具有'问题意识',让'真实的问题'浮现出来,在历史和社会结构中得到恰当的位置,然后再选择合适的方法"。[24]

事实上,"课"的研究可以采用多种方法,关键是方法与问题的匹配,方法的有效性,以及研究方法的规范。日本"授业研究"之所以产生重大国际影响而被广泛移植,原因之一是它形成了在课堂中研究"教学方法问题"的有效而严谨的方法。与"授业研究""课堂学习研究"相比较,我国的"教研活动",包括专家参与的"课例研究",需要强化方法的意识,需要从实践中提炼、描述具体的研究方法,并对研究方法加以审视和规范。

比如"课例"如何描述便是一个需要考量的问题。教学实录有哪些呈现的方式?是采用执教者视角,还是旁观者视角?是严格记录上课中的师生话语,还是要加上必要的情境描述?如何防止"教学实录"变形甚至被篡改?再比如在"课例研究"中如何描述和解释课例?描述和解释的可靠性如何验证?是"理解""解释"还是可以借题发挥?再如"课例研究"是不是需要条件?有哪些问题可以通过"课例"来研究,哪些问题不能单靠"课例",哪些问题不适用于"课例研究"?不同的问题是否有相应的具体研究方法,是哪些研究方法?如何保证方法的可靠性?如何验证研究的信度和效度?如何引导传统的"磨课"走向"课"的"研究"?

作为一种研究方法的"课例研究",指的是通过"课例研究",采用归纳的方法(而不是列举)获得教育教学理论。或者是将"课例"作为得出普遍性结论的主要证据。比如杨小微主持的"课例研究",研究的是在语文、数学、英语等学科教学中的"间接德育"问题。[25]教师的实践性知识的研究、学科教学知识(PCK)的研究,要借助"课例研究"这一方法。前述的"课堂教学论"研究，如"课堂社会学"等，往往也采用"课例研究"。

目前，在教育学科的许多领域，尤其是学科教学论的研究，包括一批硕士、博士论文，多采用"课例研究"的方法，也取得了一些实绩。但是，也面临着对方法本身的考量。运用"课例研究"的方法有哪些准则？方法如何展开，展开过程有哪些技术上的要求？如何避免"课例研究"的误用甚至随心所欲地滥用？

可以这么说，"课例研究"的健康发展与研究"课"的方法、与"课例研究"作为方法息息相关。发掘、弘扬"课例研究"的本土经验，不仅仅是指发掘一些成功的个案，而主要是从中发掘针对本土教育教学问题的行之有效的研究方法，并加以提炼和规范，加以推广应用。

三、本土经验中"课例研究"的多种形态

1. "课例"作为研究成果的表达形式

教师是课堂教学的实施者，也是研究者。教师的研究，通常是在备课、上课和课后的反思中进行。教师的学科教学知识，首先体现于教案，在教学的流动过程中，转化为学生的学习经验。教师对教学内容、教学方法乃至教学理念的思考、探索和理想，通过教学录像、教学实录或旁听者的听课笔记等，得到固化并比较真实地留存下来。

浙江曾有一位著名特级教师——陆鉴三老师，教作文很有办法，育人又育才。[26]可惜，当我们试图发掘陆老师的教学经验时，却怎么也找不到他的课例了，哪怕一节课也找不到了。他的教学经验，他一生积累的财富消失了。有一些年迈者，夸赞以

前的老师教语文如何了得，可是当我们询问详情时，却被告知不记得任何教学的细节了，也找不到这位了得教师的片言只语。现在，有公开课的机制，加上现代技术，许多优秀教师的教学实录留存了下来，并将流传下去。

在我国，以教学实录为代表的"课例研究"是教师作为研究者的成果的最为重要的表达形式。有想法的教师、有追求的教师，是把课，尤其是把公开课当作研究来对待的，当作自己神圣事业甚至生命价值的体现。他们在教学实录中留下了研究的踪迹，并取得丰硕的成果。

就拿语文学科来说，《语文教育研究大系（1978—2005）·中学教学卷》，展现了于漪老师执教的《晋祠》、钱梦龙老师执教的《死海不死》、魏书生老师执教的《统筹方法》、陈钟梁老师执教的《人类的出现》等34位中学语文杰出教师的34个课例。《语文教育研究大系（1978—2005）·小学教学卷》，展现了袁瑢老师执教的《颗粒归公》、霍懋征老师执教的《找骆驼》、丁有宽老师执教的《十里长街送总理》、斯霞老师执教的《小小的船》等41位小学语文杰出教师的41个课例。《中国著名特级教师教学思想录·中学语文卷》，介绍了于漪、宁鸿彬等13位著名语文特级教师的教育思想和教学实录。"大夏书系·名师课堂"丛书，出版了窦桂梅、李镇西等新时期语文名师的教学实录。商务印书馆近年出版的"语文名家自选集""语文名师自选集"丛书亦重视收入作者具有代表性的教学实录和教案，目前已经出版的有于漪、宁鸿彬、王俊鸣、黄厚江等老师的选集。语文出版社陆续出版的"名师讲语文"丛书，展示了黄厚江、陈日亮、程红兵、余映潮等数十位名师的语文教学实践探索。其他成集的还有《名师授课录：高中语文》《名师授课录：初中语文》《名师授课录：小学语文》《中学语文经典课文特级教师教学案例精编》《上海名师课堂·中学语文》丛书等。个人出专集的，如老一辈语文名师钱梦龙老师有《导读的艺术》，语文教学专家余映潮老师有《初中语文创新实用教案》，新生代具有探索精神的郭初阳老师有《颠狂与谨守：课堂实录》，等等。这些课例，标志着我国语文教学所达到的高度，也留下了教学专家孜孜于课堂教学改革的艰辛与困顿，成为见证语文教学发展足迹、探索语文教学改革前程的珍贵材料。

教师的专业工作是教学，教师应该是教学的专家，教师的教育科研，其成果的主要形式是课堂教学。作为专家型的教师，往往也写文章、做报告、出专著。但所讲的，或许会因时事而嬗变；由于学科教学知识的实践性、情境性等特征，所讲的与所做的未必一致，所做的也未必能意识到，未必能表达出。不知何时起，教师评职称要有研究成果；而所谓成果，是外行甚至官员用"秤砣"来称的——在哪一级刊物上发表多少篇论文。论文中虽有真知灼见，但也有滥竽充数者。但不管是灼见还是滥竽，以高头讲章式的所谓论文，来评判以教学为己任的教师，这就大不合理。

对我国的"教研活动"，尤其是公开课，应该全面而辩证地看待。凡是上过公开课或接触过上公开课教师的人都知道，公开课在教师专业发展中起了不可估量的作用。每一次公开课，哪怕上砸、上烂、被批得体无完肤的公开课，对教师都是一种历练，一次专业的乃至精神的洗礼。尤其是一些研讨课，不管"课"上得如何，上课的教师都为教学研究做出了难能可贵的贡献。即便是以评价、比赛为旨归的课，也不可一棍子打死。对一堂课的同行评议，毕竟表达了对教学的共识；尽管某些已达成的共识可能落后，需要变革甚至革命。

2. "课例"作为研究对象

日本"授业研究"可以分为两段，一段相当于聚焦问题的共同备课，即jugyokenkyn，另一段相当于检验问题是否获得解决的评课，被称为kenkynjuyo，即"被研究的课"，"或更确切地说，是一个被变成研究对象的课"[27]。必要时，这两个阶段再加循环，在第一轮基础上修改教学设计，再次教学实践并讨论、交流、反思。

顾泠沅领衔的"教育行动"，是"三次实践、两次反思"，其中前后两次实践，即同一位教师的依据自主备课所进行的教学、依据改善后的新设计所进行的教学，都是作为研究对象的"课例"。作为研究对象的课例，可以是现场，也可以是事后整理的教学实录。

现场的研究，就是我们通常所讲的"评课"。评课有时会敷衍了事，时而也会有胡言乱语。但是，也有精彩的甚至醍醐灌顶的评课。评课有学问，评课中能见学问，评课也能发展评课者对教学的认识。就我个人的经验，语文教学许多当务之急要解决的问题，是在评课中发现的；一些关键问题的解答，是在听课评课中获得的。比如语文教学的主要问题是教学内容问题；解决语文教学的困境，要从以"教的活动"为基点转向以"学的活动"为基点；语文教学目标的表述方式，要从分条排列改为综合描述等。笔者曾在广西南宁听了7堂展示课[28]，发现阅读教学的主要问题是满足于根据外部指令寻找信息的"扫读"，而不能引导学生走向高层次的理解；在河南南阳听了15堂议论文的课，发现"议论文教学"在七、八、九年级竟毫无差别以及"找信息、贴标签、瞎拓展、发号召"这"教学四部曲"的荒谬。

以教学实录为研究对象的"课例研究"，也被称为"课例分析"。课例分析，尤其是对那些足以作为学习范本的"名课"的分析，是开发学科教学知识、发展学科教学论的重要途径。从课例中获取教学知识，尤其是从"名课"中发掘优秀教师的教学知识，并力图转化为公共知识，这是学科教学论研究以及教学理论研究的知识生长点。比如关于阅读教学的教学环节，在分析、比照优秀教师的成功课例时，笔者发现，在我国的教学条件下，一堂好的语文课一般具有两到三个教学环节，环节之间呈阶梯状，每一环节的大部分时间是教师组织学生开展"学的活动"。我们由此得出结论，教学设计主要不是设计"教师的教"，而是设计"学生的学"。这样，就把新课程理念与优秀教师的成功"课例"连接起来，把课程理念转化为可操作的教学设计模板。[29]

作为研究对象的"课例"，其实是教学典型案例，大致相当于作为研究对象的案例。至于是去现场听课，还是阅读事后整理的实录，这要看研究的条件，尤其是所要研究的问题。比如研究教学内容的合宜与否，阅读教学实录较为适用；而研究教学方法，尤其是研究教学中的应对智慧，则应该到教学现场去。

成功的课例，可以作为研究对象；偏颇但有追求的课例，可以作为研究对象；失败的课，甚至糟糕的课，如果它反映着较为典型的教学现状,也足以作为研究对象;不同场域、不同教师的几堂课,如表现教学的共性问题,可以合并为一类研究对象;一篇课文在不同时间由不同教师所上的数十个课例,可以作为群体研究对象。

在语文"课例研究"中,我们逐渐发展出"从教学内容角度观课评教"的5种样式[30]:

(1)名课研习。细致解析优秀语文教师的名课,供语文教师研习。

(2)课例探讨。由一堂探索课或实验课延伸到执教者在理论和实践上的某种"主张",揭示其在课程论上的意义。

(3)课例评析。评议较为典型的课例,从学理上分析语文教学中普遍存在的问题。

(4)课例兼评。分析语文教学的某种现象,兼及对一些课例的评议。

(5)课例综述。收集某一篇课文相当数量的课例,对其教学内容做较全面的扫描并加以专题评议。

不同的样式,表明作为研究对象的课例有不同的性质,也预示着要采用相应的研究方法。比如课例综述,显然是综述的研究法;课例评析,一般采用课例片段比较的方法,在比较中显现共性或特性。

需要说明的是,对作为研究对象的"课例"加以研究,与研究者的社会身份无关。笔者手上有三本评课的专著,一本是《听王荣生教授评课》,作者是作为语文学科教学论的专业研究者;一本是褚树荣《品味课堂:褚树荣评课实录》,作者是中学语文教研员、特级教师；一本是《听王崧舟老师评课》，作者是小学语文特级教师。有论者依研究者的社会身份，来判定何者是"课例研究"而何者不是，这是把"课例研究"窄化了，与"作为研修内容或研修方式的课例研究"混为一谈。

3. "课例"作为所研究问题的载体

"课例"作为所研究问题的载体，意思是说，借助于这堂课的研究，在其教学内容选择或教学方法选用的过程中，来研究如何选择教学内容、如何选用教学方法等问题，往往要回到教学中加以检验。

日本的"授业研究"，香港教育学院开展的"课堂学习研究"，顾泠沅领衔的"教育行动"，都属于这种形态。我们来看其中的异同。

首先是所要研究的问题。"授业研究"所研究的问题，是探讨这堂课特定教学内容的最佳授课方式，也就是教学方法问题，包括教学材料的呈现、教学组织形式等。从表面上看，这似乎是教学如何精致化的问题。但正如史迪格勒在《课例研究》序言中所提到隐喻——"包装雅致的曲奇饼"，重的并不是这块曲奇饼，而是雅致包装所带给顾客的吃曲奇饼的体验。[31]换言之，"授业研究"的结果，是打造一堂完美的课，但其目的却超出了这堂课，指向更大的目标。这就可以解释，为什么"授业研究"会有一个超越这堂课的远大而宽泛的主题，比如"让学生学会合作、形成独到见解和培养思维方式，以及享受科学学习的乐趣"[32]。远大而宽泛的主题与具体学习内容的对接，由此我们可以理解，为什么日本中小学教师可以围绕同一个主题，长年累月地做"课例研究"。正像论者所指出的[33],"授业研究"基于日本小学和初中的教学文化,"统一而精要的课程内容""稳定而成熟的教学内容""固定而规范的合作制度"等是其外部的条件。从其条件和所研究的问题,我们才能领会"授业研究"的研究步骤,以及以课堂观察为核心的课堂志研究方法。"授业研究"中那极为细致的教案以及课堂教学观察是研究的必要构成,换另一位教师依据修改后的教案再次进行教学观摩也有其必要性。因为他们所研究的问题之答案在流淌而变动的课堂教学中。

以"变易理论"为基础的"课堂学习研究",基于具体科目的学习内容。它包含三个方面[34]:①在教材中选取较高教育价值的学习内容,并辨识其关键特征;②研究在关键特征的学习中,学生的差异和学习困难;③设计学生易于掌握关键特征的教学方案,并进行教学检验。

以语文为例,首先是教材研究,这篇课文该教什么;其次是学情分析,学生学这篇课文以及学习过程中可能是什么状况;然后是设计"以学的活动为基点的"教学活动,并在课堂教学中加以验证。"课堂学习研究",侧重在教案的设计;研究的要点,是要找到特定学习内容的关键特征和学生的学习难点。与"授业研究"相比较,"课堂学习研究"所面对的问题较为深层和抽象,因而要较多地依赖专家或专家型教师。"课堂学习研究"的目的,是证明关键特征的教学意义和效果,因此必需对照前测和后测;而完美课例的实录,并不必需,因为这可能牵涉到任课教师的不同才能。

"教育行动"也侧重在教案的设计,所研究的问题,是如何使特定的教学内容，落实在学生的学习收获上。这相当于教材重点、难点、关键点的把握，其具体的研究内容，与"课堂学习研究"类似，也要涉及上述三个方面。从理论上讲，"教育行动"的第一个步骤"原生态教学"，并非强制。一些教学重难点及关键点的把握，通过教材研究也能做到。教学的改进，一般要涉及多个方面，全面诊断式的评议，或许会带来与所研究问题不相干的问题。这就可以解释，为什么前后两回作为研究对象的"课例"都由学科知识和教学才能比较强的同一位教师来任教。因为所研究的具体问题深层而且随"课"的内容变化而变化，而教学效果则会因任课教师的教学才能不同而产生较大差异。

"课例"作为所研究问题的载体，这是上述三种"课例研究"的共性。而所要研究的问题，以及相应的研究方法和研究步骤，三者却各具特性。研究的问题不同，是因为要应对的教育教学的困境各异；研究方法的差异，是因为所要研究的问题有不同，也受惠或受制于各自的教学和研究的条件。不顾所要研究的问题，以某种"课例研究"的形态为准则，亦步亦趋地模仿其研究的步骤，甚至研究成果的呈现方式，这恐怕是不明智的。

拿语文教学来说，我国语文教学的问题，主要是教学内容的问题。教学内容的不正确、不妥当，甚至不知道该教什么，不知道究竟在教什么，不知道学生学到了什么，这是我国语文教学问题的表征。"课例研究"的重心，显然要放在合宜的教学内容上；而所采用的研究方法，则要针对问题的解决。笔者曾带领团队到数所中学进行"以学的活动为基点的"主题教研活动，活动的主要方式，是专家参与的"共同备课"，聚焦在教案的设计阶段，而教学实施情况则主要听取任课教师的反馈，并无课堂观察的必要。主题教研活动取得了显著的成效，其阶段性研究报告获上海市教育科学优秀成果二等奖。后来笔者又将这一方式延展到教师培训，我们在所承担的"国培计划"教育部示范性项目高中语文等项目中创设了"共同备课工作坊"。该工作坊中学员满意率达100%，其中非常满意率达86%，足见这种研修方式受学员欢迎的程度。[35]换言之，足见其解决语文教学疑难问题的有效性。

"课例研究"的推进，不单纯是效仿某种"课例研究"形态，而要遵循"课例研究"之所以是"课例研究"的机制。

"课例研究"实际上有三条线。一条线处于上位，是教育教学的理念，通常是隐含着的。在"授业研究"，是konaikenshu的主题；在"课堂学习研究"，是"变易理论"；在"教育行动"则主要是新课程理念，它融汇了"最近发展区"理论、"默会知识"理论、"建构主义"理论等。中位的一条线起关键作用，是学科教学知识，即对什么样的学生教什么内容用什么方法。其间可各有侧重，或侧重教材的内容分析，或侧重学生的学情探测，或侧重教学方法的选择。处于下位的一条线，是直接完成任务的这一条线，即具体课例的教案研制和教学实施。

下位的线，依赖中位的线，贯通到上位的线。换言之，只有学科教学知识发生变动，才能完成这一"课"的教学设计和教学；而学科教学知识的变动与教育教学理念关联。倒过来看，在具体课例的教案研制和教学实施中，促使改善学科教学知识，进而落实教育教学的理念。三条线交互作用，而关键是牵动学科教学知识的改善。

正是从学科教学知识改善这个意义上说，课例作为载体的"课例研究"，成为教师在职研修方式。"课例研究"中之所以要有专家的参与或引领，是因为这有助于联通上下，触及中位的学科教学知识。

这就与我们日常的一些"教研活动"区隔了开来。"教研活动"通常只有一条完成工作任务的线，教师的合作教研，主要是集思广益，或分工完成任务的不同部分。而只有上位理念的那一条线，若与具体科目的学习内容不能对接，"教研活动"则往往是两张皮硬贴，结果水还是水，油还是油。

在我国"教研活动"中，有大量暗合这一机制的成功案例，尤其是在专家有效介入或主持者本身就是专家型教师的情况下。就以笔者近年所接触到的成功案例来说，就有深圳南山实验学校的"基于计算机的8岁能读会写项目"，广东龙岗"基于选文类型与任务分析"的语文学案教学研究，浙江宁海西店中学"利用工作纸进行二次备课"的教学研究、山东邹平的"随笔化作文教学"，等等。

上述取得显著成效的"课例研究"提醒我们：尽管"课例研究"的主要成果是"课"的改善，但其载体，却未必一定要是完整的、达到满意程度的"课"。作为研究成果的表达形式，在出版、流传都与日本相距甚远的条件下[36]，也未必要人为地限定"课例研究"报告。"8岁能读会写"研究的载体后来转移到校本教材；语文学案研究，载体是学案；西店中学研究的载体，是学生使用的"工作纸"和研究报告；"随笔化作文教学"，也以教材的形式出版推广。

"课例研究"的载体及其成果的表达形式,有广阔的空间。发掘、弘扬我国本土"课例研究"的成功经验,从中提炼出作为载体的"课例研究"的不同样式及其具体的研究方法,开发多种载体及成果表达与交流的形式,对"课例研究"的推广,对"课例研究"的健康发展,对本土"课例研究"被世界的所认识和认同,都有极为重要的意义。

4.作为研修内容或研修方式的"课例研究"

作为研修内容或研修方式的"课例研究",又称"课例研修",指教育培训机构把"课例研究"作为研修的内容,或以"课例研究"的方式来组织教师进行研修活动。

作为研修内容的"课例研究",是学习如何做"课例研究",侧重在"课例研究"的经历和研究方法的掌握。它强调"做中学",在"课例研修"过程中学习"课例研究"。成功的经验,如北京西城教育研修学院组织实施的"课例研修"系列,涉及中小学语文、数学、科学、英语等学科。华东师范大学安桂清和上海教科院胡庆芳等分别主持的"课例研究"课题,也侧重在指导教师如何做"课例研究",带有较强的研修的性质,取得了较为满意的成效。

作为研修方式的"课例研究",指采用"课例研究"的形式和方法,组织学员进行相关主题的研修。它通常以业已完成的"课例研究"为基础,包括前述的"课例"作为研究成果的表达形式、"课例"作为研究对象、"课例"作为所研究问题的载体等。在活动方式上,也与它们相似。比如学员上汇报课,类似于"课例"作为研究成果的表达形式;学习优秀教师的成功课例,观摩同伴或专家教师的公开课，类似于"课例"作为研究对象；专家参与的小组"共同备课"，类似于"课例"作为所研究问题的载体。

其间的区别，相当于作为研究活动的"案例研究"与作为教学活动的"案例研究"的区别[37]，以行动研究取向为例说明如下。

（1）"课例"的选择。作为研究活动，"课例"来自于教师，基于教师在教学中遇到疑难问题。而作为研修的教学活动，"课例"是经过精心选择的，具有鲜明的教学的意图，适合研修主题的展开和深入。

（2）研讨的内容。作为研究活动，研讨的内容依据问题解决的过程而可能有种种变动，或者聚焦当前的话题，或者蔓延到相关的话题，或有延伸，或有更换，总之带有很强的现场生成性。而作为研修的教学活动，研讨的内容是事先确定的，并要保证在研修过程中始终聚焦于这一话题。

（3）专家的作用。作为研究活动，专家是研究的参与者、合作者，为研究提供专家视角的意见和建议。对专家来说，所研究的问题也是新问题，尽管专家可能有解决类似问题的经验，但凭经验却不能解决当前的具体问题，在与教师合作中，专家也要不断地澄清问题，在摸索中寻求相应的解决办法。而作为研修的教学活动，专家更多的是指导者，基于对这一个案的熟悉，专家知道在什么地方将会发生什么事情，并促使其希望发生的事情发生，或避免其不希望发生的事情发生。

（4）获得的结果。作为研究活动，直接的结果是问题的解决，或得到某种程度的解决，总之是要有改善了的教案或教学。

而作为研修的教学活动，结果放到哪个节点，要依据研修的目的和研修任务的整体布局。有时学员触动原有的观念即可，有时到相互交流即可，有时要获得一个解决的方案，有时则重在引起学员的反思，等等。

比如在"国培计划"高中语文班的研修中，我们"共同备课工作坊"指定了三篇课文：散文《胡同文化》，小说《桥边的老人》，文言文《始得西山宴游记》。在初中语文班，是散文《藤野先生》，小说《勇气》，文言文《黠鼠赋》。这些课文都是我们在主题教研活动中与教师合作研究过的，"课例"较为典型，问题明显聚焦，在研修班之前又经过专家组的反复研讨，对"课例研修"中可能出现的情况有较透彻的了解，并备有相应的对策。与"共同备课工作坊"相配合的，是"主题学习工作坊"和"课例研究工作坊"。"课例研究"，这里取供研究的"课例"之意，把专家教师的教学"课例"作为研究对象。而初高中则有不同的考虑，以适应学员的学情。高中语文是"共同备课"在先，"课例研究"在后，专家的课例是研究课，取同一作者的不同篇目；初中语文是"课例研究"在先，在专家示范课的启发下，再"共同备课"，选一篇与示范课相类似的课文。

我国流行的大规模"教研活动"，如各种主题的研讨会、省市教研部门等各种级别的教学研讨会等，往往抱有明确的培训意图。其中的公开课，包括观摩课、展示课、研讨课等，以及专家的点评，与其说是对该"课例"做深入研究，不如说是借助这些"课例"起到培训或者宣传的功效。国情使然，在我国地域辽阔、专家资源相对不足的条件下，大规模"教研活动"具有显著的作用。有些组织得好的研讨会，吸引成百数千教师。新课程改革的推进，很大程度上也是借助于大规模的"教研活动"。平心而细致地研究大规模的"教研活动"，从中发掘有益的经验，这或许是研究者值得下功夫去做的一件事情。

发掘本土经验，提高研究含量；基于本土条件，借鉴异邦经验；聚焦学科教学知识，发挥"课例研究"多种形态的功效。这应该是"课例研究"蓬勃发展的方向。

参考文献

[1][4][13][20][27][31][34][36] FERNANDEZ C，YOSHIDA M.课例研究[M].马晓梅，邓小玲，译.石家庄：河北人民出版社，2007：8，11，8，16，8，1，173-174.

[2] 杨玉东.教师如何做课例研究[J].教育发展研究，2008（8），安桂清，赵萌萌.课例研究的认识与实践误区[J].人民教育，2011（3-4）.

[3][7][8][9][14] 李树英.前言[M]//卢敏玲，庞永欣，植佩敏.课堂学习研究：如何照顾学生个别差异.李树英，郭永贤，译.北京：教育科学出版社，2006.

[5][12][32][33] 胡庆芳.课例研究，我们一起来：中小学教师指南[M].北京：教育科学出版社，2011：19，26，14，21-24.

[6] 安桂清.课例研究主题的确立[J].人民教育，2010（21）.

[10] 杨玉东.日、港、沪三种教学研究活动及启示[J].教育发展研究，2006（11）.

[11][24] "行动研究不是一种研究方法，而是与学术研究相对应的研究取向"。陈向明.总序：在参与和对话中理解和解释[M]//（以）利布里奇，玛沙奇，奇尔波.叙事研究：阅读、分析和诠释.王红艳，释觉舫，译.重庆：重庆大学出版社，2008.

[15] 齐渝华，刘悦.怎样做课例研修[M].北京：高等教育出版社，2010：

5-6.

［16］［17］［18］［19］王鉴.课堂研究概论［M］.北京：人民教育出版社，2007：23-35，27，24，192-193.

［21］转引自廖元锡.PCK——使教学最有效的知识［J］.教师教育研究，2005（11）.

［22］谌启标.基于教师专业成长的课例研究［J］.福建师范大学学报，2006（1）.

［23］安桂清，沈晓敏."教师如何做课例研究"之三：课堂观察工具的开发［J］.人民教育，2010（23）.

［25］杨小微.价值多元化背景下的课堂重建：课例研究［M］.南京：江苏教育出版社，2009：1.

［26］刘晓伟.换将新绿百千重——记特级语文教师陆鉴三［J］.语文教学通讯，1989（5）.

［28］王荣生.当前阅读教学的问题在哪里？——广西观课印象及讨论［J］.语文学习，2012（3）.

［29］步进.语文教学设计及教案样式［J］.语文教学通讯，2012（1）.

［30］王荣生.语文课例研究及其样式［J］.语文教学通讯，2007（10）.

［35］全国教师教育课程资源专家委员会."国培计划"典型案例集［M］.北京：高等教育出版社，2011：279-285.

［37］（美）殷.案例研究：设计与方法［M］.周海涛，史少杰，译.重庆：重庆大学出版社，2004：5.

魏书生语文教学思想的学理阐释[*]

一、解题

本文的论述对象,是魏书生老师的语文教学思想。我们所关心的问题是魏老师的语文教学思想"是什么",并力图对"是什么"做出学理的阐释。

"教学"的概念,我们取施良方和崔允漷先生的界说,特指教学实践中教师这一方的行为,相当于教师的"教"(teach / instruct)[1]。教学的核心问题,是"怎样教才是有效的";从教学研究的角度讲,也就是依据"学"的结果来分析一种"教"的策略或方法的有效性。而学的结果,按现在较为一致的说法,主要包括三个方面:一是教学的效果(effectiveness),通常以学生的成绩水准(不完全等于考试成绩)作为判断的依据;二是教学的效率(efficiency),以效果与学生的学习时间及教学的代价(教师投入时间、教学设计与开发成本等)相比较而得出判断;三是教

---

[*] 本文原载《教学月刊》(中学文科版)2001年第12期,有修改。

学的吸引力，一般以学生对继续学习的倾向性（tendency）做出判断（实际上反映了学生的学习意愿、动机、毅力等方面的态度情感）。[2]

我国新时期的语文教学改革实践以及随之而来的语文教学模式的创建，发端于吕叔湘等先生发出的改变语文教学"少、慢、差、费"的呼吁，据徐光华的分析，"二十年来对于语文教学模式的各种探索，基本上是以提高语文教学的效率为宗旨的"[3]，也就是说，以效率为改革的抓手，来提高语文教学的效果、增强语文教学的吸引力。在这方面，魏书生老师是走在最前列的一位。他的语文教学改革举措，多数是以提高"效率"为直接动力和现实目的：画"语文知识树"，"以便用较少的时间和精力获得较多的学习成果"[4]；引导学生"掌握划分层次的方法"，"学生学得很愉快，提高了学习的效率"[5]；设计课堂教学激发学生兴趣的十三法乃至六步教学模式，是为了"想方设法提高讲读课的效率"[6]；至于作文批改今后的方向，那就是在证明"不批改"为高效的事实上，"探索更好、更科学、更节省时间的作文批改（即教师不亲手批改）之路"[7]。魏老师还说过这样一段话："提高升学率，这是搞改革同单纯追求升学率的共同点。不同点在于，搞改革，有利于提高学习效率，变被动应试为主动研究应试。"[8]对于广为传诵、被誉为"魏书生模式"的"六步法"，魏老师说："探索课堂教学方法，确立课堂教学类型，都是手段，不是目的，目的是提高课堂教学的效率。教师不应该非把自己框定在某一种模式里不可，可根据自己和学生的实际确立一种基本模式。基本如此，情况变则变。"[9]魏老师多次强调，他改革取胜的"根本方法",是树立了"教学民主"的思想。在这里,"民主"(也包括他说的"科学"),更多地被当作途径、手段,"如果真正实行民主,就可以获得许许多多的助手,得到意想不到的帮助,花费较小的力气取得比较大的效果"[10]。在魏书生的语文教学实践中,"读课文,写课文,背课文,全要讲速度"[11];他的一位学生撰文写道,魏老师教语文,令他感触最深的就是魏老师时时刻刻注意培养他的效率感,一件事不做则已,做就一定要讲效率。[12]追求效率,是魏老师语文教学改革的突出特征,甚至可以说是灵魂。也正因为如此,我们才将他的改革主要定位在"教学思想"上。

被誉为"教育改革家"的魏书生,有比语文教学思想更大的方面或更小的方面值得我们研究、学习。从大的方面讲,是魏书生的"师品",他对教师工作的神圣感、使命感和责任感,他的努力学习、勤于思考、努力探索的精神;从小的方面说,是魏老师的教学艺术、教学风格以及与学生交往的方法等。本文的研究既不能替换大的,也不能涵盖小的,语文教学思想只是"魏书生研究"之下的一个题目。另一方面,作为"改革家",魏老师的语文教学改革虽然主要是在教学,但也不仅仅是"教学"。往大里说,要上升到教育的改革;往细里说,在教学改革的同时,也或多或少地牵动着语文课程的改革、语文教材的改革。比如魏老师喜欢、他的学生也爱听的那五类时文,是否应该在语文课程中有一个正当名分的位置,恐怕是值得我们研究的。魏老师提倡、他的学生也一致表决通过的"写说明书",可能有意无意地改观了我们语文学科的写作语篇类型,这是从课程层面上说的。从教材层面上说，三五十个课时就"征服"了一本语文书，要重画"知识树"才能显现"语文知识"的"系统性"，一节课可以"讲了十几篇课文"等，这些至少对我们语文教材的编撰提出了严峻的、需要切实加以研究的问题。但这些，本文均放在视野以外，此处我们将研究锁定在语文"教学"这一层面。锁定在语文教学，也意味着"就教学论教学"。

魏老师的有些实践、有些言论，站在今天的位置看，正如有人撰文所言，"有局限性"。应该说，"有局限性"是常态，但对局限性，我们需分辨出是原有课程的局限性、原有教材的局限性、原有考试的局限性，还是魏老师语文教学、语文教学思想的局限性。否则，是教学与不属于教学、是魏老师的思想与不属于魏老师的思想混杂在一起，我们既不能辨认出局限性到底何在，也往往看不到魏老师改革的先进处及其意义。

说教学"思想"，而不说成是教学"理论"，基于两点理由。

第一，在教育学领域，"理论"与"思想"有学理上的分别，而且人们日渐重视这种分别。日本的村井石从规范"教育科学"的角度，初步提出了两者的界限：作为"教育问题的科学"的教育学（理论），发端于"'是什么'这一纯粹的求知"意念，它由经事实研究得来的种种知识而构成一门学问；而"思想"，则发端于"如何教育"这一现实的需求，构成面向实践的"一套决定性的指令体系"。[13] 但村井的这种界定后来没有通行于我国，而且没有鉴别出教育技术的理论与"思辨式的教育技术理论"的不同，本身也有诸多的含糊。我国学者陈桂生，对"教育理论的成分"进行了深入的辨析。陈先生提出，教育学的"理论成分"

可以划分为四个象限：一是以"是什么"为教育问题（即研究对象，下同）的"教育科学"；二是以"做什么—怎样做"为教育问题的"教育技术理论"；三是以"应当是什么"为教育问题的"教育价值理论"；四是以"应当做什么应当怎么做"为教育问题的"教育规范理论"。"是什么"和"应当是什么"的研究，"做什么—怎么做"和"应当做什么—应当怎么做"，可以归并为"理论教育学"与"实践教育学"两大部类。[14]也就是说，构成面向实践的指令体系，也可能形成理论，这就是时下所说的"处方性和规范性"的"教学理论"。但是，处方性的教学理论，必须具有理论的形态和规范。施良方和崔允漷将"教学理论"定义为"研究教学情景中教师的引导、维持或促进学生学习的行为，构建一种具有普遍性的解释框架，提供一般性的规定和处方，以指导（课堂）实践"。[15]在这里，构建一种"具有普遍性"的解释框架、提供"一般性"的规定和处方，其中的"具有普遍性"和"一般性"是教学理论的必要条件。我们将不具备这两个必要条件的，姑且称之为"教学思想"。

第二，将魏老师对自己语文教学实践的认识和经验提炼，称为"语文教学思想"，这也符合事实的本相。魏老师的语文教学改革，始终是在独特情境下的教学实践中进行的，改革发端于个体的现实需要，目的也是作用于当下的实践。魏老师这样说道："当时学校1500多名学生，两名（教导处）主任，一位主抓教学，我负责学生思想教育。那时学生纪律又特别不好，我每天忙于学校事务，自己班级学生自觉性也不强，（事务与教学）双方常常无法兼顾，于是便开始尝试学生的自我教育能力和自学能力的教改实验。"[16]"近十三年来,每年都有四个月以上时间在外出席各种会议。人是环境的产物,这样的环境,使我热衷于培养学生的自学能力,语文课大部分时间用于学生自学"[17]。在改革初见成效乃至大获成功之后,魏老师写了大量的文章,出了不少的书,在各地做了许多场报告,但是,这些报告和写作,主基调是传布自己的教改实践、弘扬自己对教改做法的认识,志趣尚不在构建一种教学理论。魏老师的文章和报告,主要内容是"我怎么做的""我怎么想的""我这么做的效果如何",其中当然有为什么这么想、这么做的理由,以及为什么会有好效果的论证,但这些理由和论证,尚未深入到学理的层面,往往还是以"我喜欢""我觉得"来了断。比如"我喜欢向学生介绍'四遍八步'读书法"[18],"我喜欢在语文课堂上介绍国外学生怎样学习"[19],"我觉得中学作文规范不宜讲得太多","我觉得初中阶段掌握五方面二十一点写作知识并能运用于写作实践也就可以了"[20],等等。魏老师的实践和与实践相应的文本、报告,形成了自己一以贯之的语文教学思想,这应该是贴切的说法。对魏老师的语文教学思想做学理的阐释,努力把他的思想转换为一种理论的形态,这就是研究者的工作。

定位于"思想"而不是"理论",提醒我们注意到,魏老师的有些言论恐怕不宜看成是理论的严谨表达,将之主要看成是一种思想的传递,也许更能把握住它们的真实含义。也就是说,对有些说法,不宜匆忙地进入命题合法性的研究;对有些用词、包括一些关键的用词,也不宜直接导入辨析或论争,甚至还不能直接搬来作为研究的工作概念。比如魏老师至少两次发出号召,一次是说：“让我们2亿中小学生的书桌上都放一本伟人的传记吧！”（因为"我觉得伟人对学生们的鼓舞力量是巨大的"）[21]一次是说：“全中国的中学生如果每天坚持做上100次仰卧起坐或俯卧撑，同学们的意志会坚强得多。”[22] 这两次号召，显然还不能当成理论研究的逻辑结论。再如魏老师说他的改革（包括语文教学改革和学校管理改革）成功靠的是"两大点一小点"，两大点一是"民主"，二是"科学"；一小点"就是领着师生员工练气功"。这一小点恐怕更多的是"我喜欢"，那两大点，也必须放在具体的语境中做阐释，而这种阐释又不宜现成搬用"民主"和"科学"这样的大词语来作为分析的工作概念。

本文把"魏书生语文教学思想"作为一个事实问题来研究，是对"是什么"做学理的阐释。阐释，当然包含有评价；唯其这种评价是"内部的评价"，而不是外在的价值判断。比如目前的课题，就涉及魏书生的语文教学思想合理性的评价，而合理性与否，主要是指他的语文教学思想在逻辑上能否成立，他所设计的教学模式运行机制能否贯通，他所采纳的教学方法在实施的条件上是否可行等。从这个意义上讲，内部评价本来就是"是什么"这种研究类型的题中之意，或者说，它是"是什么"的一个方面、一个组成部分。

二、将"管理"扩展为"教学"——魏书生的语文"教学"思想

1991年，到海拔3700多米的拉萨连做了三天半报告的魏书生，终于有了看一看市容的机会。"站在大昭寺面前我有一种心

灵被震撼的感觉",他描述道,"怎么呢?大昭寺门前广场上一大片磕长头的人。……那一片人每个人都是额头着地、鼻子着地,手'唪'地全部扑在地上了,那叫五体投地"。按照"拿来为我所用"的个性,魏老师"就研究了这中间有用的那部分":"我觉得老佛爷真有一套,连面儿都不露,就把信徒们征服到这样的程度,你说,咱们教书的天天和学生打交道,讲的还是真理,怎么就不能让他们使劲信呢?"[23]

这段话,无意间透露了魏老师对"教学"(教)的体认。综观魏老师的语文教学实践和他的一系列言论,似乎可以这么说,教学,在魏老师的心目中,主要体认为"造信"和"制法"这两个"隐蔽工程"。

信者诚也。按现代汉语的解释,用作名词,有信实、信据、信仰、信念、信义、信用、信心、信望、信誉乃至威信等丰富的含义;用作动词,又有相信、信任、信服、信赖、信托、信奉、信从、信守等含义。

在魏书生语文教学思想里,"信",首先指向教师自我。要搞好教学、搞好语文教学,魏老师认为,首先是教师要有"信":要有坚定的信仰、高尚的信念、必胜的信心、诚实的信义、可靠的信用以及证实自我能力和价值的信望、信誉。初翻"魏书生教育文库"中的《语文教学》,许多人颇感疑惑,因为开卷的《自强篇》,占了不少的篇幅,而该篇的内容似乎与常识所理解的"语文教学"不沾边。比如这些篇名:《多用力气改变自己》《胸前戴周总理像章感到有力量》《人生的价值》《调整自己的需要》《今天比昨天更新》《粉笔生涯的苦与乐》《笑对人生》《善于比》

辑四　语文教研和教师研究

《怎样看待困难和失败》《多吸收，少批判》《不断提高尊重人的能力》《人都是平等的》等。这些怎么是语文教学呢？但在魏老师看来，这些就是语文教学，是语文教学最重要的组成，或者说，是语文教学的充分的、在魏老师看来可能还是必要的前提条件。就像有人说的："魏书生在教学管理中总是首先将目光朝向自己，努力于自我形象的塑造和高尚人格的建设，以此作为教育教学活动的逻辑起点。"[24]

"信"，也指向学生的自我。学生要搞好学习，要搞好语文学习，魏老师指出，必须要有"信"。对这一点，他深有感触，他曾先后与100多名"差生"谈心，曾和最后进的一名学生同桌听了150多节课，在分析具体原因寻找响应对策的同时，魏老师得出这样的结论：人的大脑像一部机器，可分为动力部分和工作部分，实际上大部分学校的教师应付大部分中下等的学生学习的问题，都是动力部分，而不是工作部分的问题。[25]动力部分，魏老师有时表述为"非智力因素"，从自己的自学经历，他体会到："智力因素在自学的成绩中只有一小半的功劳，一多半的功劳属于非智力因素。即人的理想、情感、意志、性格。"[26]他所著的《学生实用学习法》，讲"学习方法"，几乎无处不涉及学生要有"信"这个主题，这从下面的标题就可以看出：《确立明确、高尚的学习目的》《施加学习是享受的意念》《坚信自己有巨大的潜能》《利用潜意识，坚信我能行》《放声高呼——我能成功》《信心之火不灭，大器可以晚成》《从失败中崛起》《竞争中磨炼意志》《跑进快乐天地，磨炼顽强意志》《持之以恒，水滴石穿》《勤劳是做人的根本，是做学生的根本》……在魏老师看来，教学的首要任务,就是使学生有"信"。

于是,名词的"信"便走向动。而教学的问题,在很大程度上也被魏老师转化成了"造信"的问题。"造信",被魏老师统称为"育人",从学生的角度,又叫"自我教育能力"的培养。但不管怎么称呼,关键点都是"让学生使劲信",使学生具有强劲的学习动力,从而提高教与学的效率。

"造信",依赖于教师的"人格魅力"。但教师光致力于自我的人格修养,未必会产生"教学"(教)含义上的魅力。于是要"制法"①,包括制出能显现教师魅力的办法。在魏书生的语文教学思想里,"法"被概括地表述为"民主""科学",再加上一小点"练气功"。从语境中看,"民主",在这里指为"造信"而"制法"的方法论,或者叫"根本的办法"。"许多教师问我,学生学习积极性这么高,是用什么办法调动的?我仔细想来,根本的办法其实只有两个字'民主'。教师树立了教学民主的思想,教学中多和学生商量,学生学习的积极性就容易高涨起来。"[27]"科学",在这里指的是将"造信"定型化的"以法治语文教学"的"自动化管理系统"。"练气功",在这里可以代表强化"造信"效果的种种机巧或妙方。换句话说,为"造信"而制的"法",主要有三种含义:一是"师"的思想之法,它决定了在什么基础上"制"、如何"制",也部分地决定了制什么"法"、制了以后能不能成"法"。二是"学"的规范之法,管理方法中又含学习方法,密而不漏,几乎面面俱到,它比通常在教学管理意义上所说的

---

① 魏书生说的"建立立法系统"的"立法",与我们说的"制法"含义不同。

"规则"要广、要强。三是"教"(魏书生意义上的"教")的机巧之法,如精神充电,上课之前领学生放声唱歌,要学生七嘴八舌地大声说,课后课间让学生做仰卧起坐、俯卧撑乃至练气功等。

相应地,教师所营造的"信",从学生的角度,便有三个可辨的层面:一是在思想上的"信"——信自己、信老师、信老师的话,正如相信、信任、信服、信赖、信托等动词所表达的。二是在行为上的"信"——信奉、信从、信守。魏老师班里上课,学生起立之后,有时要大声齐背课文,背完后他才请学生坐下,但时常有一些学生不肯就座,因为按班里的"法",混在齐背声中的南郭先生要自我举报,说明原因并提出自己的改正措施之后才能安坐。这就是在行为上的"信"。三是在意志上的"使劲信"。不断强化的"使劲",既来自凭"信"依"法"而获得优秀学习成果的感受,也来自被教师"千方百计"的种种"造信"技法的感染,在魏老师的班里,还包括由老师的"荣誉"("信誉")而产生的激励效应。"我改变后进生的办法之一,就是鼓励他们上课时多举手发言,回答老师的问题",魏老师举例说,有一个成绩中等的学生问我怎样才能改变上课注意力不集中的毛病,他"教给"这位学生多举手发言的办法,"他相信了我的话,变得爱举手发言、争论问题了,后来考上了全国重点大学"。[28]这是第一种情况。关于第二种情况,正如有研究者论证的:"魏书生教学的成功,自然也离不开他在教学中灵活机巧恰当地使用一些教学手段。这些手段对激发学生学习兴趣同样起到不可忽视的作用。例如教师的语言、板书、教态,以至带学生唱歌,甚至练'气功',都给学生以新鲜感、新奇感,使学生产生对教师的钦佩，甚至敬慕。反过来，从敬佩教师进而喜欢这门课。"[29]

在魏书生的思想里，"法"和"信"互为因果，"造信"与"制法"相辅相成，但归根结底，"制法"是为了"造信"，"法"服务于"信"。有"信"便成材，"造信"就是"育人"。魏书生说："我深深感到，一位教师，要做经师，更要做人师。……育人是语文教师分内的事，只有坚持育人，才可能进入语文教学的自由王国。"[30]"回忆自己走过的语文教改之路，我感觉最满意的一点就是始终把育人放在第一位。我教语文极为轻松，根本原因也在于育人，在于引导学生成了语文教学（指学习）的主人。""我总想，抓住了育人这一关键，再去教语文，新办法、旧办法、土办法、洋办法，都能改造成好办法。"[31]

"造信"与"制法"，魏老师类比为"隐蔽工程"。但这个类比有时要引起误会，因为在魏老师的语文教学（教）中，"地面工程"的外观，就是没有工程。改革的前十几年，魏老师每学期还有三十来节课时"教"课文，但这些"教"，多数属于我们在下一节将讨论的"把教法移交为学生"的"移交"工作；1995年起，魏老师决定，"教材上的课文，我一节课也不讲，全凭学生自学自练"[32]，这么一来，从语文"教学"（教）的角度看，"地面工程"真的是啥也没有了。但没有"地面工程"，在这里不等于没有教学、没有语文教学；教学体现在"隐蔽工程"，在"隐蔽工程"，语文"教学"（教）事实上已经完成。接下来的，是学生"学"的"事"了。因此，魏书生的语文"教学"，在地面工程的外观，就是"不留作业，不交作业，不写作文，不改作文，不考试，不批卷"，到后来，再加上"不教课"。据说有些教师在

辑四 语文教研和教师研究

外观上仿效这种"啥也没有","结果不好"。当然没道理"好";离开了互为因果的"造信"与"制法","教学"也就没有了,怎么会好呢?

也正因为几乎啥也没有,魏书生的语文教学改革,一般被认作"自学模式"(他自己有时也这么认为)。但这种定位恐怕是有问题的,因为这是从"学"的角度——往往还是就他改革的某一局部——说的(比如"六步教学模式")。有人看到了魏书生在思想教育方面有一套办法,但又认为他的语文教学不像语文教学的样子,而是思想教育、班主任工作。[33]这恐怕也是不对的。"不像",意思是否认,而否认是语文教学,也就等于说魏书生的语文教学思想、魏书生的语文教学改革根本就没这回事。最近又有人把"魏书生模式"叫作"语文教学管理模式",应该说,对魏书生的语文教学思想和实践做这种体认,方向是对头的,但从该文的行文看,似乎只论"管理",而不见了语文教学(教)。[34]这恐怕与事实也难以相符。若着眼于整体,从"教"的角度来看,将魏书生的语文教学改革概括为"将管理扩充为教学",更符合他的思想和实践。在魏书生的语文教学思想和改革实践,上面所讲的"隐蔽工程"——"造信"与"制法",既是思想教育,又是课堂管理方式,还是语文教学的一种。反过来排序表达也许更为准确:它既是一种形态的语文教学,又是一种方式的课堂管理,还是思想教育。

在班级组织的条件下,通过"造信"与"制法",把通常所说的"管理"扩充为一种独特的语文"教学"(教),进而替代了常规的教学(教),笔者以为,这才是魏老师的主要创新处,也是他的语文"教学"思想中最具理论价值的地方。

教学与管理的关系颇为微妙。本来，教育（育人）、教学与管理是三位一体的东西。但在班级授课制的课堂教学条件下，三者产生了分离的可能，在实际的课堂教学中也常常分离，甚至相互冲突。目前，在以课堂教学为大框架的教学理论著述中，一般也按各自的主要职能将教学与管理分别处理。《课程与教学论》将"教学（教与学）过程"定义为"教师与学生以课堂为主渠道的交往过程"[35]，用"交往"开拓了"教学"的疆界；《教学理论》更是把"教学"（教）扩展为"教师引起、维持与促进学生学习的所有行为"[36]。也就是说，教学包括教学管理。但是，由于上述两著作都以"课堂教学"为关注对象，因而对"课堂教学"和"课堂管理"的具体界说与描述便显得局促。

课堂管理，一般指教师为了保证课堂教学的秩序和效益，协调课堂中的人与事、时间与空间等各种因素及其关系的过程，它主要包括课堂规则、课堂问题管理和课堂时间管理。[37]这里没有照顾到教学与管理的相通相融。课堂教学，一般分为主要教学行为（主教行为）和辅助教学行为（辅教行为）。《教学理论》将以"明释（指教师的说明与解释）学生所学的内容"这一主教行为视作"教学活动的逻辑必要条件"："为了实现教学的意向性，教师必须向学生说明、演示、描述、解释学习内容，如果不是公开这样做，至少也要有一定的暗示。"而培养和激发学习动机，则被认为是辅助教学行为。[38]这里没有考虑到辅教行为和管理的相通相融，更没有注意到寓管理为一体的辅教，能够扩充到主教甚至在一定条件下替代主教。对"教学"和"管理"的这种界说,本来就不能充分地解释诸如计算机辅助学习法、计算机管理学习法以及凯勒个别教学法。(凯勒教学法有5个特征[39]:①定向地掌握教材;②根据个人进度学习课程;③有少量的讲演课激发和诱导学生学习;④印发学习指南传递信息;⑤由学生监考人评定非正式测试的成绩。)如果说,国外的计算机辅助学习法、计算机管理学习法可以另行考虑,凯勒教学法属于非课堂教学也可以暂时不顾;那么,魏书生在班级组织课堂主渠道的条件下,将管理扩充为教学进而替代教学,可能需要我们重新考虑管理和教学以及两者之间的关系。至少是在语文学科,魏书生用自己的实践证明了这种扩充、替代的可能性以及可行性。

课堂管理,本来就包含在教学中,是教学的有机构成,也是影响课程与教学设计、教学模式、教学方法的主要变量之一,它"对教学起着核心作用,常被看作是实现教学目标和完成教学任务的关键"[40]。国外的教学研究中,课堂管理的研究占据相当的分量,形成了"德莱克斯模式""格拉舍模式""库宁模式""高顿模式"等成熟理论并广泛地作用于实践[41],但像魏书生这样结合学科教育,通过"造信"与"制法",把管理扩充为教学,进而替代教学,在笔者有限的视野,尚无所见。魏书生的这一语文教学思想,可能是我们所应记取的。

当然,在记取之前,还有一些重要的问题需要理清,有许多细节也需要查证,在考察魏老师的另一个与此相关的语文教学思想——"把师之法移交给生之法"之后,可能还会提出更多的问题,因而需要对此加以进一步的研究。需要查证的细节,限于篇幅,不一一列举。在本小节需要提出的待清理的主要问题是"粘连性"和"度"这两个有关联的方面。也就是说,在语文教学中,将管理扩充为教学与进而替代教学,是程度有所差异的两个问题,还是粘连在一块的一个问题,这是第一。第二,魏老师所制之"法"的三种含义,即"师"的思想之法、"学"的行为之法、"教"的机巧之法,这三者的粘连性以及粘连程度的问题。如果用魏老师的词语来说,就是在他所设定语境下的"民主""科学"和那一小点"气功"所代表的机巧之间的粘连性问题。第三,也是最重要的,它是与魏书生粘连,还是与魏书生的语文"教学"思想粘连,以及粘连程度的问题。也就是说,将管理扩充为教学、进而替代教学,是与人粘连,还是与一种思想粘连?很明显,如果要转换成一种理论、如果要形成一种站得住的"模式",那它必须与一种思想相呼应,而不能与特定的个人粘连过密。换句话说,将管理扩充为教学乃至进而替代教学所必需的"人格魅力",有没有多样化的可能?有没有容纳不同程度的可能?这也包括"造信"的机巧以及不在本文视野范围内的教学艺术和风格等方面。如果经进一步研究,它只属于"这一个"魏老师,那么只能作为一种曾经出现过的现象,被人言谈或受人景仰——目前在"魏书生研究"名目下宣传魏老师"魅力"的有些言论,可能是在"帮倒忙";魏老师本人将"制法"的机巧过火地表演和渲染(比如对"练气功"那一小点,比如在公开课让学生"猜"讲哪一课,比如在公开课让只有一次机会的借班学生"七嘴八舌地练说话"等),恐怕也会事与愿违。这就回到了本节开头的大昭寺门前那一场面。但愿魏书生的语文"教学"思想,吸取的是"这中间有用的那部分",而不去试图扮演那场面。

三、魏书生对"语文"的认识

语文教学思想,既包括语文"教学"思想,也包括"语文"教学思想,也就是说,既包括对"教学"是什么的体认,也包括对"语文"是什么的思考。魏老师多次说过,他对"造信"与"制法"(育人)这一隐蔽工程所花的力气"要比具体的语文教学多得多"(从行文的语境看,此地的"语文教学"偏重在"语文")。确实,与他对"教学"富有开拓性的思想相比较,魏老师对"语文"的思考,则要逊色得多。

对"语文",魏书生是以循规蹈矩的好教师姿态去把握的。按我国的传统,处在第一线的好教师,甚至无须提出"语文是什么"这一类问题;他的职责,是依据既有的课程理念有效地实施既有的课程,他所应该考虑的,是如何执行的教学(教)方面的问题,即教学的有效性、教学的效率问题。教学的问题,或多或少地要引发对"语文"的思考,但这种思考,主要是对既有课程理念、既有课程的理解,而不是对它进行盘查和研究。换句话说,魏书生对"语文"的认识,在我们原来语文教材一直顶替着语文课程的情势下,主要是对"人教社编排意图"的领会,尽管这种领会可能切合意图的原味,也可能对意图有所改写。

"人教社的排编意图,"魏老师说,"无非是让学生掌握必要的基础知识,提高听说读写能力,发展智力,培养品德。"[42]如果暂时撇开智力和品德这两头,魏老师对"意图"的领会,可以概括为两条。第一,"语文"等于既定的语文教科书,学语文也就是学语文书。其要点又分两方面,一是"读懂"一篇篇的课文，并能"模仿"某些课文的写法，即通常所说的字、词、句、篇；二是"知道"与课文或紧或松联系着的"语文基础知识"，即语、修、逻、常。这两方面，集中体现在课后的练习题中，因此语文学习最重要的"事"，是要"会做"课后那些"体现了学习重点"的练习题。第二，"语文"等于听说读写的活动。在我们以往对语文活动、语文学习的区别十分蒙昧的理论背景下，魏老师认同"常识"，认为只有在实践的活动中，"语文能力"才得以"训练"，才能"形成"。也就是说，学"语文"，单学语文书是不够的，还需要为学生另辟战场以进行大量的听说读写的实践活动。

这两条有联系，但也可以分别对待，实际上语文教师也往往是分别对待的，从而在语文教学中形成了"语文"的双轨体制。用魏老师的话来表述，前者（语文教科书的"语文"）可提炼成"知识点"，是知道和记住的事；而后者（听说读写活动的"语文"），"我觉得是属于能力方面的事"，他多次用"骑自行车"这种粗糙的类比来解说对语文能力形成的"观点"：一位家长反复地对孩子讲诸如骑车要领（知识），"结果给孩子一辆自行车，照旧还不会骑"；另一位家长则给孩子一辆自行车，又找了一个大操场，让孩子自己练，"练不了三天，孩子便会骑车了"[43]。

将"语文"弄成双轨体制①，是我们的语文教学（教与学）现实。这里面当然存在许多问题，因为它的理论依据是知识、能力

---

① 语文教学中的"语文"双轨体制，与通常说的"大语文"与"小语文"，有联系，但不完全是一回事。

二元论，而二元论现在已被理论界所抛弃；它的盛行，建筑在原有语文教科书里规限的"语文基础知识""基本课文"以及在"听说读写结合"名义下而实际上几无听说、写作正规教学这一特例的基础上，而这一特例，在为什么是这些"语文基础知识"、如何基础、为什么是这些课文、以什么方式处置课文、是怎么"结合"的、是不是真在"结合"等一系列学理的盘查中，可能会土崩瓦解。但是，解铃还须系铃人，对问题的研究，可能主要是语文课程或教材专家的事。存在的就是合理的；在我国今后的较长时期内，如果语文学科课程的改革没有根本性的突破，"语文"的双轨体制可能还将是课堂教学框架下语文教学（教与学）的必由之路。

魏老师比一般语文教师略显高明的地方，是对双轨体制的自觉坚持。也正因为有这种自觉，使他一眼看穿了教科书里的"语文就这么回事儿"[44]，而"就这么回事儿"里的多数，如果教会了学生战胜（他喜欢用"打败"）教科书的有效办法，其实用不着教师"讲"，更用不了那许多课时了。另一方面，用不了的课时，加上通过减少"讲"从占用的课时里调匀出来的空余，如果有一套可行办法的话，就能够为学生创造出有听说读写广泛实践机会的"大操场"，因而足以有效地培养出学生的语文能力。于是，事情便归结为与"造信"粘连着的"制法"，也就是魏书生意义上的语文"教学"，它的实体是融教学与管理为一体的"语文教学科学系统"，或叫作"以法治语文教学系统"。

现行语文课的特点，魏老师借学生的眼光提炼出两条[45]：第一，每篇课文都能够围绕它设计出成百上千道考试题；第二，只要你基础好，不上某篇课文不会影响考试的成绩。产生这两个特点的根由在语文教科书，语文书表现为两个缺陷：一是使人弄不明白语文书里的"语文"到底是些啥东西；二是无从辨清那些东西的性质及关系。于是，称职而又勤于思索的魏老师，开始做清理头绪的工作，并为语文教学办了三件实事。

第一件，明确地重申读整册语文书的方式，即一册语文书的"教材分析"方法——列生字表、列新词表、单元分析、习题归类、知识短文归类、书后附录、列文学常识表，它为认识（教科书里的）语文是啥东西提供着框架，也为如何战胜它指明了方向。

第二件，将上述框架里所得出的"语文"，明确地分成"死的东西""似死似活的东西"和"活的东西"三大块，并分别找到了对付它们的办法。

第三件，将语文教科书里的"死的东西"和"似死的东西"条理化——主要包括"语文知识树"和"读一类文章的方法""划分文章层次的方法""归纳中心思想的方法""分析写作特点的方法"等，这些最终纳入数字化的管理系统。

上述三件事中，第二件是关键：因为正是它，实质性地解答了"语文就这么回事儿"。从另一方面看，如果不区分出"死"与"活"，那么"教材分析"在很大程度上便会失去意义；而"语文知识树"等，也只有在认定它们为"死"或"似死"的条件下，才有现实的价值，才能有效地发挥其作用。

所谓"死的东西"，指的是学生"记忆的活儿"，主要是语文知识树里133个左右的"知识点"，从一册语文书的角度看，再展开为生字、新词、文学常识以及从知识短文、单元分析、书后附录里抽取的语法、修辞、文体等知识，也包括文言文的翻译以及诗文的背诵，它们最终落实到字词句、语修常这种类别的课后练习题。要学生知道和记住"死的东西"，魏老师认为，依赖在学生中造的"信"，在"知识树"的辅助下，在有意制造的竞赛气氛中，一点儿都不难。他计算道：一册教材，记住现代文生字120个24分钟、文言文生字85个17分钟、现代文新词99个33分钟、文言文生词169个57分钟，文学常识涉及27位古今中外作家54分钟，加上做语法、修辞、章法等类型的练习题、文言文翻译、诗文的背诵，总之花不了多少时间，似乎也用不着老师"讲"。即使要"讲"，像语法单句、复句的那几种情况，复句的七种形式，要使学生知道和记住，也"一次就可以穷尽了"。

不但是语法，像说明文知识——"无非是抓住事物的具体特征、从哪几个角度抓特征、说明的顺序，说明的方法（常见的8种，不常见的还有6种）"、划分文章层次的方法（9种）、归纳中心思想的方法（6种）等像"定理公式"一样的"似死似活的东西"，即魏老师叫作"交钥匙"的知识，多数也是"一次就可以穷尽"的。"似死似活的东西"是我们的概括，但符合魏老师的本意，从"一次穷尽"的话语和做法推测[46]，他确是将它们看成"死"的。不过又与复句形式之类有别，它们还有"活"的用途、"活"的可能，这正如"钥匙"所比喻的："我一交了钥匙，学生用这把钥匙去打开一篇篇文章"。

所谓"活的东西"，指的是"思维的活儿"，主要是一篇篇课文段意、中心、结构的分析结论以及课后的相关练习题答案。对课文，魏老师不主张"精雕细刻"，依他的个人情况也无"精雕细刻"的可能，"其实语文总体知识把握住了，一册书必要的知识把握住了，就一篇课文来说，真没有必要到非讲不可那种程度的知识"[47]，他这么认为。但他是注重课后练习的，"我认为教材中的课后练习，体现了学习重点，有一定的梯度、难度。教学就应该引导学生认认真真地做这些习题"[48]。在我们的许多语文教师错误地把"活"弄"死"，日复一日、篇又一篇地执着于"讲"与"抄"的情势下，把段意、中心等以及相关的练习看成是"活的东西"，有现实的意义；看成"活"，也就是"把思维要干的这部分活儿从记忆部分拿给思维来干"。而一篇课文的段意、中心以及相关的练习题，在"似死似活"的"定理公式"辅助下，凭借学生原有的语文能力，魏老师相信："每个人如果认真地思考，都会获得中学语文教材中所规定的那些知识"[49]，"倘学生有了良好的自学习惯，90%的知识是可以自己学会的"[50]。这样又绕回到"造信"与"制法"，包括选一员语文好、善与同学讨论并有"写得一清二楚的教参"可依靠的"大将"，来"承包"练习题的"法"。

魏书生多次强调，要使学生"把活的东西学活，死的东西学死"。"这样"，他说，"学生们就感到心里有底了"。所谓有底，不但是对"语文就这么回事"有底，更指对考试取得好成绩有底。"语文"的双轨体制，本来就与现行的考试方式密切相关，把"语文"看成是"死的东西""似死似活的东西""活的东西"三块的组合，主要是为了有效地战胜语文书，而战胜最终体现在考分："为什么不倒过来，讲课的时候也从复习的角度去讲呢？

最重要的东西紧紧抓住，活题讲活，死题死抓，次要的基本不花力气，主要的抓住，一般大分就到手了，小的零碎该丢就丢，这样是不是合适点？"[51]魏老师在教导"青年教师"时，交代了三大块划分的道理。

对魏老师的"语文"三块分法以及每一块的具体内涵，无必要费心去做什么正儿八经的讨论；我们以往语文教科书里的"语文"，如果要去对付它的话，说"就是这么回事儿"，大概也八九不离十。此处需要补充说明的，是关于魏老师十分看重的课后练习题。根据我们的研究，我国通行的语文教材所设计的课后（活）练习，有许多是不适当的，依靠教材所出示的那点资料，学生不太可能凭"思维的活儿"对此做出合适的解答，除非"拿来"课文提示的话语或"照搬"教参的标准答案。也就是说，"活的东西"，其实未必能"活"，因而对自学这方面的"语文"究竟是怎么一回事，需要查证。

四、把"教之法"移交给"生之法"——魏书生"语文"教学思想

与对"语文"的认识一样，魏书生的"语文"教学思想，也大致是当今许多语文教师的"共识"，区别也在于魏老师比别人清理得更明白、自觉而坚定。这种"共识"，我们概括为"把师之法移交给生之法"。"师"，有两层含义。一是"师"的整体，即教师们；落实到阅读，"师之法"，也就是语文教师职业性的备课样式和方法的"阅读"。二是"师"的个体，即这一个教师；具体到读写，"师之法"，也就是教师个人偏好的、带有个人习性

的读写样式和方法。

至少有50年，我国的阅读教学一直把学会语文教师职业性的备课样式和方法的"阅读"，作为事实上的教学目标。语文教师们一直企图将自己所习惯了的阅读样式和方法"移交"给学生，尽管这种样式和方法的"阅读"，除了为"讲课文"的备课之外，在其他的场合，教师们自己从来都不用。在许多语文教师的心目中，所谓"阅读"，实际上特指自己备课时那种样式和读法，所谓培养学生的"阅读能力"，实际上是希望学生做到像自己备课那样的水准。

占主流的备课样式和方法的"阅读"，有两个主要特征：一个是大的程序，有前辈归纳为"从形式到内容，再从内容到形式"。具体操作方式是三步，即先粗读，以了解课文说了什么，包括课文前的提示和课后的练习题；再精读，按提示和练习题的指引，分析课文形式的方面，而分析则归结为"语文知识"的例说；最后落实到练习题的答案。另一个是具体的程序，即分析篇章和讲课的程序，常规是解题、作者介绍、划分段落写出段意、分析结构并用术语概括（比如"总分式"）、按程式归纳中心思想、分析文章的细部并归纳文章的写作特点和语言特色。是非好坏姑且不论，总之我们的多数语文教师在备课时是这样"阅读"的，而他们想让学生学会的也就是这样的"阅读"，我们的考试在多数情况下考的也是这种方式的"阅读能力"。

不过，事实上教师很少能够有效地教会学生这种方式的"阅读"。原因说起来不复杂，主要是从来没有真正有意识地去教过。常规的语文课，教师们只顾着一篇一篇地"讲课文"，结果忘了去顾"语文"(在这里是"阅读")究竟是个啥东西,结果企图"移交给"的阅读样式和方法始终隐蔽在课文的分析结论和练习题的标准答案里,几乎从没明处显身,结果是不能教会,结果是更加要"讲"结论和答案,于是学生就更教不会。这显然是效率低下。

魏老师的观点,是将"移交"的工作明白地定位为"移交",主要的法子是让学生"扮演教师的角色"。"20年来,我一直注重引导每一位学生进入教师的角色",魏老师说,"我经常引导学生进入教师的角色去备课、讲课","引导全班学生都进入教师的角色,面对一篇新课文,设计教案,思考自己去讲课"。[52] 不过,魏老师自己是从"造信"的角度看待"扮演"的,让学生"讲课",目的是激发兴趣、提高学生的学习责任感、增强学习信心。"扮演教师的角色",能够"造信",这是真的;然而借"扮演"的契机,将教师的"阅读"样式和方法有效地"移交"给学生,恐怕才是实质。

魏老师所上的课,大致有四种类型,即朗读课外读物的课、教导学生纳入"制法"轨道的课、"似死似活"的知识"交钥匙"的课、以六个步骤为特点的"示范课"。前两类,主要是"造信"与"制法",当然也有语文教学;后两类课主要是"移交"的工作,纳入"制法"并起着"造信"的作用。将他的"语文"教学思想概括为"把师之法移交给生之法",应该是贴切的。

被誉为"魏书生模式"的六个步骤,改革的是上面提到的分析篇章和"讲课"的具体程序,也就是说,从阅读的样式和方法看,它仍然是语文教师职业性的,学生实际在学的"阅读",仍然是语文教师备课样式和方法的"阅读"。魏老师通过让学生

"扮演角色",通过"每天按学号做的六步课堂教学法",通过让学生出试卷组织考试等法子,将语文教师的特殊样式和方法的"阅读"明了而有效地"移交"给了他的学生,这是值得庆贺的。但我们要问的问题是:中国的中学生是否应该学习语文教师的备课样式和方法的"阅读"?

这个问题,站位在教学的魏老师,包括广大的语文教师,无义务回答。但是,作为一种语文教学思想,作为一种谋求传播的语文教学思想,则必须面对。就魏书生的"语文"教学思想而言,我们还需要追加一个问题:学生在课堂里所学的"能力方面的事",即听说读写,如果学的是教师偏好的、带有个人习性的样式和方法,是否正当?

毋庸讳言,魏老师所认定的"语文",尤其是在第二轨里的"语文",带有强烈的个人偏好和习性,他所"移交"的"师之法",有许多是"这一个"教师的个人之法,也就是"我觉得""我喜欢"的样式和方法。比如"我自己就是集中学习字词惯了,当老师教书了,便也这样教学生"[53](这个理据显然是不合适的,尤其是对学词来说);比如每天每人必做的六件事之一,"刚上课时,全体起立,大家站着七嘴八舌地说一篇作文的内容"(如果是"造信",不妨;如果认定这就是在培养说话能力,那这种说话样式就太奇怪了);比如每周要做的三件事之一"背一首好歌"(如果是学歌,当然好;如果推论说记住百来首歌词,学生的文学素养就提高了[54],那"文学修养"为何物,恐怕要打一个问号)。

综观魏老师的公开的教案和教例,大部分情况下(包括文

辑四　语文教研和教师研究

学作品），课文是被当作我们新近鉴别出来的"用件"来使用的，关心的是其"内容"的方面，即文章"说了什么"；对"怎么说"，则至多关心其结构和顺序。"用件"，也就是获取信息类型的读法。就"语文学习"而言，在这种类型，学生其实不是去"学"文，而主要是"用"这一篇文里的东西，或者是借该课文学习里面所讲的那东西，或者是由文章里讲的那东西触发，去从事一些与文章相关性大小不等的学习活动。如魏老师的"示范课"《统筹方法》，教学的主要内容如下：

（1）让学生不看文章，"独立思考"什么叫统筹方法。

（2）翻书找答案，要求学生"在一分钟内记住"这个概念。

（3）齐读文章中"统筹方法"的定义。

（4）让学生"推荐"男女生各一位，到黑板上进行该定义的"默写比赛"。

（5）学习文中的三个词语（"用一分钟看课文下面的注释"）。

（6）出示本课学习的定向目标：学习图表说明的方法；读懂全文，会说、会写、会用。

（7）鼓励学生"在一分钟记住"文中的举例（烧开水泡茶）。

（8）让一位学生"说一遍"上述例子。

（下面是一大段关于图表说明方法的教学内容，略）

（9）请学生把全篇阅读一遍（达到了"懂"的目标）。

（10）让学生七嘴八舌地将办法甲（即文中举例的统筹方法）"大声讲一遍"（达到"会说"的目标）。

（11）因时间关系，将"会写"目标改成课后作业，进入"会用"学习阶段。

（12）指导学生"思考"生活中应用统筹方法的实例。接下来主要讨论"窝工"的实例和怎样避免这种窝工——即达到"会用"统筹方法的目标。

姑且不去考察本节课是否真的达到了设定的"教学目标"，单从教学中的"语文"看，显然，除了学习画图表的说明方法外，这篇文章是被误植为"用件"了——究其实，学生学的不是《统筹方法》这一"文"，而主要是文中所传递的"统筹方法"这一东西，即课文的"内容"。语文教学里的"语文"，如果真是这么一篇篇地围绕着课文里的"东西"转，那不成了杂货铺吗？

对课文，魏老师不主张像有些教师眉毛胡子一把抓那样"精雕细刻"，这是对的；但是，像他通常所做的[55]，只要说出段意中心、复述内容大概，小说只要说出主要人物是好是坏，对低水平的学生，这恐怕也不行。这充其量是个粗读，长此以往，若学生只停留在这种样式并以为读文章就这个样子，文学欣赏就等于听教师读一遍流行的新作品，那么后患不小。过去，我们一直将不同样式的听说读写看成是"程度高低"问题，并以"中学生程度"为由，为自己的做法进行辩护。对照国外的情况，我们现在认识到，这是误入了歧途。国外小学三四年级的学生，能够做像模像样的研究性阅读、文学分析，写像模像样的研究报告、小论文，而我们的大学生有许多直到毕业，还没学会带研究的阅读（阅读等于记住、考出），也没学会基本的论文规范（论文等于刊物里同话题文章的剪辑）。这不是我们的学生水平低，人家水平高，是因为我们从来没有教过那种样式的阅读、那种样式的写作。说到写作，魏老师的骄傲也难使人开颜，他说，他的学生作文水平确实是高,"你要出个题目,在我们班里任何一个学生写600来字,20来分钟都能出来"。[56]随便什么题目,20来分钟写出600来字,情况可能是真的;但这是什么样式的写作?

上面那些例子,意思并不是说,魏老师个人性的"师之法"都有毛病。其中也有相当高明的,比如让出错学生写的"说明书"和"思想病历"、班级日报以及《三谈记忆力》等方面的命题日记,就都是相当真实的作文样式。

其实,将个人性的"师之法"移交给学生,本来就是现行语文课程中的常态,只不过多数语文教师是不自觉地在做,由于不自觉,多数也做得相当糟糕。20世纪80年代开始的语文教学改革实践中,许多优秀教师创立"教学模式"的路子,也是自觉地用自己的"师之法"来改造占主流的教师们的"师之法",出发点也多是"我喜欢""我觉得",尽管在后来不断添加理论为其佐证,像魏老师对"六步法""四遍八步阅读法"一样。关于个人性的"师之法",过去我们用"语文教学的个性特点是很突出的"[57]来解释,但这种解释是不对头的,而且制造了一个陷阱,使我们想不到要去问:学生学的到底是语文课程里的语文?还是语文教师的语文?

而这一提问,是至关重要的。因为肯定的答案万一"是语文教师的语文",那么我们的许多话语也就不必说了,许多事做也是白做。比如魏老师对自己"师之法"的传播,可能就会没有了意义,因为好的教师已有他自己"我觉得"的"师之法",而"师之法"不够好的教师要通过传播使他好起来,前提是他放弃坏的而愿意教"魏书生喜欢、觉得的师之法",也就是说,陷入了悖论。万一是那样的回答，那语文课程的改革也注定不会有什么大起色，因为砝码全压在教师个体上，而近百年的语文教育史告诉我们，语文教师的素质（即"师之法"）几乎没有被任何人说"好"的时候，就如出类拔萃的魏老师，我们在上面已看到，他的"师之法"有一些也相当糟糕。

正确的答案"是语文课程的语文"，而且必须这么回答。只有这样，我们的语文课程改革才有理据，才有光明的前途。但若作了这样的回答，那语文教学中长期盛行的、魏老师自觉坚持的"把师之法移交给生之法"，便要遇到大难题了。这并不是说教师个人性的"师之法"要一概否决，而是说，合理的"师之法"要通过学理的研究吸收为"课程之法"；这也并不是说语文会产生仅此一家因而大家都必须遵照的绝好"之法"，而是说，多家合理的"之法"可能会转化为多家好的语文课程。"把师之法移交给生之法"所遇到的大难题，是可否转化的问题，也就是说，要在严厉的学理盘查中，证明他那些"师之法"为合理、为正当，并能改造成语文"课程之法"之一家。换句话说，魏书生的"语文"教学思想——"把师之法移交给生之法"，只有在"师之法"等同于某一家被学理认可了的"课程之法"，才能被接纳。而目前，我们没有得到证明。

魏书生语文教学思想的两个方面，似乎极不般配。一方面，专属于魏书生的"将管理扩充为教学"，体现了一种开创的理念；另一方面，不专属于魏书生的"把师之法移交给生之法"，则是一种行将被弃的理念。而这两方面，在魏书生那里，构成包容的关系，"把师之法移交给生之法"是作为"制法"的一部分，被包容在"将管理扩充为教学"里;倒过来讲,如果抽去了"移交"这一方面,那管理也就不复成为教学。这样看来,要在学理上使"将管理扩充为教学"成立,只有两种可能性:第一,"师之法"的位置能够被其他的"课程之法"所替换,那么它就可能会成为一种适用面较广的教学模式;第二,不能够完成上述替换,也就是说,只有在前文考察过的"师之法",包括对"语文"的认识这种特殊的条件下,它才能够有效运行,那么"将管理扩充为教学"就只可能是一种曾经有过、现在暂时还在的模式,将随语文课程、教材的改革和"师之法移交给生之法"的被弃而告终。

参考文献

［1］［15］［36］［37］［38］施良方,崔允漷.教学理论:课堂教学的原理、策略与研究［M］.上海:华东师范大学出版社,1999:1,19,13,279,5.
［2］盛群力,等.现代教学设计论［M］.杭州:浙江教育出版社,1998:6-7.
［3］徐光华.当代语文教学模式评介［J］.湖北教育学院学报,1996(3):43.
［4］［5］［6］［7］［8］［16］［17］［18］［20］［29］［30］［32］［45］［46］［57］魏书生,张彬福,张鹏举.魏书生中学语文教学改革实践研究［M］.济南:山东教育出版社,1997:5,6,45,83,92,6-7,45,34,74-75,127,8-9,90,24,38-41,114.
［9］［10］魏书生.教育改革与素质教育［M］.沈阳:沈阳出版社,2000:136,1.
［11］［12］［27］［31］［43］［47］［51］［53］［54］［56］魏书生.语文教学［M］.沈阳:沈阳出版社,2000:272,268,116,81,198-206,139,288,175,279-280,253.
［13］(日)大河内一男,等.教育学的理论问题［M］.曲程,迟凤年,译.北

京：教育科学出版社，1984：39.
[14] 陈桂生.教育学辨[M].福州：福建教育出版社，1999：49-51.
[19][21][22][28][44][52] 魏书生.学生实用学习法[M].沈阳：沈阳出版社，2000：13，20-21，87，238-239，298，53-54.
[23][25][26][42] 魏书生.教育改革与素质教育[M].沈阳：沈阳出版社，2000：90-91，21，268，43.
[24] 潘涌.以人为本，持续发展：兼评《解构魏氏语文教学管理模式》[J].教学月刊（中学文科版），2000（12）：3.
[33] 魏书生、张彬福、张鹏举.魏书生中学语文教学改革实践研究[M].济南：山东教育出版社，1997：8-9.魏书生.语文教学[M].沈阳：沈阳出版社，2000：81.
[34] 郭吉成.还给学生一个自主的发展空间：解构魏氏语文教学管理模式[J].教学月刊（中学文科版），2000（7/8）.
[35] 张华.课程与教学论[M].上海：上海教育出版社，2000：350.
[39] 中央教育科学研究所比较教育研究室.简明国际教育百科全书：教学：下[M].北京：教育科学出版社，1997：370.
[40] 中央教育科学研究所比较教育研究室.简明国际教育百科全书：教学：上[M].北京：教育科学出版社，1997：28.
[41] 樊建华.课堂管理的主要理论模式[M].外国教育研究，1995（3）：15-18.
[48][49][50] 魏书生.教学、教案纪实选[M].沈阳：沈阳出版社，2000：57，67，89.
[55] 魏老师的"四遍八步"读书法，前三遍是粗读，第四遍"精读"是针对"写作特色"的，可能还主要用于做课后练习题。参见：魏书生，张彬福，张鹏举.魏书生中学语文教学改革实践研究[M].济南：山东教育出版社，1997：34-35.

语文教师培训课程标准研制[*]

日前，教育部启动面向"十三五"的教师培训课程标准研制工作[①]。受教育部教师工作司委托，全国教师教育课程资源专家委员会在一年前即组织课题组先期研究[②]。课题组确定，依据学科教师所做的"事"，设立"师德修养""学科教学""班级管理""学习与发展"四个维度，架构中小学教师培训课程标准框架，并由上海师范大学语文课程研究基地承担语文"学科教学"样例研制[③]。语文"学科教学"样例研制，在认识上有所突破，取得一些可供其他学科复制的研制经验。

一、为何、如何确定培训课程目标？

课程研制，依然遵循泰勒所奠定的原理[1]：确定课程目标、

---

[*] 本文初稿写于 2015 年，未刊稿。
[①] 见《关于组织实施中小学幼儿园教师培训课程标准研制工作的通知》，教师司函〔2015〕3 号。
[②] 见《关于委托承担"教师培训课程标准建设实施方案研究"的函》，教育部教师工作司，2014 年 2 月 24 日。课题组负责人钟祖荣、王荣生。
[③] 承担语文"学科教学"样例研制的主要成员是王荣生、宋冬生等，参与者 30 余位。

选择学习内容、组织学习经验、评价学习成效。目标即标准[2]；课程目标是课程内容及组织的准绳，也是学习成效评价的标尺。教师培训课程标准研制，首先要确定培训课程目标。

（一）以实施"新课程"为本设计目标框架

课程目标需经"筛子"筛选而定。教师培训课程目标的"筛子"以往主要是两个：①国家对中小学教师的要求，"促进教师专业发展，建设高素质的教师队伍"[3]。②对教师专业知识和能力的逻辑切分，据此形成各学科通用的目标框架。如教育部2012年颁布的《"国培计划"课程标准（试行）》[4]，依据《小学教师专业标准（试行）》《中学教师专业标准（试行）》，把培训课程目标与内容切分为"专业理念与师德""专业知识""专业能力"三个维度，每个维度参照中小学教师专业标准的领域再分设若干模块，如"专业知识"分设学生发展知识、学科知识、教育教学知识、通识知识等模块，"专业能力"分设教学设计、教学实施、教学评价、教学研究等模块。

上述"筛子"及据此研制的标准，对指引教师专业发展、规范教师培训课程、创新培训方式方法起到了积极成效。但仍有以下一些难题尚需破解。

第一，教师专业发展为了什么？

这涉及教师培训课程目标的依据问题。对国家而言，为什么要专业发展、往哪个方向发展？对教师而言，为什么要培训？在我国教师培训开展过程中，"要我培训"和"我要培训"这对矛盾一直难以妥善解决：一方面，国家花了大量人力、物力、财力，大规模、全覆盖地推行教师培训；另一方面，有些地区、学校、教师，培训动力不足、积极性不高。我们认为，造成这种矛盾的根本原因，是"要我"和"我要"两方对"为了什么"而"要"没有达成统一。要化解这一矛盾，就必须进一步申明：教师专业发展不仅是为了教师，而主要是为了学生、为了学生高质量的学习成效。就像医生培训，不仅是为了医生，而主要是为了病人、为了能更好地治病。为学生、为学生的学习成效，教师必须做好教育教学工作，因而必须提升教育教学能力。这样，《小学教师专业标准（试行）》《中学教师专业标准（试行）》所倡导的"学生为本"和"能力为重"这两个理念，就能理顺两者的关系：因为"学生为本"，所以"能力为重"；"能力为重"的着陆点，在"学生为本"。

这样，根本解决"要我培训"和"我要培训"这对矛盾，就有对立统一的基础。一方面，对教师而言，在"要"培训这个意义上，参加培训与基于个人理由的有无兴趣、是否愿意无关。为了学生，为了学生的学习成效，教师有进修培训的义务和责任；学习以求发展，这本身就是教师专业工作的一个重要事项。另一方面，对国家和培训机构而言，教师专业发展的着力点、教师培训的聚焦点，必须落在帮助教师做好当下的教育教学工作上。众所周知，我国中小学教师当下最主要的教育教学工作就是贯彻实施基础教育"新课程"。因此教师专业发展、教师培训，就必须以实施"新课程"为本——为了"新课程"实施，服务于"新课程"实施。

"教"是为了"学"。这就理据充分地解答了教师培训课程目标的依据问题：教师培训课程目标，源于学生的课程目标和内容；就义务教育阶段而言，源于义务教育课程标准。义务教育阶段教师培训课程目标的研制，就是要把义务教育课程标准（2011年版）对学生的标准，相应地转换为教师的教育教学能力标准。

第二，逻辑切分的框架是否适用？

这涉及教师培训课程目标的实效性问题。目前通行的框架有两大缺陷。①切分是静态的，基于思辨的理论假设。比如把"专业知识"和"专业能力"切割就是基于"教师专业能力＝学科知识＋教育教学能力"的假设。这一假设在职前的师范教育已证明并不可靠。师范教育＝学科知识＋老三门（教育学、心理学、教学法），实践表明并不足以培养称职的学科教师。能力与做事是连在一起的，能力总是做具体事的能力。静态切分的目标框架，与现实中教师所做的"事"有难以逾越的鸿沟；按静态切分框架设置教师培训课程目标，难以从根本上消除教师培训中"拼盘式"、理论实践"两张皮"等弊端。②框架是跨学科的，侧重"去情境"的"横向"能力[5]。似乎各学科的教育教学能力是可以通约的，比如教学设计、教学实施、教学评价、教学研究等，差别只在操作的具体内容上。这与学科教育教学的工作实际不相符。能力总是做某件事的能力，"能力是一个整合的概念，也就是说它同时考虑到内容、要实施的活动和实施活动的情境"[6]。不同学科、学段乃至同一学科的不同学习领域，其教学设计、实施、评价、研究的差别是实质性的，相互之间不可通约。舒尔曼的研究告诉我们[7]：教学的决定性因素是PCK（Pedagogical Content Knowledge），PCK是教师关于具体的教学内容的知识，以及如何对特定的学生实施教学的策略、方法和评估学生学习成效的知识，它最能区分学科专家与教学专家、高成效教师与低成效教师间的差别。学科教师培训应强化的，是罗日叶所界定的基于学科的、在特定"问题情境"中调动整合一整套内部资源的"具体的能力"[8]。

因此，教师培训课程的目标框架，就宜按教师所做的"事"来架构。按教师所做的"事"来架构教师培训课程标准框架，是先期研究课题组的共识，课题组确定按教师工作的四个方面设立教师培训课程标准的四个维度，即师德修养、学科教学、班级管理、学习与发展。语文"学科教学"样例研制，我们进一步提出：以实施"新课程"为本，"学科教学"培训课程目标的一级指标，即目标框架，按《义务教育语文课程标准（2011年版）》"学习领域"或"课程内容"对应设置。如语文"学科教学"培训课程目标，对应《义务教育语文课程标准（2011年版）》5个学习领域，即语文教学工作的5个方面，设置"识字与写字教学""阅读教学""写作教学""口语交际教学""综合性学习的组织与指导"5个一级指标。为贯彻基础教育"新课程"理念，增设"学科整体理解"这一上位性的一级指标，含"语文课程理念"和"语文教学理念"2个二级指标。

（二）择取主要事项勾勒核心能力目标体系

教师培训课程目标的二级指标，是与一级指标相对应的教育教学核心能力，即教师完成该一级指标的教育教学主要工作事项应该具备的最重要能力。二级指标研制，需要解决三个问题：①主要事项如何辨识和择取？②最重要能力如何鉴别？即二级指标如何提取并表述？③诸项二级指标按什么逻辑排列次序？

主要事项的辨识和选取，需根据该一级指标教育教学任务的特点，并结合教育教学现状做综合研判。

比如"识字与写字教学"，涉及学生识字、拼音、书写和工具书使用等几个方面的学习，这几方面的教学工作各自具有相对独立性。

"阅读教学"的事项，或许可按教学内容划分，比如朗读与默读、文学作品教学、实用文章教学、文言文教学等，但这样划分也造成各内容之间多有交叉，事项的区隔较难廓清。我们在研判阅读教学突出问题的基础上，选择按教师的工作流程来划分主要事项：备课、上课。如备课则细分为课文解读、教学目标确定和教学内容选择、教学活动设计和教学资源组织。"整本书阅读"与课文学习有明显区隔，又是语文新课程着意强化但教学实践却十分薄弱的方面，因而有充分理由单列一项。

语文"学科教学"样例研制，由学科教学专家、优秀中小学教师和教研员组成研制团队，逐渐摸索鉴别最重要能力、提取二级指标的路径和方法：

1.研读《义务教育语文课程标准（2011年版）》"课程目标与内容"，对照教学建议、评价建议等"实施要求"，尝试提取相应的核心教学能力。

2.参考语文学科课程与教学研究成果，提炼优秀语文教师的教学经验，结合教师培训实践，进一步聚焦核心能力的关键点并力求准确表述。

3.结合课例研究和课堂观察，研判该学习领域的教学内容重点和学生的学习难点，针对教育教学实践普遍存在的问题，突出教师培训中亟待提高的教育教学能力，体现导向性和现实针对性。

如"阅读教学"提取如下5项二级指标，初步构成"阅读教学"培训课程目标体系：①课文的教学解读；②教学目标确定与教学内容选择；③教学活动、教学资源与教学目标的一致性；④对学生学习状态的关注；⑤整本书阅读指导。

二级指标的后期验证，拟采用"专家规定程序调查法"，在一定范围内听取学科教学专家、培训专家和一线教师教研员的意见和建议，加以调整、修改、完善。从目前的反馈来看，大家对"阅读教学"所提取的二级指标有较高的认可度。

二级指标的排列，原则上按"做事"的事理逻辑排列，或按所做的"事"分项并举。比如"阅读教学"前4项，按备课、上课的"做事"逻辑排列。"识字与写字教学"，则并举语文教师在该领域做所的主要事项，按事项的重要性及其相关程度排列，分别是："识字情境与教学内容""拼音的教学价值""书写指导与书法欣赏""字典、词典和辞典使用"。

（三）按照优秀标准建立可检测的能力指标

培训课程目标的三级指标，是细化的、可检测的教育教学能力。与学生的"最低标准"（合格标准）不同，教师的教学能力标准，是理想的"优秀标准"。原则上讲，每一名教师，不论在城市还是农村，不论是特级教师、骨干教师还是初任教师，不论学历、年龄、职称，都应该按"优秀标准"进行教学。就像到医院，不论医生是谁，患者乃至社会都有权要求医生具有尽可能好的医术。

三级指标分条陈述，每一条目陈述一个具体能力。所陈述的应是教师的行为，有三种类型：

1.表述为"能"。这是标准的主要类型，指明教师应该具备的教育教学能力——能够做到什么。"能"原则上不许接兼语式，如"能指导学生……"，因为"指导学生"后面的文字，陈述的是学生的行为。兼语式只能出现在标准条目的后一个分句，以强调前述教师行为的效果或意义。如"能以有探究价值的问题组织阅读教学，使学生在理解和感受文本关键点的过程中学习阅读。"

2.用具体的动词，指明教师应该实施的教育教学行为——必须做些什么。如"鼓励学生自由写作，利用种种条件组织或帮助学生发表习作，激发学生主动写随笔的兴趣和动力。"

3."认识""理解""掌握"等，强调实施"新课程"应具有的意识或关键知识。这主要适用于"学科整体理解"中的"语文课程理念""语文教学理念"这两项。通常的情况，是将需"认识""理解""掌握"的学科知识和学科教学知识，移放到培训课程内容。只有在十分必要的情况下——认识转变即可导致教学改观，具备知识就能引发相应教学——才在标准中陈述这一类型的条目。

条目的排列，原则上按照教师进行该项教育教学的工作流程或"做事"逻辑，以"阅读教学"中"课文的教学解读"为例：

（1）能按常态读者的阅读方式理解和感受文本，并反思

辑四　语文教研和教师研究

自己阅读过程及所运用的阅读方法。

（2）能以研究者姿态分析文本，依循文本的体式特性，抓住文本关键点，并做出符合学理的解释。

（3）能从学生的角度解读课文，判断学生可以自行理解和感受的地方，可能出现问题和困难的地方。

（4）能从教学的角度，按学段、年级、单元或定篇、例文、样本、用件等功能类型，对课文的教学价值予以定位。

条目的表述是"专业"的，力求具体、准确、平实，但无须通俗易懂——只有受过专业教育或培训的人，才能理解条目；或者这样说，理解条目、正确把握细化的教育教学能力指标，正是教师培训的课程内容之一。

条目在研制过程中尤其是研制后期，需要验证。后期验证，取两种样本：第一，优秀教师和教研员。主要验证条目的"认可度"，包括：①是否已覆盖主要能力？②能力的所指是否明确？第二，标准研制主持单位（上海师范大学）和协同单位（西北师范大学、江苏师范大学、四川师范大学、中国教师研修网等）对历年所承担的"国培计划"已训学员或优秀学员做定向调研，主要验证条目的"可理解性"。根据优秀教师和教研员、"国培计划"已训学员的定向调研数据，调整、修改、完善条目及其表述。

二、由谁、怎样判定培训的内在需求

基础教育与成人教育，职前培养与职后培训，既有共通规律，又有各自特性。教师培训是成人教育、职后培训，"按需施训"是教师培训的先决性要求。但是,以往教师培训的瓶颈,正是难以把握"培训需求"。研制面向"十三五"的教师培训课程标准,要使标准在教师培训中可落地应用,必须克服"培训需求"这一难题。

(一)培训需求源于教师对"差距"的认知

需求,意思是"必须有或应该有的要求"[9]。需求有物质需求和精神需求、基本需求和发展性需求之分,有内在需要和外部要求之别。谈论"需求",应该辨明是哪类需求,应该明确是谁的需求以及由谁来判定需求。

教师培训机构通常带有一定的行政色彩,往往容易漠视"谁的需求"这一问题,而习惯性地用"教师应该培训什么"这种外部的、带有行政指令性的要求取代教师的内在需求。做得较好的培训机构,会用问卷、访谈等调研方法了解教师的内在需求,以求设计"按需施训"培训课程;但效果看来并不理想,从原理上讲也不大可能有效果。

在课程论中,"需求"有两个含义[10]:一是动力心理学意义的"缺失"。物质的、基本的需求的缺失较容易自我感知。二是课程研制意义的"差距","指'应该是什么'与'是什么'之间的差距"[11]。精神的、发展性需求往往源于对"差距"的认知。

教师培训机构的问卷、访谈等关注的其实是"缺失"这一含义。问教师"你需要培训什么?"其实是要教师回答其自己感到"缺失"什么。这里显然有悖论:如果教师自己明了缺失什么,那么就会想办法寻求种种课程资源去弥补,因而就不再缺失;之所以存有"缺失",正是因为不能够明了自己缺失什么。这就好像饮食营养,问一个人"饮食中缺失什么营养?"真实的答案只能是"不知道"——如果自己知道自己缺失什么营养,就会设法补充,因而就不再缺失;之所以"缺失"某种营养,正是因为不能够明了自己有所缺失。

教师培训面对的是精神的、发展性的内在需求,本应关注"差距"这一含义。而要让教师自我认知"差距"何在,显然有两个前提:①要有明确的目标,也就是上述的教育教学能力标准,这样,教师才能明白自己"要到哪里去";②要提供具体的路标,帮助教师辨认自身教育教学能力的现状,明了自己"现在哪里"。很遗憾,以往我们缺乏这样的前提。教师既不知道"要到哪里去",也不明了自己"现在哪里",因而就难以判别自己的"差距"何在;而不知晓"差距",教师就难以明确意识到自己"缺失"什么。在这种情况下,问卷、访谈就不大可能有效,至多起一点印证的作用。

考察教师的教育教学能力现状,以往的办法,也是"外在"于教师的。比如采用因素分析法,解析教育教学的能力要素,或建立教育教学能力模型。采用个案研究法,揭示其教育教学能力,并将研究结论合理推展。采用观察法,或专家"观课评教",或应用课堂观察的量化表,诊断教师的教育教学能力。采用测试法,用试卷检测教师的某些教育教学能力,尤其是学科知识。这些方法及其研究成果,当然有其价值。但从教师培训的角度看,有两个共同的缺陷。①把教师当作"他"。"他"被分析、"他"被观察、"他"被检测;旁人似乎能明了"他"的现状,而"他"

自己却往往不知所然，更不知所以然。②结论是评价性的判断。而评价的依据、判断的准则，基于研究证据的"理论"似乎并不多见，通常是评判者所主张的"看法"，有时还是评判者的"感觉"，依据和准则往往只存在于评判者心中，"内隐"而不能明言，甚至不能自察。至少语文学科的情况是这样的。因此，这些评判结论对教师认识自我、了解自身教育教学能力现状的作用就很有限。

事情很明白，在教师培训课程目标合理、"要到哪里去"业已明朗的前提下，克服"培训需求"难题的关键是找到能使教师较容易地辨识自己"现在哪里"的办法。也就是说，要研发具有路标作用的、便于教师操作的自我诊断工具。

（二）"按事项"划分教育教学能力的水平

"培训需求"与"能力分层"密切关联。"按需施训"的具体实施就是"分层培训"：根据教育教学能力水平不同层次的不同需要，有针对性地实施培训。研发教育教学能力现状的诊断工具，首先碰到的就是如何分层问题。

教师培训，以往是按"人"来划分能力水平的。有多种划分角度：或按身份，初任教师、骨干教师等；或按荣誉，特级教师、优秀教师等；或按年龄，青年教师、中青年教师等；或按职称，一级教师、高级教师等。按"人"划分有其合理性，有便于培训机构组织培训的优点，但也造成一系列困扰：按"人"分层，与培训目标、培训内容没有必然联系，因此很难实现原本意义上的"分层培训"，不同地区的骨干教师教育教学能力可能有较大差异；同样是高级教师，需要或应该培训的内容可能各不相同；同一位教师在不同的时候，需要或应该优先培训的内容也会发生变化。按"人"分层还可能与"按需施训"相冲突，极容易出现培训缺失或重复培训的情况：有的教育教学能力没有得到相应的培训，而同一项教育教学能力却可能在同一水平上重复培训；亟需培训的教师，因不够某个身份，难以获得培训机会；本不需要在这一方面再行培训的教师，因符合多种按"人"的标准，却可能不断被培训，甚至变成"培训专业户"。

受国外一些教育教学能力水平量表的启示[12]，我们提出：语文"学科教学"样例研制应该按教师所做的主要事项划分能力水平。即按教师培训课程目标的二级指标逐项划分能力水平。比如阅读教学，按"课文的教学解读""教学目标确定与教学内容选择""教学活动、教学资源与教学目标的一致性""对学生学习状态的关注""整本书阅读指导"等主要事项逐项划分教学能力水平。

改按"人"划分为按"事项"划分，教育教学能力水平的真实面貌就一目了然了。①同一位教师，在教育教学的不同方面，比如阅读教学与口语交际教学，其教育教学能力往往并不在一个水平上。②同一位教师，在教育教学的某一方面，比如阅读教学，其各主要事项的教育教学能力也常常有显著差别："课文的教学解读"可能处于A级水平；"教学活动、教学资源与教学目标的一致性"可能是B；"对学生学习状态的关注"或许只有C甚至D。③一位高级教师，其"课文的教学解读"，可能不及一位新毕业的初任教师。一位骨干教师，其"对学生学习状态的关注"，可能远远超过多数特级教师。④从理想的角度，每位教师在每个领域都应按优秀标准进行教学。现实的情形是几乎没有教师能在每个领域都达到优秀标准。教无止境，学无止境，对照理想教学水平的优秀标准，所有教师都有进一步发展的空间和必要。

很显然，教育教学能力水平是"做事"的能力水平。教育教学能力水平分层的目的是判别从事这一事项的能力并谋求改善，而不是对人做定性的评判。

教育教学能力水平分几个级差，也是一个颇需思量的问题。先期研究的课题组，在这方面做了大量调研①。针对语文"学科教学"样例研制，我们从有利于教师自我判别、有利于"分层培训"的角度，建议采纳四级水平：水平四，教学能力达到或接近该主要事项的优秀标准；水平三，相当于良好，该主要事项的教育教学能力有改善和提高的空间；水平二，基本胜任该主要事项的教育教学工作，但教育教学能力亟须提高；水平一，有待改善，从事该主要事项的教育教学能力严重不足。

（三）研发"教育教学能力的行为表现"级差表

国外有一些教育教学能力级差量表或分级描述[13]，但其应用目的与我们基于培训、为了培训、服务于培训的目的有较大差异。现有的能力级差描述多采用程度词做概括性判断，如"基本能够""能够""基本具备""具备"等，这种描述对"外在"于教师的评估或可适用，但不适合做教师自我诊断的工具。

我们另辟蹊径研制语文"学科教学"样例。初步研究表明，

---

① 参见全国教师教育课程资源专家委员会课题组编《教育部教师工作司委托课题"教师培训课程标准建设实施方案研究"课题成果集》，内部资料，2014年6月。

教师的教育教学能力的差别，主要不是做同一件事的程度差别（精熟度）。不同能力水平的教师具有不同的教育教学行为，实际上在做很不相同的事。或者这样说，看起来似乎教师都在进行同一事项的教学，但不同能力水平的教师是按不同的方式进行教学，具体到做什么、怎么做，其行为方式和行事方法有实质性差别。比如阅读教学中的确定教学目标，高水平语文教师会从"这一类"课文的特性、"这一篇"课文的特质入手，抓住课文理解感受的关键点，会揣摩学生自主阅读的状况，判断学生理解感受的困难点。而不那么称职的语文教师，通常只粗粗浏览课文，照搬教学参考用书的课文解读结论和教学建议"理解"课文，然后上网下载教案和课件，凭自己的感觉做些修改就完成教案，既没有用自己的眼睛认真读过课文，也从没花哪怕一分钟时间来思量学生的状况。再如教学方法的选择，高水平语文教师会从学生着眼，想的是学生理解感受课文的这一处最好采用什么样的学习方式。而不那么称职的语文教师，则是"我就是这么教"——我愿意怎么讲就怎么讲，我习惯什么法就什么法，甚至流行什么就搞什么。

教育教学行为是教育教学能力的表现，不同的教育教学行为表现，往往标示着不同的教育教学能力水平。因此，可以采用描述教育教学行为表现的办法，直观地表征教师进行该事项的教育教学能力；分别描述不同能力水平的教师在该事项具有的典型性行为表现，可以用作教师辨识自己教育教学能力水平的自我诊断工具。

我们按如下规范研发"教育教学能力的行为表现"级差表这

一工具，尝试用教师典型性的行为表现，呈现教育教学能力的水平级差。

1.专家经验法。由学科教学专家、优秀语文教师和教研员组建研制组，以工作会（头脑风暴）方式，对应课程目标的二级指标，按"事项"描述不同能力水平的典型行为表现。工作方式如下：

（1）每一事项的行为描述角度及其排列，依据该事项的特点。

（2）描述的点，可参考培训课程目标的具体指标（三级指标），但无须与指标一一对应；不同级差的描述点最好具有可比照性。

（3）分条描述，力求涵盖各种典型表现；每条集中描述一种行为表现，条与条在逻辑上允许交叉。

2.用感性（表现性）的语言描述，力求客观呈现。工作要点如下：

（1）侧重描述"做什么""如何做""做的时候怎么想"。原则上不用否定性词语，如"不""没有"等，只有在十分必要时（不这样就不能描述）才可从"没做什么""没想什么"的角度描述。

（2）只描述行为本身。不对行为做判断或评价，不依赖形容词和程度副词（这些都是判断或评价），不用褒义、贬义的评价性词语。

（3）只描述可见的教师的行为，或可合理推测（教师自身可能描述出）的行为方式。如备课时的思维方式和行为习惯；对行为产生的效果，即对学生学习的影响不做推论。样例如表1：

表1 教育教学能力的行为表现级差表样例

课文的教学解读	
水平四	◆从文体特点入手，在文脉关联中确定文本的关键点，如关键语句、富有特色的写法、独特的言语表达等。上课时，往往在学生自读时"没有问题"处让学生看出原来有"大问题"。 ◆引导学生自读时提出疑问，在课前或课中，对学生们的疑问做归类处理，重点讲解或组织学生讨论多数学生有疑问的地方，以及虽只有少数同学甚至个别同学提出疑问却对课文理解感受至关重要的地方。
水平三	◆习惯于独立分析课文，往往在教参之外独辟蹊径，常能找出课文中一些语言表达或写法上的亮点，或开发出某种较独特的读法，力求上出新意来。 ◆习惯于独立分析课文，对课文作者的观点常常有自己的见解，对有些课文研究很深，见解独特，上课时往往会用材料论证自己的看法，尽管有些学生似乎听不太懂。
水平二	◆对课文有自己的理解，往往对教学参考书中的课文解读不太满意，只是有选择地使用某些解读结论。 ◆对自己感兴趣的课文，多讲一点，讲得细一些；对自己不感兴趣的课文，通常是按考点过一遍；有时略去不讲，让学生自己读一读，完成课后作业。
水平一	◆备新课时，通常先粗粗浏览课文，然后看教学参考用书中的课文解读，对应参考书的解读结论和教学建议"理解"课文，再上网查几个教案和课件，完成教案。 ◆通常按"记叙文六要素""说明文三要点""议论文三要素""小说三要素"等固定模式分析课文。

第一轮描述形成的级差表，取得了预想的成绩。表现为以下两个方面：

（1）先行研究的课题组专家一致赞同这种描述方式。数学、化学等其他学科的研制组专家，以及分项研制的"师德修养""班级管理""学习与发展"和幼儿园教育的各项标准研制的主持专家，普遍认同用行为表现的级差表标示教育教学能力水平，认为经验可以复制。教育部采纳我们所研制样例的建议，在面向"十三五"

全员培训的《中小学幼儿园教师培训课程标准》研制中,全面推行"教育教学能力的行为表现"级差表,以落实"分层培训",实现"按需施训"。

(2)部分语文教师试用语文"学科教学"行为表现的级差表,一致反映很能"对号入座"——能据此辨认出自己"现在哪里",能据此判别自己的教育教学能力水平现状,并因此而唤起相应的培训需求。

但也暴露出一些问题。主要是两方面:

(1)其他学科、标准的其他研制项目,参照样例描述教育教学能力的行为表现有相当难度。事实上,参与样例研制的成员,尤其是后期加入的成员,也普遍感到描述的高难度。这意味着,级差表的研制路径和方法还需要进一步提炼和清晰化。

(2)样例试用中,易出现不同层级交叉选勾的情况。采用行为表现的综合描述表,不同层级出现重复选勾在所难免。这可以通过一些技术手段加以制约,比如规定每一表只许选勾其中"最符合"的一条;在研制的后期,或可根据大规模试用的数据,按重复选勾的频率对每一条赋以分值,根据所得总分最多的层级判定其能力水平。但是,如果较大量地出现重复选勾,就意味着分级描述的鉴别力不足。改进的措施有三条:第一,力求精准选择描述的"级差点";第二,减少细节,提高描述的概括性,使描述介于判断和现象罗列之间;第三,将综合描述表分拆为若干单点描述表,以消除不同点上相关细节的纠缠牵连。

于是,进行第二轮的描述尝试。工作程序如下:

(1)研制小组(各组以4~5人为宜)面对大屏幕上的工作

表，对应"事项"回想课堂教学中各种教师的情形，尽可能多地描述各种行为现象，并择要录入以下工作表（见表2）。主持人应随时提醒"不要判断，要描述"。

表2　工作表

	培训课程目标	级差点	行为表现描述
阅读教学	对学生学习状态的关注（应显示具体指标）		水平四
			水平三
			水平二
			水平一

（2）参照课程目标的三级指标，即教育教学能力的细化陈述，研讨最具有鉴别力的"级差点"。在这些"点"，教育教学能力的高低优劣会有明显体现。从实用的角度，每一事项以三个"点"为宜；"点"与"点"应有较大区隔，以减少交叉重复选勾的可能性。工作分三个步骤：

①从关键事件择选"点"，即完成某项教育教学工作教师主要做哪几件事。比如"阅读教学目标确定与教学内容选择"，主要有教学目标确定、教学内容选择、教学内容组织（即教学环节组织）这三件事。对于阅读教学"对学生学习状态的关注"这一事项，我们在研讨中逐渐明晰了涉及课堂教学活动的"应答处理"、涉及课堂教学流程的"教学时间调节"、涉及课堂教学评价的"教学效能感与教学反思"这三个主要事件。而对于"具备写作知识与写作经验"，根据语文教师目前所做的相关主要事件，我们决定通过"读写结合""积累素材""学段差别"这三个点来

透视教师是否具有写作教学所必需的写作知识和经验。

②对"点"下操作性定义（工作定义）。比如"阅读教学目标确定"，指教一篇课文时如何抓住课文的教学点。"教学内容选择"，指阅读教学中会选教哪些语文知识以及明白这些知识在教学中的作用。"读写结合"，指教师如何选择"结合"的点，是否把这些点与学生的写作实践相关联。"教学时间的调节"，指当教学遇到障碍——预设与学情冲突，如教学内容过难、过浅易、出现了新的触发点等——不能按原计划通畅进行的时候，教师是如何处理的。"教学效能感及反思点"，指教师在课中或课后，依据什么判断这堂课是上好了还是没上好，课后是否能回想具体学生的课堂表现，是否会根据学生的表现调整以后的教学内容和方法。"点"及工作定义，要随时填写在上述工作表中。

③根据工作定义，调整"点"的视角和"点"的表述，便于更加精准地开展工作。比如"阅读教学目标确定""教学内容选择"，进一步聚焦，调整为"抓住课文教学点""语文知识的类型及其作用"。"对学生学习状态的关注"的三个点，为更加精准，分别调整为："应答处理的关注点""教学时间调节的处理原则""教学效能感的依据及反思点所在"。

（3）明确"级差点"，概括该"级差点"各种水平的典型的行为方式。工作分两个步骤：

①聚焦做事的准则，明确"级差点"。做事的准则，是教师在做这件事时所信奉的应对原则，这些原则往往是内隐的，而表现为系统性的行为倾向。教育教学不同能力水平的差别，实质是做事准则的差异。比如"应答处理的关注点"，分析教师的课堂

教学行为表现后,我们辨别出四种水平的做事准则:关注教师的答案;关注学生对课文的感受;关注学生对感受的反思;关注多数学生的提高。

②概括在该"级差点"各种水平的典型的行为方式。比如"关注多数学生的提高",教师在引导学生交流、反思时会顾及学生的差异,往往会超越学生现有水平引导学生发现新的语文知识,或用语文知识发现课文的新含义。"关注学生对感受的反思",教师会引导学生反思和交流背后的想法——即阅读方法,在应答时教师经常会询问学生理由:"为什么这么想呢?""这么说的理由是什么呢?""关注学生对课文的感受",教师会问学生:"你是怎么理解的?""感受最深的在哪里?""这么说是什么意思呢?"所做的主要工作,是组织学生向教师和同学汇报(交流和分享)自己对课文的具体理解和感受。"关注教师的答案",问答只是个形式(教学法)而无实质意义,往往只要有一人答出符合预设的"正确答案",教学就会按计划往下走;如无人答,或无人答对,教师就会自己讲解该答案。

(4) 概括性地描述各种水平的教育教学典型行为表现,制作供教师使用的"级差表"初稿。要点如下:

①梳理工作表中该"级差点"前已描述的各种行为现象。

②力求用简练、准确、通俗的语言将该"级差点"各种水平的做事准则和行为方式加以具体化呈现。

③必要时,用"如"列举一些便于教师辨认的细节。

阅读教学领域的核心能力项之一,课堂教学中"对学生学习状态的关注",级差表初稿(见表3)如下:

表3 （阅读教学）对学生学习状态的关注级差表

水平	你最像下面哪一种？	自评（√）
四	课文的关键点往往是学生阅读的盲点。在课文教学中，我更重视引导学生从已知发现未知、探索未知。对学生发言，我往往会质疑："你说的是这一句，那么那一句呢，怎么理解？""对这一处，另一位同学是那种感受，而你是这种感受，两者有什么联系？"启发学生关注课文中他们没注意到的地方，组织学生联系上下文进行辨析和讨论，引导学生在加深、丰富对文本的理解和感受的同时，交流阅读学习的经验。	
三	在课文教学中，尊重学生的自主理解和感受，但我不会让学生仅仅停留在简单的答案上。对学生的发言，通常还要继续追问："你从哪里看出来的？""为什么这么想呢？""这么说的理由是什么呢？"对学生的回答，我往往会结合课文语句做进一步阐释，在阅读方法上做些指导，让其他学生明白这位学生是从课文中哪些地方读出这种理解和感受的，为什么这种答案是正确的或不那么合理。	
二	课文教学关注学生对课文的感受和多元理解。一般先请学生自读，读出自己的理解和感受来。然后组织学生交流。我经常询问学生："读这篇课文，你最有感受的是哪些地方？""对这句话，你是怎么理解的？"鼓励学生交流分享自己的理解和感受，并带着这种理解和感受有感情地朗读课文。在学生交流过程中，我会相机对课文做必要的讲解，与学生分享我的理解和感受，使学生进一步明确课文的学习内容。	
一	课文教学一般是先向全班提问，然后指名语文水平较好的学生回答，或请举手的学生发言，有些较简单的问题则由学生齐答。多数时候，举手发言的学生基本能正确回答，教学就按计划继续。有些学生发言抓不住要点，我会继续请其他学生发言。有时可能问题较难，提问之后无人举手，或数位学生都没能答出，因为教学时间太紧，我就对这个问题做重点讲解，让学生明白该怎么正确理解。	

对"教育教学能力的行为表现"级差表，在标准研制的后期，将开展较大规模的验证工作，有来自全国东、中、西部的七个区县的若干中小学参与。验证主要是两个方面：

（1）其对教育教学能力水平的鉴别力：用"级差表"作为自我诊断工具，七个区县将全覆盖地调研义务教育阶段语文教师的"学科教学"能力，统计分析数据描绘出该区县语文教师"学科教学"能力水平现状分布图。

（2）在内部一致性核查和相关性判断的基础上，用大规模数据验证各事项"级差表"的相关性和同一事项各单点"级差表"的一致性。

"教育教学能力的行为表现"级差表是教师自我诊断工具。对照级差表，教师应能"对号入座"，认清自己某一事项教育教学能力的实际状况，由此明了自主研修的主攻方向，规划并选择适合于自己专业发展的培训课程。级差表也可作为培训机构的标准化调研工具。培训机构参照级差表进行调研，针对本地区教师急需解决的问题设置"按需施训"的培训主题，设计"分层培训"的课程内容，选择与教师能力水平相适应的研修方式和培训方法。其中"水平四"是选拔中小学优秀教师担任相应专题培训者的遴选指标。

参考文献

[1][10][11]（美）泰勒.课程与教学的基本原理[M].施良方，译.北京：人民教育出版社，1994：2、4-5、5.

[2]（美）安德森，等.学习、教学和评估的分类学：布卢姆教育目标分类学

修订版（简缩本）[M].皮连生，等，译.上海：华东师范大学出版社，2007：17.

[3] 中华人民共和国教育部制定.小学教师专业标准（试行）[S]，中学教师专业标准（试行）.2012.

[4] 中华人民共和国教育部制定."国培计划"课程标准（试行）[S].北京：高等教育出版社，2012.

[5][6][8]（比）罗日叶.整合教学法：教学中能力和学业获得的整合（第二版）[M].汪凌，译.上海：华东师范大学出版社，2009：37、50、49.

[7] 转引自（英）黑恩，杰塞尔，格里菲斯.学会教学：教师专业发展导引[M].韦继平，徐爱英，译.上海：华东师范大学出版社，2009：61.

[9]《新华大字典》编委会.新华大字典[M].北京：商务印书馆国际有限公司，2004：1408.

[12]（美）克莱因，等.教师能力标准：面对面、在线及混合情境[M].顾小清，译.上海：华东师范大学出版社，2006：18-23.（美）丹尼森.教学框架：一个新教学体系的作用[M].张新立，么加利，译.北京：中国轻工业出版社，2005：47-53.

[13]（美）丹尼森.教学框架：一个新教学体系的作用[M].张新立，么加利，译.北京：中国轻工业出版社，2005：94-180.朱益明，秦卫东，张俐蓉.中小学教师素质及其评价[M].南宁：广西教育出版社，2000.127-132.

王荣生期刊论文存目

（1997—2021）

1. 高晶，王荣生.过程技能与"大概念"——以语文学科为背景.课程·教材·教法，2021（7）：91-98.
2. 王荣生.略述"问题情境"中的探究学习——基于相关译著的考察分析.中国教育学刊，2021（3）：72-78.
3. 王荣生.析"批判性阅读"——基于相关译著的分析考察.全球教育展望，2021（2）：107-115.人大复印报刊资料《高中语文教与学》2021年第7期转载
4. 王荣生.在哪个层级上描述语文能力？.语言规划学研究，第10辑，2020年12月：59-66.
5. 王荣生."学习活动"的多维视角——基于相关译著的考察分析.教育发展研究，2020（18）：1-8.
6. 王荣生.课文教学设计的四个要点（下）.语文建设，2020（10上半月）：29-34.
7. 王荣生.课文教学设计的四个要点（上）.语文建设，2020（09上半月）：34-39.
8. 王荣生.阅读策略与阅读方法.中国教育学刊，2020（7）：72-77.人大复印报刊资料《小学语文教与学》2021年第2期转载
9. 王荣生.事实性知识、概括性知识与"大概念"——以语文学科为背景.课

程·教材·教法,2020（4）:75-82.人大复印报刊资料《高中语文教与学》2020年第9期转载

10. 王荣生.语文课程的层级单位、疆界、维度及古今问题.全球教育展望,2019（10）:107-115.人大复印报刊资料《高中语文教与学》2020年第2期转载

11. 王荣生.写作课程内容的组织形态问题——邓彤《微型化写作教学研究》序.中学语文教学,2018（9）:87-88.

12. 王荣生.帮助、指导学生打开审美的窗户——曹勇军老师《最后的常春藤叶》课例研习.语文教学通讯,2018（2A）:35-41.人大复印报刊资料《高中语文教与学》2018年第8期转载

13. 王荣生,徐冬梅.部编教材背景下,小学母语课程建设的方向和任务——访谈王荣生.教学月刊小学版（语文）,2018（1·2）:4-8.人大复印报刊资料《小学语文教与学》2018年第3期转载

14. 赵晓霞,王荣生.阅读教学备课路径探析:从文本中来,到学生中去.课程·教材·教法,2018（2）:85-90.人大复印报刊资料《初中语文教与学》2018年第8期转载

15. 王从华,王荣生.语文课程史研究十五年:回顾与反思.课程·教材·教法,2018（1）:73-79.

16. 王荣生.语文能力研究的新思路.国际中文教育学报（中华书局）,2017（1）:21-38.

17. 代顺丽,王荣生.语文阅读教学有效问题的本质特征.课程·教材·教法,2014（8）:51-57.

18. 高晶,王荣生.语文知识问题分析及建议.江苏教育（小学教学）,2014（4）:15-18.人大复印报刊资料《小学语文教与学》2014年第8期转载

19. 邓彤,王荣生.微型化:写作课程范式的转型.课程·教材·教法,2013（9）:38-45.人大复印报刊资料《初中语文教与学》2013年第12期转载

20. 王荣生."语文课程内容"及"语文知识"——语文课程论撮要之三.语文学习,2012（11）:16-21.

21. 王荣生,高晶."课例研究":本土经验及多种形态（下）.教育发展研究,

2012（10）：44-49．人大复印报刊资料《初中语文教与学》2012年第12期转载

22. 王荣生，童志斌.文言文阅读教学设计.语文教学通讯，2012（10B）：29-36．人大复印报刊资料《初中语文教与学》2013年第3期转载

23. 王荣生.论语文课程目标和课程内容——语文课程论撮要之二.语文学习，2012（10）：10-14．

24. 王荣生，李冲锋.在"语文课程"中进行"语文学习"——语文课程论撮要之一.语文学习，2012（9）：13-17．

25. 王荣生，高晶."课例研究"：本土经验及多种形态（上）.教育发展研究，2012（08）：31-36．

26. 王荣生.阅读教学的基本任务与路径.课程·教材·教法，2012（7）：84-91．

27. 王荣生.需要拨乱反正的"表达方式".语文学习，2012（5）：14-19．

28. 王荣生.语文课程目标：转化与具体化——基于《义务教育语文课程标准（2011年版）》的语文教学建议.中小学管理，2012（4）：13-15．人大复印报刊资料《小学语文教与学》2012年第5期转载

29. 王荣生.散文阅读教学设计的原理.语文教学通讯，2012（4B）：29-36+64．

30. 王荣生，于龙.语文教学中必须关注的几点文章学知识.语文学习，2012（4）：14-19．

31. 王荣生.当前阅读教学的问题在哪里——广西观课印象及讨论.语文学习，2012（3）：12-17．人大复印报刊资料《初中语文教与学》2012年第6期转载

32. 王荣生.阅读教学的其他路径.语文教学通讯，2012（3B）：29-36．

33. 王荣生.阅读的观念与阅读教学的基本路径.语文教学通讯，2012（2B）：29-36．人大复印报刊资料《初中语文教与学》2012年第7期转载

34. 王荣生."语文学科知识"概论——"语文学科知识精要"开篇语.语文学习，2011（11）：11-15．人大复印报刊资料《高中语文教与学》2012年第2期转载

35. 王荣生.阅读教学的内在规定性.语文教学通讯，2011（9B）：7-9.
36. 王荣生.中小学散文教学的问题及对策.课程·教材·教法，2011（09）：49-55+83.人大复印报刊资料《初中语文教与学》2011年第12期转载
37. 李海林，王荣生.散文教学要从"外"回到"里".中学语文教学，2011（02）：18-26.人大复印报刊资料《初中语文教与学》2011年第7期转载
38. 王荣生.散文教学内容确定的基本路径.中学语文教学，2011（1）：9-11.
39. 王荣生.该如何面对"语文教学内容"问题？.中学语文教学，2010（10）：4-8.
40. 王荣生.关于"语文教学内容"问题的思考.中学语文教学，2010（9）：4-7.
41. 王荣生.系列讲座"教学内容的选择与教学环节的展开"第六讲：营造以"学的活动"为基点的课堂教学.语文学习，2010（5）：17-20.
42. 王荣生.系列讲座"教学内容的选择与教学环节的展开"第五讲：教学流程就是"学的活动"的充分展开.语文学习，2010（3）：23-27.
43. 王荣生.系列讲座"教学内容的选择与教学环节的展开"第四讲：教学环节就是组织"学的活动".语文学习，2010（1）：29-33.
44. 王荣生.系列讲座"教学内容的选择与教学环节的展开"第三讲：根据学生学情选择教学内容.语文学习，2009（12）：17-22.人大复印报刊资料《初中语文教与学》2010年第6期转载
45. 王荣生.以"学的活动"为基点的教学.教育科学论坛，2009（12）：17-18.
46. 王荣生.桂花雨中三人行——《桂花雨》同题教学点评.小学语文教学，2009（12）：20-22.
47. 王荣生.语文教育研究的学术平台.语文学习，2009（10）：10-11.
48. 王荣生.系列讲座"教学内容的选择与教学环节的展开"第二讲：依据文本体式确定教学内容.语文学习，2009（10）：33-38.人大复印报刊资料《高中语文教与学》2010年第3期转载
49. 王荣生.语文教学内容的确定性及其面临的问题.语文学习，2009（9）：5-7.
50. 王荣生.系列讲座"教学内容的选择与教学环节的展开"第一讲：教的根

本目的是帮助学生学.语文学习,2009(9):23-28. 人大复印报刊资料《初中语文教与学》2010年第1期转载

51. 王荣生."想教什么"与"实际在教什么".江苏教育,2009(7/8):15-16.

52. 王荣生.从文体角度看中小学作文教学——从《国文百八课》说起.上海教育科研,2008(3):61-62. 人大复印报刊资料《中学语文教与学(上半月·高中读本)》2008年第9期转载

53. 王荣生,于龙.行成于思:"洪宗礼现象"的教育学阐释.全球教育展望,2008(2):24-29.

54. 王荣生.语文课程标准编制的历史经验与教训——1956年语文教学大纲述评.课程·教材·教法,2008(1):85-91. 人大复印报刊资料《中学语文教与学(上半月·高中读本)》2008年第5期转载

55. 王荣生.我国的语文课为什么几乎没有写作教学?.语文教学通讯,2007(12B):4-7. 人大复印报刊资料《中学语文教与学(下半月·初中读本)》2008年第4期转载

56. 王荣生."操作性阅读"单元样章.语文学习,2007(12):32-36+46.

57. 王荣生."研究性阅读"单元样章.语文学习,2007(11):18-25.

58. 王荣生.文学作品的"分析"和"朗读".语文教学通讯,2007(11C):9-10.

59. 王荣生.对语文教科书评价的几点建议——兼谈语文教科书的功用.中国教育学刊,2007(11):58-61.

60. 王荣生.完整地理解"语文知识"的问题.中学语文教学,2007(10):3-5. 人大复印报刊资料《中学语文教与学(下半月·初中读本)》2008年第2期转载

61. 王荣生.追求语文教学的效率——魏书生老师《统筹方法》研习.新语文学习·中学教学,2007(9-10):3-8.

62. 王荣生.从德国两个州的课程标准看语文课程形态的筹划.外国中小学教育,2007(8):44-46+50.

63. 于龙,王荣生.什么是合理合法的课堂文本解读?——兼评《合欢树》的

三个课例.语文学习，2007（7-8）：105-109.

64. 王荣生.变"讲课文"为"教读法"——潘凤湘老师《〈梦溪笔谈〉二则》研习.中学语文教学，2007（6）：3-7.

65. 王荣生.教学艺术的落脚点是教学内容——欧阳代娜老师《岳阳楼记》研习.课程·教材·教法，2007（5）：35-39.

66. 王荣生.引子、主题及文章体式——窦桂梅老师《晏子使楚》研讨.小学语文教学，2007（5）：34-37.

67. 王荣生.建议"公开课"功能分化.语文教学通讯（高中刊），2007（5）：1.

68. 王荣生.提倡研习"名课"的课堂教学实录.小学语文，2007（5）：7-9.

69. 王雪亘，王荣生.《人生的境界》教学内容述评.语文学习，2007（5）：23-28.

70. 王荣生."社科文阅读"教材样章.语文学习，2007（5）：19-23.

71. 王荣生.语文课例研究及其样式.语文教学通讯（小学刊），2007（4）：4-8.

72. 王荣生.建设确定性程度较高的语文教材.语文建设，2007（4）：11-15. 人大复印报刊资料《中学语文教与学（上半月·高中读本）》2007年第7期转载

73. 王荣生.《世间最美的坟墓》课例评议.语文学习，2007（3）：20-24.

74. 王荣生.三篇课文的批判性阅读教学设计.语文教学通讯（初中刊），2006（12）：7-9.

75. 王荣生."科普文章阅读"单元样章.语文学习，2006（11）：23-28.

76. 王荣生.《哦，香雪》课例评议.语文学习，2006（10）：35-37.

77. 王荣生.语感、语识与语文实践活动——对语感教学的课程论思考.语文教学通讯（初中刊），2006（10）：4-7.

78. 郑桂华，王荣生.写作单元样章（上）.语文学习，2006（10）：17-22.

79. 王荣生."新闻报道和言论文章阅读"单元样章.语文学习，2006（9）：20-26.

80. 王荣生."文章原型阅读"单元样章（下）.语文学习，2006（6）：24-29.

81. 王荣生."文章原型阅读"单元样章（上）.语文学习，2006（5）：26-29.

82. 王荣生.解读"语文实践".课程·教材·教法，2006（4）：33-39.

83. 王荣生.语文教学的主导文类何以是散文（下）——散文教学内容问题研讨的预备三.语文学习，2006（4）：23-27.
84. 王荣生，马雅玲.语文教学的主导文类何以是散文（上）——散文教学内容问题研讨的预备二.语文学习，2006（2）：11-16.
85. 王荣生."阅读能力"与"阅读方法"——散文教学内容问题研讨的预备之一.语文学习，2006（1）：12-16.
86. 王荣生，倪文尖，刘时工，徐默凡.高中语文教材试编样章：孔子与苏格拉底.语文学习，2005（11）：25-30.
87. 王荣生，张孔义.语文教学内容的课堂呈现——一个初中语文教师培训的主题案例.语文教学通讯（初中刊），2005（10）：7-9.
88. 王荣生.口语交际的课程意识.语文教学通讯（初中刊），2005（9）：4-7.
89. 王荣生.从教学内容角度观课评课（下）.语文学习，2005（6）：16-17.
90. 王荣生.在两个关联中反思、审议语文课堂教学.语文教学通讯（高中刊），2005（5）：1.
91. 王荣生.从教学内容角度观课评课（上）.语文学习，2005（5）：23-25.
92. 王荣生."语文知识"是个什么样的问题？怎样讨论？.语文教学通讯（初中刊），2005（4）：8-10.
93. 王荣生.对"非指示性"语文教学的几点建议.中学语文教学，2005（4）：16-19.
94. 王荣生.语文课程改革与小学生"双基"的培养.小学语文教学，2005（3）：4-7. 人大复印报刊资料《小学各科教与学》2005年第6期转载
95. 王荣生.探求课例的课程论意义——评郭初阳老师的《愚公移山》.教师之友，2005（3）：47-52. 人大复印报刊资料《中学语文教与学（下半月·初中读本）》2005年第8期转载
96. 王荣生.撑起另一方天——小学语文的实用文阅读.语文教学通讯（小学刊），2005（2）：9-14.
97. 王荣生.合宜的教学内容是一堂好课的最低标准——以《竹影》的教学为例.语文教学通讯（初中刊），2005（1）：4-6. 人大复印报刊资料《中学语文教与学（下半月·初中读本）》2005年第5期转载

98. 王荣生，许志先.语文教师教学内容选择的现状调查及分析.语文学习，2005（1）：15-17. 人大复印报刊资料《中学语文教与学（下半月·初中读本）》2005年第5期转载

99. 王荣生.口语交际的课程内容与活动设计（下）.语文学习，2004（12）：19-22.

100. 王荣生.口语交际的课程内容与活动设计（上）.语文学习，2004（11）：30-32.

101. 王荣生.文章体式所造成的难题.语文学习，2004（10）：18-21.

102. 王荣生.两个课例的评议.语文学习，2004（4）：27-31.

103. 王荣生，张孔义.语文教学方法与教学内容.语文学习，2004（4）：17-21.

104. 王荣生.《再别康桥》课例研讨二.语文学习，2004（3）：30-31.

105. 王荣生.语文教材与教学内容.语文学习，2004（2）：26-29. 人大复印报刊资料《中学语文教与学》2004年第7期转载

106. 钟启泉，王荣生.语文教学的内容与目标达成.语文学习，2004（1）：26-28.

107. 王荣生."用件"类型选文及其教学——兼评语文教改的几个课例.中学语文教学参考，2004（1）：10-13. 人大复印报刊资料《中学语文教与学》2004年第6期转载

108. 王荣生.再论语文课程目标的分析框架.中国教育学刊，2003（11）：29-31. 人大复印报刊资料《中学语文教与学》2004年第4期转载

109. 王荣生.从"三个维度"把握语文课程与教学目标.上海教育科研，2003（11）：69-70.

110. 王荣生.谋求口语交际教学的改善.全球教育展望，2003（9）：27-30.

111. 王荣生.语文教材中的"例文"及其编撰策略.阴山学刊，2003（5）：105-109.

112. 王荣生.语文课程标准所预示的范型转换.教育研究，2003（2）：84-89.

113. 王荣生.关于"鉴赏者取向"与"感受性阅读"的讨论.教学月刊（中学版），2003（1）：4-7.

114. 王荣生.辨析"语文教材内容".上海师范大学学报（哲学社会科学·教育版），2003（1）：79-83.
115. 王荣生."样本"类教材的两种编撰策略.宁波大学学报（教育科学版），2003（1）：104-108.
116. 王荣生.《语文课程标准》的"对话理论".语文学习，2002（11）：4-7.
117. 王荣生.中日语文教学中的阅读取向比较及讨论.语文建设，2002（10）：40-42.
118. 王荣生.简论制约语文课程与教学目标的知识状况.学科教育，2002（10）：23-26.
119. 王荣生.香港特区中国语文课程改革及发展趋势.上海教育科研，2002（10）：57-59.
120. 王荣生.语文教材中的"样本"类型与编撰策略.全球教育展望，2002（7）：66-70
121. 王荣生.对"整体感知""整体把握"的感知与把握.语文学习，2002（6）：4-9.
122. 王荣生.欧美语文课程的知识状况.语文建设，2002（5）：28-30.
123. 王荣生.评我国近百年来对语文教材问题的思考路向.教育研究，2002（3）：54-57+77．人大复印报刊资料《中学语文教与学》2002年第11期转载
124. 王荣生，倪文锦.论语文教材中的"定篇"类型选文.全球教育展望，2002（1）：46-50.
125. 王荣生.从"超学科层面"看美国语文课程与教学目标.上海师范大学学报（哲学社会科学.教育版），2002（1）：43-48.
126. 王荣生.在别一情境中看"语文基本知识"教学.宁波大学学报（教育科学版），2002（1）：99-103.
127. 王荣生.论语文课程与教学目标的分析框架（下）.教育探索，2002（1）：57-59.
128. 王荣生.简评香港同行关于中小学生写作"转换过程"的研究（下）.上海教育（中学版），2001（24）：39-40.

129. 王荣生.简评香港同行关于中小学生写作"转换过程"的研究（上）.上海教育（中学版），2001（23）：38-39.

130. 王荣生.论语文课程与教学目标的分析框架（上）.教育探索，2001（12）：64-66.

131. 王荣生.魏书生语文教学思想的学理阐释.教学月刊（中学文科版），2001（12）：4-14+40.

132. 王荣生.语文教学中"说话"的取向问题.语文学习，2001（11）：2-4.

133. 王荣生.析香港现行的汉语文教科书.中学语文教学参考，2001（11）：29-31.

134. 王荣生.21世纪两岸三地对语文课程目标的定位.学科教育，2001（8）：18-23.人大复印报刊资料《中学语文教与学》2002年第2期转载

135. 王荣生.香港学者对汉语文课程中"语文基本知识"教学的看法.中学语文教学，2001（8）：61-63.

136. 王荣生.从知识状况的角度看语文课程.教学月刊（中学文科版），2001（6）：2-4.

137. 王荣生.简介香港同行关于作文批改的研究.中学语文教学，2001（3）：60-61.人大复印报刊资料《中学语文教与学》2001年第9期转载

138. 王荣生.论语文课程的总取向——关于国外语文课程与教学目标的思考.上海师范大学学报（哲学社会科学·教育版），2001（3）：62-66.

139. 王荣生.夏丏尊文学鉴赏教学论辩证（上）.宁波大学学报（教育科学版），1999（5）：73-77+85.

140. 王荣生."文学鉴赏教育"定位定性——站在中小学课堂教学的立场.宁波大学学报（教育科学版），1998（4）：19-24.

141. 王荣生.说"为形成新技能而设置"的语文课.浙江师范大学报，1997（6）：109—112.人大复印报刊资料《中学语文教学》1998年第4期转载